Autorenteam
Laborschule

# So funktioniert die Offene Schuleingangsstufe

## Das Beispiel der Laborschule Bielefeld

 Verlag an der Ruhr

# Impressum

| | |
|---|---|
| **Titel:** | **So funktioniert die Offene Schuleingangsstufe** <br> Das Beispiel der Laborschule Bielefeld |
| **Autoren:** | Autorenteam Laborschule |
| **Herausgeber:** | Paula G. Althoff, Ulrich Bosse, Gudrun Husemann |
| **Illustrationen:** | Archiv Verlag an der Ruhr <br> Trotz großer Bemühungen haben wir leider nicht alle Rechteinhaber der abgedruckten Illustrationen ausfindig machen können. Sollte sich jemand übergangen fühlen, so wäre es schön, wenn er sich umgehend beim Verlag an der Ruhr meldet. |
| **Druck:** | Druckerei Uwe Nolte, Iserlohn |
| **Verlag:** | **Verlag an der Ruhr** <br> Alexanderstraße 54 – 45472 Mülheim an der Ruhr <br> Postfach 10 22 51 – 45422 Mülheim an der Ruhr <br> Tel.: 0208/439 54 50 – Fax: 0208/439 54 39 <br> E-Mail: info@verlagruhr.de <br> www.verlagruhr.de <br><br> **© Verlag an der Ruhr 2005** <br> **ISBN 3-86072-962-4** |

**geeignet für die Klasse** 1 2 3 4 5

Gedruckt auf chlorfrei gebleichtes Papier.

Die Schreibweise der Texte folgt der reformierten Rechtschreibung.

# Inhaltsverzeichnis

# Inhaltsverzeichnis

# Vom Kind her denken

*Jan* kann schon gut rechnen, *Max* bis 15 zählen, *Lisa* liest bereits fließend und *Ella* malt die schönsten Bilder. So verschiedenartig begabt sind Kinder, wenn sie in die Schule kommen. **„Unterschiede nutzen – Gemeinsamkeiten stärken"**[1] ist daher aus gutem Grunde das Motto zeitgemäßer, am Kind orientierter Grundschulpädagogik.

In mehreren deutschen Bundesländern (u.a. in Hessen, Nordrhein-Westfalen, Niedersachsen) werden zur Zeit vor diesem Hintergrund die **„Offenen"** oder **„Integrierten Schuleingangsstufen"** eingeführt; vielfach wird das Lernen in jahrgangsübergreifenden Klassen angestrebt. Dabei geht der Blick häufig zur Bielefelder Laborschule, die mit ihrer 30-jährigen Erfahrung viel an Entwicklungsarbeit hierfür geleistet hat. Die Kinder der Eingangsstufe werden dort bereits seit 1974 in altersgemischten Gruppen betreut und unterrichtet. Sie sind 5 bis 8 Jahre alt und gehören dem Vorschuljahrgang und den Klassen 1 und 2 an. Mit dem vorliegenden Buch möchten wir interessierte Menschen – Lehrer* und Eltern – an unseren Erfahrungen teilhaben lassen.

Bei der Gestaltung des Lebens und Lernens in jahrgangsübergreifenden Gruppen geht es nicht vorrangig nur um die Umorganisierung von Unterricht – dies spielt sicherlich auch eine bedeutende Rolle, sondern vielmehr darum, ein **pädagogisches Konzept** zu entwickeln. Es ist die Heterogenität der Schüler, die viele Schulen dazu veranlasst, das Schulleben vielfältiger und den Unterricht differenzierter zu gestalten. Es geht vor allem um das **einzelne Kind**. Jedes Kind wird mit seinen Besonderheiten und Eigenheiten, mit seinen Möglichkeiten und Begabungen, mit seinen Fähigkeiten und Fertigkeiten, mit seinen Interessen und Vorlieben in den Blick genommen. An der Laborschule lautet eine stehende Redewendung:

> *„Wir gehen vom einzelnen Kind aus.*
> *Wir holen es dort ab, wo es steht."*

---

* *Aus Gründen der besseren Lesbarkeit haben wir in diesem Buch durchgehend die männliche Form verwendet. Natürlich sind damit auch immer Frauen und Mädchen gemeint, also Lehrerinnen, Schülerinnen, Autorinnen etc.*
1 *BECKER u.a. 2004.*

**Individualisierung** ist der Leitbegriff für das Lernen und Leben in der Schule – nicht nur in jahrgangsgemischten Gruppen. Jedes Kind wird dorthin begleitet, wo es hin möchte und kann, auf den Wegen, die ihm möglich und dienlich sind – und seien sie noch so verschlungen. Gleichwohl steht das soziale Lernen in und mit der Gruppe, die gemeinsame Kommunikation und somit die Befähigung zum Leben in der Gemeinschaft ebenso im Vordergrund.

**Die Schule als *Polis***, als soziale, demokratische Gemeinschaft, ist ein Kerngedanke. In Untersuchungen ausgewertete Erfahrungen vieler Schulen mit jahrgangsübergreifendem Unterricht haben gezeigt, dass das erfolgreiche Erlernen fachlicher Inhalte ebenso gelingt und der Zugewinn der Schüler in Hinblick auf soziale Kompetenzen und demokratische Haltungen deutlich ist.[2]

Mit dem vorliegenden Buch, einem Mosaik aus Schilderungen und reflektierten Erfahrungen des Alltags in der Eingangsstufe der Laborschule, möchten die Autoren mithelfen, dass die **Reform der Schuleingangsstufe** auch in der **Regelschule** gelingt. Dazu tragen sowohl konkrete pädagogische Überlegungen als auch verwendbare Unterrichtsbeispiele bei. Das Buch setzt sich aus einer vielfältigen Sammlung durchaus unterschiedlicher Beiträge vieler verschiedener Personen zusammen. Diese Vielfalt ist gewollt, zeigt sie doch eine breite Palette an Möglichkeiten und Herangehensweisen. Es geht nicht darum, ein fertiges Modell vorzustellen, das – handlich verpackt – übernommen werden kann. Das ist nicht Auftrag und Absicht der Bielefelder Laborschule und auch nicht sinnvoll. Vielmehr sollen Erfahrungen dargestellt werden, die es dem Leser ermöglichen, Einblick zu nehmen in den schulischen Alltag einer jahrgangsübergreifenden Schuleingangsstufe, um hieraus Anregungen zu sammeln und für sich selber zu entscheiden, welche Gestaltung der eigene Unterricht annehmen kann.

Die **pädagogischen Grundgedanken** der Laborschule werden vorgestellt sowie der **Tagesablauf** in der Eingangsstufe und das **Lernen und Leben** in der Gruppe. Es wird über das Erlernen der **Kulturtechniken** ebenso wie über **Projekte** und **Vorhaben** berichtet. Andere Beiträge beschreiben die Gestaltung und den Ablauf des **Ganztags**, denn die Laborschule ist bereits seit 30 Jahren eine verlässliche Ganztagsschule für ihre Kinder. Gleichzeitig geht es auch um die **Schule als Lebens- und Erfahrungsraum**, um Aspekte der **Schulgemeinschaft** und um **Leistungsbewertung**. Schließlich wird vorgestellt, wie es nach der Eingangsstufe weiter geht, wie sich der **Übergang** der Kinder in das 3. Schuljahr gestaltet. **Rückblicke** einer Lehrerin, die seit 30 Jahren in der Eingangsstufe arbeitet, und **Eindrücke von**

---

2  vgl. *BOSSE 1999, S. 25–33; GRIEBEL u.a. 2004, S. 12–40; HORSTKEMPER 2004, S. 99.*

**Eltern** runden die Sammlung ab. Zwar werden nicht alle vorgestellten Beispiele in jeder Gruppe in exakt der gleichen Weise durchgeführt. Doch das Schulleben und die Art und Weise des Lernens folgt in der ganzen Eingangsstufe den gleichen Grundüberzeugungen und pädagogischen Vorstellungen.

Auch interessierte **Eltern** sollen eine Vorstellung davon bekommen, wie sich der Schultag in altersgemischten Gruppen einer Schuleingangsstufe vollziehen kann, was Kinder dabei lernen und erfahren können. Eine solche Neuerung ist wahrscheinlich auch deshalb so schwer vorstellbar, weil wir alle mit Schule ganz andere eigene Erfahrungen verbinden. Die Berücksichtigung der Heterogenität der Schüler, das Eingehen auf individuelle Bedürfnisse und Befindlichkeiten und das Ausrichten des Unterrichts am einzelnen Kind in altersgemischten Gruppen sind schließlich pädagogische Schwerpunkte, die die Elterngeneration während ihrer eigenen Schulzeit kaum selbst erlebt hat.

Das Buch ist so geschrieben, dass man es auch abends *„auf dem Sofa"* lesen mag – wir meinen, das ist gelungen. Die Beiträge sind so zusammengestellt, dass man sie sowohl **fortlaufend** lesen, sich aber auch **isoliert** mit einzelnen Themen beschäftigen kann. Einige wenige hierdurch bedingte Überschneidungen und Redundanzen dienen dem rascheren Verständnis.

Um den Lesern die Auswahl zu erleichtern, sind die **unter-
richtsnahen Beiträge** mit einem „U" (für Unterrichts-
beispiel), die überwiegend **erfahrungsbezogenen Beiträge**
mit einem „E" (für Erfahrungsbericht) und die eher
**konzeptionell-theoretischen Teile** mit einem „K" (für Konzept)
gekennzeichnet. Alle Beiträge, auch die konzeptionell ausgerichteten,
sind alltags- und praxisnah geschrieben.

Zum Schluss noch einige Hinweise zum leichteren Verständnis:
Die Laborschule verfügt über zwei Gebäude. Wenn im Folgenden vom „Haus 1"
die Rede ist, so findet man hier die Schulanfänger, also die Jahrgänge 0 bis 2.
Davon handelt dieses Buch im Wesentlichen.
Im „Haus 2" (auch das „Große Haus" genannt) werden die Schüler ab dem
Jahrgang 3 bis zur 10. Klasse unterrichtet und betreut.
Alle Stammgruppen sind nach Farben benannt. Die „Rote Gruppe" im Haus 1
beispielsweise ist eine Gruppe von 15 Kindern aus drei Jahrgängen.
Insgesamt gibt es dort 13 solcher Gruppen. Eine „Fläche" in dem offenen Gebäude
ist nicht nur eine räumliche Einheit, sondern umfasst drei bis vier Stammgruppen,
die beim Zusammenleben und Lernen in der Schule viel Kontakt miteinander haben.

■ *Paula G. Althoff, Ulrich Bosse, Gudrun Husemann
   (Bielefeld im Februar 2005)*

# Kapitel 1

# Die Einschulung

## Das Einschulungsfest – ein Ritual, das Erinnerungen schafft und Zuversicht schenkt

Für mich und viele andere ist das **große Einschulungsfest,** bei dem wir die sechzig neuen fünfjährigen Kinder zu uns in die Laborschule aufnehmen, das schönste unserer Feste.

Immer schon hatte und hat es eine **feste ritualisierte Form.** Von 1974 – dem Jahr, in dem am 9.9. (um neun Uhr neun) die ersten Kinder in die Laborschule aufgenommen wurden – bis 1988 gab vor allem der Schulgründer **Hartmut von Hentig** dem Fest den Inhalt. Jedes Jahr erzählte er den begeisterten Kindern der Eingangsstufe, den Lehrern, den Eltern, Großeltern, Verwandten, Nachbarn, Freunden der Schule eine stets neue Geschichte aus fernen Ländern, die er bereist hatte. Durch seine anschauliche Sprache, durch fantastische Kleidungsstücke und exotische Gegenstände aus jenen Ländern ließ er neue Welten lebendig werden. Immer wurde dann ein jedes Kind zu ihm gerufen, erhielt eine große Sonnenblume und gehörte damit zu dieser Schule.

Mit seiner Emeritierung aber verlor das Ritual seine allen erkennbare Stimmigkeit. Die Person war nicht einfach austauschbar durch eine nachfolgende, wie gut auch immer diese sich in das Ritual einzupassen oder es für sich zu gestalten suchte.

Form und Inhalt des Festes ergaben mit einer anderen Person plötzlich einen anderen Sinn. Das Fest verlor seine Mitte, das Ritual musste neu bedacht und neu erfunden werden, damit es für sich und in sich wieder „stimmig" werden konnte. Bewahrt werden sollte, was uns unverzichtbar schien: dass ein jedes Kind einzeln bei seinem Namen gerufen und mit der Sonnenblume beschenkt in die Gemeinschaft aufgenommen werden sollte.

Das neue Einschulungsfest ist lange nicht mehr neu, in seinen wichtigsten Merk-
malen und in der Abfolge seiner Elemente längst wieder immer gleich bleibend.
Das entlastet die Planungen und schafft den wichtigen und von vielen erwarteten
**Wiedererkennungswert.** Die neuen Kinder sitzen in einem großen Halbkreis auf
dem Fußboden vor der mit nur zwei Stufen erhöhten Bühne der Mensa, die mit ei-
nem riesigen Strauß großer Sonnenblumen geschmückt ist. Hinter ihnen sitzen
und stehen alle sie begleitenden Erwachsenen – Jahr für Jahr werden es mehr –
und alle jene, die in jedem Jahr einfach nur so vorbeischauen, weil auch sie dieses
Fest lieben. Die Lehrer spielen zum Auftakt auf vielen Instrumenten das Lied
*„Wir werden immer größer, jeden Tag ein Stück."* Einer Lehrerin gelingt es stets, alle
Menschen im Raum zum Singen eines Kanons zu bewegen: *„Guten Morgen, guten
Morgen",* in all jenen Sprachen, die unsere Kinder (auch) sprechen: *„Good morning,
bon jour, buon giorno, buenos dias, kalimera, merhaba, dobar dan, ..."* Der Primar-
stufenleiter eröffnet, begrüßt die Kinder und die Gäste. Eine andere Kollegin mo-
deriert schwungvoll das gesamte Fest, erklärt und zeigt. Die Schulleiterin erzählt
den Kindern eine kleine Geschichte.

Dann aber stehen endlich nur noch die Kinder, die bereits in der Schule sind, im
Mittelpunkt und gestalten *„ihr"* Fest für die neuen Kinder, die von nun an zu ihnen gehören werden: Dies ist eine Schule, in der wir all das tun, was wir euch
jetzt zeigen – dies ist **unsere** Schule. Hinter einer großen **Schattenwand** auf der
Bühne gehen Kinder mit Gegenständen entlang, die symbolisch vermitteln, was
die neuen Kinder **im Alltag ihrer Schule** erwartet. Eifrig, fröhlich, sich langsam
lockernd, raten diese dann durch lebhaften Zuruf: *„Schreiben"* kann man da, zeigt
der große Bleistift, und *„Lesen"* ein Riesenbuch aus der Bibliothek, das ein Kind
*„lesend"* hinter der Wand vorbeiträgt, und natürlich *„Rechnen"* am Abakus.
Pfannen und Besen, Gießkanne und Harke, Rollerskates und Fahrrad, Springseil
und Verkleidungsumhänge, Flöte und Xylophon, Meerschweinchen und Hase, das
bunte Bild mit Pinsel auf Overheadfolie gemalt und die Volkstanzgruppenkinder
zeigen, was es sonst noch alles zu lernen, erkunden oder erobern gibt.
Der Hausmeister mit Milchflasche und Riesenschlüsselbund geht hinter der Schattenwand entlang, die Sekretärin mit dem Seepferdchenausweis und dem Trostpflaster,
die Bibliothekarin mit Bilderbuch und Brettspiel, die Mensafrau mit der Kelle.
Auch sie lassen sich und das, wofür sie in dieser Schule stehen, erraten.

Für die *„großen"* Kinder ist ihr Auftritt hinter und vor der Schattenwand fast so
aufregend wie für die *„kleinen"* Kinder, die staunend davor sitzen. Die moderierende
Lehrerin hilft, indem sie die einen bei ihren Namen nennt und lobt, die anderen
zum Mitraten ermuntert und sie dabei unterstützt. Im Hintergrund bieten alle
anderen Lehrer Schutz durch Überblick, Umsicht und Zuspruch.

Im Rahmen des sich stets Wiederholenden aber **ändert** sich **in jedem Jahr** auch etwas, mindestens bei dem, was die Kinder hinter und vor der Schattenwand zeigen: Einmal kommt eine orientalische Bauchtanzgruppe hinzu, ein andermal wird der

Hase Fridolin mit einer eigenen Schultüte voller Petersilie und Möhrenstücken beschenkt. Im letzten Jahr waren es drei Kinder mit Koffer, Schmusedecke, Nachthemd, Zahnputzglas, Kuscheltier und Daumen im Mund als Reisegruppe – schwer zu erraten – weil Jahr für Jahr die Kinder der Laborschule verreisen. Auf dem *„Carnival der Culturen"* in der Bielefelder Innenstadt haben Kinder in diesem Jahr mit ihren riesengroßen bunten Pappmaschee-Figuren – Elefanten und Giraffen – das Publikum entzückt. Auch das gehört so wichtig zu dieser Schule dazu, dass es unbedingt gezeigt werden sollte!

Wenn die *„Neuen"* also wissen, was sie erwartet und auf was sie sich freuen dürfen, werden sie in die **Gemeinschaft** aufgenommen – genau genommen in eine der **13 Gruppen** der **Eingangsstufe**. Auf der Bühne wartet beispielsweise die Lehrerin mit den etwa zehn Kindern aus dem ersten und dem zweiten Schuljahr der Gruppe *„lila"*. Die neuen Kinder der Gruppe *„lila"* werden einzeln aufgerufen und kommen auf die Bühne. Da sie ihre Lehrerin längst kennen, denn sie hat sie zu Hause besucht, und da sie auch die anderen Kinder kennen, denn sie waren bereits in der Schule zu Gast, stürmen manche schon auf die Bühne, bevor sie ihren Namen hören: erleichtert und erwartungsfroh.

Andere brauchen für diesen langen Weg von behüteter Kindheit in die Welt hinaus noch ihre Erwachsenen. Mit der großen Sonnenblume beschenkt gehen sie dann, wenn die altersgemischte Gruppe *„lila"* wieder vollständig ist, zu ihrer Unterrichtsfläche in das benachbarte Gebäude der Eingangsstufe. Dort wartet auf sie ein festlich gedeckter Tisch für ein erstes gemeinsames Frühstück, folgen kleine Theaterszenen, Lieder oder Spiele der *„Großen"*, die dies für sie vorbereitet und eingeübt haben. Und immer sind neben ihnen die Patenkinder, die sie von nun an helfend und schützend begleiten. Von ihnen bekommen sie am Ende ihres ersten Schultages die großen, bunten, prall gefüllten, herrlichen Schultüten überreicht, die die Kinder ihrer neuen Gruppe für sie gestaltet und gefüllt haben. Ein Jahr später werden sie, nun nicht mehr die *„Kleinen"*, selbst die Schultüten für die dann neuen Kleinen gestalten – werden die großen Pappen schneiden, färben, bekleben – werden die vielen runden Aufkleber kunstvoll bemalen – werden die kleinen Kostbarkeiten für die Tüten einpacken und verschnüren – werden die Namenskärtchen für den Frühstückstisch verzieren und Willkommensbriefe schreiben. Spätestens dann erinnern sie sich an **ihre Einschulung**, an **ihre** bangen und zugleich erregenden **Gefühle** am ersten Schultag, an **ihre Schultüte** und an **ihre Patenkinder**, die ihnen beistanden. **Rituale** müssen so sein, dass man sie selbst dann genießt, wenn man sie für andere vorbereitet und inszeniert, weil man weiß: *„Auch für mich gab es einmal dieses Glück!"* Erst in der Vorfreude oder im Rückblick erkennen die Kinder ja ein Ritual als ein Ritual, denn *„Ritual"* kann etwas nur für jene werden, die es nicht zum ersten Mal erleben.

Vor nunmehr acht Jahren handelte meine Einschulungsgeschichte von einem Sonnenblumenfeld und passend dazu wählte ich ein langes, etwas bombastisches, aber sonnenblumengelbes Kleid, das sich noch in meinem Kleiderschrank fand. Im darauf folgenden Jahr kam eine kleine Delegation von Kindern in mein Zimmer und wollte mir abringen, zur neuen Einschulung unbedingt wieder das *„Sonnenblumenkleid"* anzuziehen. Und die gleiche Geschichte von dem großen Sonnenblumenfeld sollte es sein, in dem all die vielen Blumen das Haus und seine Bewohner an jedem neuen Morgen freundlich grüßten und sich an jedem Abend wieder von ihnen verabschiedeten. Denn nun würden *„die kleine Schwester"* und *„mein Freund"* eingeschult. Seither trage ich in jedem Jahr zur Einschulung das *„Sonnenblumenkleid"*, das die Kinder selbst für *„ihr"* Fest als ihr Ritual erfunden haben. Ich bin damit für sie die *„Sonnenblumenfrau"* geworden, und noch die Pubertierenden der Schule schmunzeln gönnerhaft, wenn sie mich in diesem Kleid durch die Schule gehen sehen: *„Heute ist das Einschulungsfest."*
Aber ich durfte – so meine Vereinbarung mit den Kindern – in jedem Jahr eine andere kleine Geschichte erzählen. Seit ich jedoch Kostas Papanastasious Geschichte von Frau Kolibri und Frau Eule kenne, gehört auch sie zum festen Bestandteil des **Einschulungsrituals** und wird es bleiben, solange weder mir noch sonst jemandem in unserer Schule eine Geschichte eingefallen ist, die noch besser zu unserer Einschulung passen könnte als diese. Wie die **Schattenwand** und die immer gleichen **Lieder**, wie das gemeinsame Frühstück und die ersten **Spiele**, wie die **Paten** und die **Schultüte**, wie die **Sonnenblumen** und das **Sonnenblumenkleid**, wie das **Rufen** eines jeden Kindes **bei seinem Namen**, ist auch die im nächsten Beitrag aufgeführte Geschichte von Frau Kolibri und Frau Eule zu einem wichtigen, nicht mehr wegzudenkenden Bestandteil des Festes geworden: ein kleines Ritual inmitten des großen Rituals der Aufnahme in die Gemeinschaft.

Viele Kinder kennen kaum noch Rituale – etwas verlässlich Schönes, das sicher wiederkehrt und auf das man sich freuen kann, ohne sich gegen Enttäuschung wappnen zu müssen. Rituale haben Symbolwert und schaffen wichtige Erinnerungen, solange sie eine innere Stimmigkeit von äußerer Form, innerer Ordnung und sinngebendem Inhalt haben. In unserem Einschulungsfest zeigen wir, **wer wir sind** und **was wir wollen**, zeigen wir uns selbst. Gelungene Rituale sind mehr noch als das, was sie uns direkt zeigen: Sie vermitteln etwas von **Lebenszuversicht**. Wenn ich mir die angespannt-ernst-gesammelten oder auch unruhig-hin-und-herrutschenden Fünfjährigen ansehe und noch viel mehr ihre besorgt-wehmütig Abschied nehmenden Erwachsenen, dann liegt der tiefere Sinn des Einschulungsrituals in der Ermutigung zur Lebenszuversicht.

Für die **Eltern**: Vertraut uns eure Kinder an – wir sind hier, um ein jedes von ihnen zu erkennen und uns täglich neu um ein jedes von ihnen zu bemühen!

Für die neuen **Kinder**: Wir sind diese Gemeinschaft, zu der du nun gehören wirst, wir haben uns auf dich gefreut, gemeinsam wird uns ein Stück Leben gelingen – es wird ein gutes Stück Leben sein!

■ *Susanne Thurn*

# „Frau Kolibri und Frau Eule"
## Eine Liebesgeschichte für Kinder
## und ihre Eltern zur Einschulung

Im Sommer 2000 haben wir, drei Freundinnen aus der Laborschule, diese Geschichte zum ersten Mal gehört: an einem lauen späten Abend nach köstlichem Gastmahl in fröhlich zugewandter Runde in einem kleinen südkretischen Dorf.

Erzählt hat sie uns Kostas Papanastasiou, der eigentlich in Berlin sein Lokal „Terzo Mondi" führt, in Deutschland vor allem aber als Wirt des „Akropolis" der „Lindenstraße" bekannt ist und der sich wie wir bisweilen in dieses Dorf zurückzieht.

Die **Geschichte** ist die vielgeliebte Geschichte seiner Kindheit, die er uns erzählt als Antwort auf unsere begeisterten Schilderungen unserer pädagogischen Arbeit. Auf dem Rückweg zu noch viel späterer Stunde sagt Gudrun: *„Das ist in diesem Jahr deine Geschichte für die Einschulung unserer Jüngsten."*
Seither erzähle ich sie in jedem Jahr, denn noch haben wir keine andere Geschichte gefunden, die so wie sie ausdrückt, was wir vor allem unseren Eltern, aber auch unseren Kindern an diesem Tag sagen möchten.

In der Welt der Tiere begegnen sich Frau Kolibri und Frau Eule. „Meine liebe Frau Kolibri!", sagt Frau Eule. „Was um Himmels willen macht Sie denn nur so unruhig? Sie sehen völlig überanstrengt aus. Kann ich Ihnen irgendwie helfen?" – „Ach, Frau Eule, ich bin in der Tat in einer schrecklichen Not. Mein Haus ist voller Gäste, um die ich mich zu kümmern habe, die versorgt werden wollen, und nun hat doch tatsächlich auch noch mein Kind sein Pausenfrühstück vergessen, und ich muss es ihm in die Schule bringen. Wie aber soll ich da rechtzeitig zurück sein, um für alle meine Gäste das Mittagsmahl vorzubereiten?" – „Nun", sagt Frau Eule, „wenn es weiter nichts ist, helfe ich Ihnen gerne. Ich mache noch schnell meine eigenen Besorgungen und dann bringe ich Ihrem Kind das Frühstück rechtzeitig zur Pause vorbei, schließlich liegt die Schule ja auf meinem Heimweg. Ein Problem habe ich allerdings: Ich kenne Ihr Kind noch nicht! Wie also soll ich es erkennen, wie es unter all den vielen herausfinden, damit ich ihm sein Frühstück geben kann?" Da lacht Frau Kolibri ganz erleichtert und sagt befreit: „Nein, nein, das ist überhaupt kein Problem. Sie werden mein Kind sofort erkennen, sobald Sie auf den Schulhof treten. Es ist nämlich das schönste aller Kinder, das klügste und das freundlichste, das netteste – ach, einfach das wunderbarste von allen!" – „Nun denn", sagt da Frau Eule vergnügt, „dann wird es mir ja leicht gelingen, Ihr Kind aus allen anderen herauszufinden und zu erkennen. Fliegen Sie nun ganz beruhigt nach Hause zu Ihren Gästen."

Viele Stunden später klopft es am Nest von Frau Kolibri – und als sie öffnet, sieht sie vor sich eine sehr zerknirschte und bedrückte Frau Eule. „Ach, Frau Kolibri, hier bringe ich Ihnen das Frühstück für Ihr Kind zurück. Ich konnte es nicht finden. Ich bin zur Schule geflogen. Alle Kinder habe ich mir sehr genau angesehen, ein jedes einzeln und für sich, damit ich Ihr Kind erkenne. Aber so sehr ich mich auch bemüht habe, es ist mir nicht gelungen. Das schönste Kind auf dem Schulhof, das klügste und das netteste, das freundlichste und ganz sicher das wunderbarste von all den vielen Kindern in der Schule ... das ... ja das war nämlich – mein Kind!"

Der Einschulungstag mit dieser Geschichte ist für uns
in der Laborschule ein Freudentag, weil wir das Glück
haben, dass unsere Eltern uns ihre Kinder zur Einschulung anvertrauen: ein jedes für sich das
schönste, das klügste, das freundlichste,
das netteste und ganz sicher das wunderbarste Kind von allen. Dieses Vertrauen
in uns zu rechtfertigen, indem wir darauf achten, dass ein jedes Kind in
unserer Schule auch das ganz sicher
wunderbarste bleibt, ist unsere Aufgabe,
der wir uns in jedem Jahr neu stellen.

■ *Paula G. Althoff, Gudrun Husemann,*
  *Susanne Thurn*

# Kapitel 2

# Grundsätze und Begründungen

# Die Eingangsstufe der Bielefelder Laborschule
## Leitvorstellungen, Entwicklungen, Erfahrungen und Erkenntnisse aus 30 Jahren

In Versuchsschulen ist Manches von Staats wegen gewollt, das Schulen in der Regel untersagt ist. In Versuchsschulen ist vieles selbstverständlich, das anderenorts erst nach und nach möglich wird. Die **Bielefelder Laborschule** ist eine **Versuchsschule**. Sie hat den Auftrag, *„neue Formen des Lehrens und Lernens zu entwickeln und zu erproben"* und wurde 1974 eröffnet – mit dem Vorschuljahrgang einer **jahrgangsübergreifend** konzipierten **Eingangsstufe**, in der künftig das Vorschuljahr zusammen mit dem ersten und zweiten Schuljahr eine Einheit bilden würde. Wir nehmen unsere Schüler also schon seit jeher als Fünfjährige auf, unbesehen ihrer Lernvoraussetzungen und mit der erklärten Absicht, jedem einzelnen Kind gerecht werden zu wollen, auch denen mit besonderen Begabungen, auch denen, die es mit dem Lernen besonders schwer haben. Wir haben diese Eingangsstufe erfunden, als wir uns Anfang der 70er Jahre nach den Bedingungen für einen Anfangsunterricht fragten, *„der Schulreife nicht voraussetzt, sondern ermöglicht".*

Seit langem wird auch im Regelschulsystem die Frage nach der **Neuorientierung** des Schulanfangs gestellt: Was kann, was muss beim Schulanfang strukturell und inhaltlich verändert werden, damit möglichst kein Kind mehr auf eine ihm unerklärliche Weise als *„nicht schulfähig"* erachtet und vom Schulbesuch zurückgestellt wird? Und was muss beim Schulanfang verändert werden, damit Kinder, die schon als Fünfjährige lesen und schreiben können oder lernen wollen, sich als Sechsjährige in ihrem ersten Schuljahr nicht unerträglich langweilen? Mehr und mehr Bundesländer haben inzwischen entschieden, dass künftig kein schulpflichtiges Kind mehr wegen angeblicher *„Schulunfähigkeit"* in einen Schulkindergarten überwiesen werden kann. Diese **bildungspolitische Maßnahme**, verbunden mit der Einführung einer *„Schuleingangsphase"*, ist ein entscheidender Schritt auf dem Weg zur Reform des Schulanfangs. Über kurz oder lang wird er wohl überall die Regel sein und eine jahrgangsübergreifend gestaltete Schuleingangsphase, wie sie zum Beispiel für NRW vorgesehen ist, wird sich auch in Regelschulen als besonders wirksame Antwort auf die Verschiedenheit der Kinder erwiesen haben – allein schon deshalb, weil durch sie die sonst besonders strapaziösen ersten Wochen nach der Einschulung entspannt sind.

Eine **altersgemischte Gruppe** kommt allen Kindern gleichermaßen zugute, weil jedes in ihr Anregung, Herausforderung, Sicherheit und Bestätigung finden kann, und das hilft auch den Lehrern. Zudem erlaubt sie der Schule, einzelnen Kindern zusätzliche Zeit für ihre Entwicklung zu geben, ohne dass sie dies mit dem Verlust ihrer Bezugsgruppe bezahlen müssen; besonders leicht lernenden Kindern eröffnet sie die Möglichkeit, schneller vorankommen zu können als die Altersgefährten und anders als beim *„Springen"* bleiben sie hierbei innerhalb von gewachsenen Beziehungen.

Die Erfahrungen, die wir in der Eingangsstufe an der Laborschule gewonnen haben, können Anregungen sein. Ähnlich vielleicht wie es für uns, als wir anfingen, zwei **Schulalltags-Dokumentationen** waren, die inzwischen Klassiker sind und noch heute so anstiftend wie damals: *„Vorschulkinder"* von Nancy Hoenisch (1969) und *„Das erste Schuljahr"* von Ute Möller-Andresen (1973). Wir haben gestaunt, haben gelernt und bekamen Mut.

##  Es ist gerecht, Unterschiede zu machen

Anfang der **70er Jahre**, den Planungsjahren der Bielefelder Laborschule, war vom Deutschen Ausschuss für das Erziehungs- und Bildungswesen zu lesen, dass *„die Entscheidung, wann ein Kind für die Arbeit in der Schule reif ist, davon abhängt, wie der Anfangsunterricht in der Schule erteilt wird"*. Die Feststellung gab zu bedenken, dass das Einschulungskriterium *„Schulreife"* – heute würde es **„Schulfähigkeit"** heißen – **keine feste Größe** ist und schon gar nicht, wie man damals glaubte, eine naturgegebene. Sie deutete an, dass es die **Gesellschaft** ist, die zu entscheiden habe, was sie will: Kinder, die passend sind für die Schule, so wie sie ist, oder eine Schule, die für die Kinder, so wie sie sind, passt. Damals saßen manchmal mehr als 40 Kinder in einer Klasse und hatten weniger als die wenigen 19 Unterrichtsstunden, die für sie vorgesehen waren. Bis zu 25 % der schulpflichtigen Kinder wurden vom Schulbesuch zurückgestellt oder wieder ausgeschult, das Bedingungsverhältnis von sozialer Herkunft und Schullaufbahn war nicht zu übersehen.

Das Motto des **Bundesgrundschulkongresses 1969** lautete: *„Verändert die Grundschule – jetzt!"*

Zu jener Zeit gab es in Folge der von Georg Picht ausgerufenen **„Bildungskatastrophe"** ein ähnlich heftiges Interesse für den Elementarbereich und den Primarbereich wie heute in Folge von PISA. Auch damals hatte die Wissenschaft *„ungenutzte Bildungspotentiale"* bei Vorschulkindern festgestellt, diese Erkenntnis führte zur *„Einleitung von Maßnahmen zur Behebung von Defiziten"*. Auch damals ging es vornehmlich um den sprachlichen Bereich. *„Kompensatorische Erziehung"* hieß die Zauberformel und sie zielte auf Kinder nichtdeutscher Muttersprache und Kinder aus bildungsfernen Elternhäusern. Der traditionelle **Kindergarten** wurde bezichtigt, er biete nichts anderes als Bewahrung und Beschäftigung, die Arbeit in den *„reformierten"* vorschulischen Einrichtungen wurde von der Vorstellung bestimmt, man könne Sprachkompetenz, Schulreife und Schulerfolg dadurch befördern, dass man die Kinder Intelligenz-, Sprach- und Funktionstrainingsprogrammen unterzieht und Grundschulinhalte vorverlagert. In vielen Kindergärten wurden die Fünfjährigen von den Drei- und Vierjährigen separiert, in einigen Bundesländern wurden für die Fünfjährigen so genannte Vorklassen eingerichtet und in den Gebäuden der Grundschulen untergebracht.

In **Nordrhein-Westfalen** gab es beide Formen der vorschulischen Schulreifeförderung und die wissenschaftlich begleitete Streitfrage *„Kindergarten oder Vorklasse – Wohin mit den Fünfjährigen?"* Die entsprechende Vergleichsuntersuchung brachte Enttäuschung – für die Befürworter des Kindergartens wie für die Befürworter der Vorklassen und vor allem im Hinblick auf die erhofften Wirkungen der Trainingsprogramme.

Aber es gab auch Gegenläufiges, sozusagen die **Reform der Reform**:
In Abgrenzung zu den isolierten Sprach- und Funktionstrainingsprogrammen wurde in **jahrgangsübergreifend arbeitenden Kindergärten** unter dem Stichwort *„Situationsansatz"* ein Curriculum *„Soziales Lernen"* entwickelt: Kinder sollten lernen, „Situationen ihres gegenwärtigen und künftigen Lebens" möglichst selbstständig zu bewältigen. Die hierfür notwendigen Fähigkeiten, Fertigkeiten und Kenntnisse sollten sie *„situationsbezogen",* also im Handlungszusammenhang erwerben. Es war ein Konzept des ganzheitlichen Lernens in sozialen Bezügen – wir nahmen uns vor, es für die Laborschul-Eingangsstufe zu übertragen.

**1970** empfahl der Deutsche Bildungsrat die **institutionelle Zusammenlegung** von **Vorklasse und erstem Grundschuljahr** als *„Eingangsstufe des Primarbereichs".* Diese Empfehlung zielte auf eine Reform des Schulanfangs und sollte nach einer Übergangszeit für alle Kinder gelten. Schulreife sollte „innerhalb der Schule mit Hilfe von Schule" erarbeitet werden; die Vorklasse sollte von einem Sozialpädagogen und einem Lehrer gemeinsam betreut und unterrichtet werden und dieser Lehrer sollte dann die Kinder im ersten Schuljahr als Klassenlehrer übernehmen. Hierzu gab es **Modellversuche** in mehreren Bundesländern, sie haben in das Konzept der Laborschul-Eingangsstufe hineingewirkt. Und natürlich gab es – wie zu allen Zeiten – auch damals einzelne Lehrer, die trotz und innerhalb des Regelsystems mit Erfolg eigene Wege versuchten. Auch davon haben wir gelernt.

In den allermeisten **Grundschulen** aber herrschte streng **gleichschrittiger Fachunterricht** und – damit einhergehend – striktes **Fachlehrersystem**; die Kinder wurden im **45-Minuten-Takt** des Stundenplans von einer Anforderung zur nächsten gehetzt, die **Lerngegenstände** waren voneinander **isoliert** und hatten keinen für Kinder erkennbaren Bezug zu ihrem Leben. Wer nicht mithalten konnte, war verloren. Wer nicht mithalten wollte ebenso. Eine *Saida* aus Kurdistan zum Beispiel, die sich während ihres letzten Kindergartenjahres

„*groß*" gefühlt und darauf gefreut hatte, bald ein Schulkind zu sein, erfuhr einige Monate vor Schulbeginn, dass sie nun doch keines sein darf, weil sie „*nicht schulreif*"

| Montag | Dienstag | Mittwo |
| Mathe | Religion | Musi |
| Deutsch | Sachkunde | Math |

sei. Oder – schlimmer noch: Sie begann das 1. Schuljahr zusammen mit ihren Freundinnen, als strahlende Besitzerin von Schulranzen und Schultüte, erwartungsfroh und voller Eifer, dort alles richtig machen zu wollen, und wurde nach sechs Wochen wieder ausgeschult – weil sie beim Leselehrgang „*nicht mitkam*". Welch eine Beschädigung von Lernfreude, Leistungszuversicht und Selbstvertrauen! Und welch eine Missachtung von *Saidas* Leistung, zwischen zwei Sprachen und zwei Kulturen hin und her zu balancieren! Ein *Philipp*, der schon vor seinem Eintritt in die Schule Bücher liebte und sich lesend in ihnen bewegte, antwortete – wenn man ihn gegen Weihnachten nach der Schule befragte – gedehnt: „*Och – wir haben jetzt das L – die anderen haben wir noch nicht.*" Was für eine Vergeudung von Lebenszeit und Lernfähigkeit! So etwas darf nicht sein, dachten wir und nahmen uns vor:

> *Wir werden die Kinder nicht im Gleichschritt fesseln, wir wollen einen Schulanfang, der an dem anknüpft und auf das antwortet, was die Kinder mitbringen. Keines soll sich beim Schulanfang langweilen müssen, keines darf entmutigt werden.*

Eine *Saida*, der die Laute der deutschen Sprache noch fremd klingen, braucht auf ihrem Weg zum Lesen und Schreiben besonders viel Zeit und Unterstützung und Gelegenheit zum Reden und Zuhören. Ein *Philipp* hingegen braucht für das Lesen und Schreiben nur noch ab und an einen Schubs und vor allem viele und passende Bücher; beide brauchen frisches Futter für Kopf und Gemüt und Aufgaben, die ihre Kräfte herausfordern.

„*Es ist gerecht, Unterschiede zu machen*" war unsere Leitvorstellung. Als die Schule 1974 eröffnet wurde, konnten wir nach vier Jahren Planungszeit endlich damit beginnen, unsere Vorstellungen und die Praxis in Einklang zu bringen – als Versuchsschule waren wir hierfür angemessen ausgestattet und frei.

##  Schulfähigkeit ermöglichen

Da wir die Laborschul-Eingangsstufe vom Vorschuljahr her entwickeln wollten,
hatten wir es im Eröffnungsjahr nur mit Fünfjährigen zu tun, also mit Kindern, von
denen wir nichts *„Schulreifes"* erwarten durften und denen wir nichts *„Schulisches"*
abverlangen mussten. Uns war der Druck, aber auch die Entschuldigung genommen,
Leistungen der Kinder in den gewohnten schulischen Kategorien sehen und nach-
weisen zu müssen. Das war für uns Lehrer eine schwierige, weil ungewohnte Herausforderung. Es war – rückwirkend betrachtet – eine unserer größten Chancen für
die **Entwicklung des Schulprofils**: Sie ermöglichte uns, die Bedürfnisse, die
Interessen, die Eigenheiten, die Nöte und die Stärken von Schulanfängern herauszufinden und darauf zu antworten. *„Herausfinden"*, wie die Schule sein soll,
bedeutete: ganz und gar offen zu sein für die Kinder, die wir vor uns hatten,
also hinhören und hinsehen und verstehen, was sie können und was sie brauchen,
und Situationen erfinden, die daran anknüpfen. Das inzwischen viel zitierte Bild,
man müsse die Kinder *„abholen"*, stammt aus jener Zeit.

In den **Planungen** hatten wir geschrieben:

> *„Erst mit unserer Aufmerksamkeit für jedes einzelne Kind in einer Vielfalt*
> *von Situationen werden wir jedem Kind die Gelegenheit geben können,*
> *seinen Erfahrungen und Kenntnissen entsprechend zu lernen, das heißt*
> *die Erfahrungen zu machen, die es mit Hilfe seiner früheren Erfahrungen*
> *so verarbeiten kann, dass es auf neue Erfahrungen aus ist."* [3]

Das Schwierige an diesem ersten Jahr war, dass wir sozusagen alles gleichzeitig
neu erfinden mussten: die **Einrichtung und Nutzung des Raumes**, den **Ablauf
des Schultages**, unsere **Rolle als Lehrer**, die **Regeln und Rituale**, die künftig
gelten und doch gleich von Anbeginn an den Kindern Halt und Orientierung geben sollten.

Wir mussten sozusagen *„... den Kindern nachgehen und vor ihnen ankommen, damit
sie bekömmliche Umstände vorfinden".* Zunächst haben wir uns schwer getan, diese
zum Programm erklärte Offenheit durchzuhalten. Unsere Köpfe waren reich an
Theorien und Vorstellungen *„alternativer"* Pädagogik und Didaktik. Aber außer
einer Hand voll *„freier Schulen"* mit einer fast ausschließlich akademischen und
schulreformerisch höchst engagierten Elternschaft gab es keine Vorbilder für die

---

3  BAMBACH/CALLIES/HARDER: Block I, Planung für das Eröffnungsjahr 1974/75. Vervielfältigtes Manuskript,
   Bielefeld 1974.

Umsetzung dieser Ideen in die Praxis. Zwar wollten auch wir vieles *„ganz anders"* machen, als wir es aus dem Regelschulsystem kannten, aber wir wollten es in einer staatlichen Schule und für das gesamte Spektrum *„heutiger Kinder"*. Und – wir wollten es im Hinblick auf die **Reform des Regelschulsystems**. Um gesellschaftlich benachteiligte Kinder wollten wir uns in besonderer Weise kümmern, Kinder mit Beeinträchtigungen des Lernens, der Sprache und des Verhaltens waren für uns *„normal"*, auch wenn deren besonderer Förder- und Betreuungsbedarf so *„tief greifend und umfänglich"* war, dass er andernorts zur Überweisung in eine Sonderschule geführt hätte.

Hinschauen, hinhören, verstehen und darauf antworten – **„Beobachtung und Diagnose"** nannte man das damals – diese zum Programm erklärte Offenheit ermöglichte uns, die Theorien und Vorstellungen in unseren Köpfen mit den leibhaftigen Kindern vor uns zusammenzubringen. Der Blick auf die Kinder sollte mehr gelten als alle Planungen zuvor. Bis heute gibt in diesem Zusammenhang unser aller dankbare Erinnerung **Johanna Harder**, die Anfang der 70er Jahre zusammen mit **Hartmut von Hentig**, dem Gründer und Erfinder der Laborschule, die Leitvorstellungen für das **Konzept der Laborschul-Eingangsstufe** entworfen hatte und in den folgenden Jahren maßgeblichen Anteil hatte an dem Gesicht, das die Laborschul-Eingangsstufe bekam und bis heute hat. Damals, als die *„alternative"* Pädagogik auf die Selbstregulierungskräfte von Kinderkollektiven baute, haben wir erkannt, wie wichtig es ist, die Vorgaben zu bedenken, die Kindern gemacht werden müssen, damit sie auch ohne Erwachsenenhilfe in der Lage sind zu tun, was sie sich vornehmen.

In ihrem **Bericht über das Eröffnungsjahr** schrieb Johanna Harder:

*„Je mehr sich die Kinder daran gewöhnen sollen, selbständig zu tun, was sie wollen, desto mehr brauchen sie die Unterstützung durch Umstände, die ihrem Vermögen angemessen sind und zuverlässig vorgegeben. Sie sollen nicht den Bus verpassen müssen, wenn sie nach Hause wollen; sie sollen nicht den Rollschuhschlüssel suchen müssen, wenn sie Rollschuh laufen wollen; sie sollen nicht das Wasserglas verschütten müssen, wenn sie malen wollen; sie sollen nicht bleibende Wasserschäden anrichten müssen, wenn sie Wasser verschütten wollen; sie sollen nicht Tiere quälen müssen, wenn sie sie versorgen wollen; sie sollen niemanden verletzen müssen, wenn sie streiten wollen; sie sollen nicht streiten müssen, wenn sie zuhören wollen und so weiter und so weiter, jedenfalls sollen sie es nicht regelmäßig müssen und nur deshalb, weil die Umstände nicht geregelt beziehungsweise gegen sie sind."* [4]

---

4  HARDER 1975.

Von den „Rollschuhen" abgesehen ist dies heute so aktuell wie damals. Zu jener Zeit, als man innerhalb der *„emanzipativen"* Pädagogik darüber nachdachte, ob zum Ausgleich gesellschaftlicher Benachteiligungen eine spezifische *„Didaktik für Unterschichtkinder"* vonnöten sei und die *„Erziehung zu solidarischem Handeln"* gefordert wurde, haben wir erkannt, dass wir nur dann wirksam etwas für benachteiligte Kinder tun können, wenn wir dafür sorgen, dass jedes Kind einer Gruppe zu seinem Recht kommt. Wir haben erfahren, dass Kinder, die sicher sind, dass sie selbst mit ihren Eigenheiten berücksichtigt werden, eher bereit sind, Rücksicht auf die Eigenheiten und Nöte anderer zu nehmen als solche, die Angst haben, dass sie selbst zu kurz kommen. Wir haben uns entschieden, auf die *„Kraft der Gruppe"* zu setzen und dafür gesorgt, dass jedes Kind ein möglichst hohes Maß an Geduld, Aufmerksamkeit und Einfühlung erfährt, damit es mit anderen geduldig, aufmerksam und einfühlsam sein kann. Damals, als in der *„progressiven"* Pädagogik die Frage nach der *„gesellschaftlichen Relevanz"* schulischer Inhalte vorherrschend war und man glaubte, auch schon Vorschulkinder mit gesellschaftskritischen Themen wie *„Gastarbeiter"*, *„Müll"*, *„Supermarkt"* konfrontieren zu müssen, haben wir uns darauf besonnen, dass die **Art und Weise**, wie Kinder ihre **Erfahrungen** machen, noch wichtiger zu nehmen ist als die Frage, um welche Erfahrungen es sich im Einzelnen handeln soll. In ihrem **Bericht über das Eröffnungsjahr** hat Johanna Harder mit Nachdruck daran erinnert, dass in der Laborschul-Eingangsstufe schulische Unternehmungen im Kontext jene Prozesse zu sehen seien, *„... in denen Fähigkeiten für die Auseinandersetzung mit der Welt grundlegend erworben werden: Daß und wie Kinder ‚ich kann' und ‚ich will' sagen, muß auch noch in diesem Alter wichtiger genommen werden dürfen, als was sie können und wollen sollen."* [5]

Inzwischen wissen wir auch aus der **Hirnforschung**, wie wichtig es ist – für das Lernen allgemein und für alle frühen Lernerfahrungen besonders – auf die Qualität der Situationen zu achten, in denen gelernt wird, damit aus den Erfahrungen Neugier und Freude im Hinblick auf Weiteres folgt, nicht aber Widerwille oder Angst. Für das Lernen von Lesen, Schreiben und Rechnen als **Kulturtechnik** diskutierten wir immer und immer wieder neu die Frage *„individuelle Aneignung oder Lernen in Kursen".* Wir machten Erfahrungen mit beiden und *„gestatteten"* uns schließlich je unterschiedliche Wege. Das Wichtigste war: Wir hatten erkannt, dass **Leistungszuversicht** eine der entscheidenden Bedingungen für Leistungsfähigkeit ist, und daraus gelernt, dass es in den grundlegenden Schuljahren besonders wichtig ist, die Leistungsanforderungen den Möglichkeiten des einzelnen Kindes anzupassen: Jedes muss die Erfahrung machen können, dass es mit Anforderungen gut zurechtkommt, wenn es bereit ist, sich anzustrengen.

---

5  *HARDER 1973, S. 34. In: HARDER/CALLIES 1973.*

Als die durch drei Jahrgänge gegebene Altersheterogenität das Lernen in fast allen Gruppen nachhaltig bestimmte, haben wir uns mit der Frage beschäftigt, wie die **„möglichen Gefahren einer Verschulung"** von den Leistungsanforderungen des Jahrgangs 2 her für die Vorschulkinder zu vermeiden seien und ebenso wie den **„möglichen Gefahren einer regressiven Stagnation"** der Jahrgang-2-Kinder in den vorwiegend offenen Spiel- und Lernsituationen des Jahrgangs 0 zu begegnen sei. Beiderlei *„Gefahren"* erledigten sich in dem Maß von selbst, in dem wir lernten, uns konsequent bei jedem einzelnen Kind zu fragen:

▸▸ Was kann dieses Kind?
▸▸ Was kann oder will oder soll es als nächstes lernen?
▸▸ Was kann ihm dabei helfen?
▸▸ Wie kann ich ihm dabei helfen?

Dieses Vorgehen bedeutete eine konsequente Abkehr von der damals üblichen Vorstellung, jedes *„schulreife"* Kind habe in einem **bestimmten Schuljahr bestimmte Dinge** zu lernen, andernfalls könne es am folgenden Unterricht nicht teilnehmen, müsse also wieder ausgeschult werden oder sitzenbleiben oder eine Sonderschule besuchen.

Für **Laborschul-Eltern** und **-Großeltern,** die über Schule nicht mehr wussten als sie selbst erfahren hatten oder bei Nachbarkindern sahen, war diese **Abkehr von Jahrgangsnormen** nicht zu verstehen und nur schwer zu akzeptieren. Sie begannen zu zweifeln und zu bangen, ob ihr Kind *„in dieser Schule"* wohl *„genug"* lernen würde. Die *„alternativen",* auf radikale Schulreform drängenden Eltern hingegen, die anfangs etwa ein Drittel der Elternschaft ausmachten, hatten *„Summerhill"* und *„Die Schule der Freiheit"* gelesen und sich für ihr Kind etwas Vergleichbares gewünscht. Ihnen schien jeglicher Einsatz von *„Schulbüchern",* die es auch in Regelschulen gab, fast so etwas wie Verrat an der Reform. Sie pochten von Anfang an auf das Lernen in fächerübergreifenden Projekten, dem wir uns in den Planungszeiten verschrieben hatten, für das wir aber – wie wir nun entdeckten – bei einer großen Zahl von Kindern erst die **Voraussetzungen schaffen** mussten – emotional und sozial.

Die sehr unterschiedlichen Vorstellungen, was die Laborschul-Eingangsstufe zu leisten und zu bieten habe, aber auch, was sie eigentlich leisten und bieten könne, prallten aufeinander – nicht nur auf Elternabenden, auch auf den vielen Konferenzen, die anfangs fast täglich stattfanden und bis heute immerhin jede Woche.

**Tageslauf statt Stundenplan**

Die **kindgerechte Rhythmisierung des Schultages** war von Anfang an eines unserer wichtigsten Anliegen. Wegen der Fünfjährigen, von denen wir keine *„Schulfähigkeit"* erwarten durften, war von vornherein klar, dass der **Schultag** nicht im 45-Minuten-Takt eines Stundenplans verlaufen konnte und von einer Anforderung zur nächsten. Wir hatten täglich für ein ausreichendes Maß an Bewegung, Muße und frischer Luft zu sorgen, wir wollten den Lernprozessen genügend Raum und Zeit für Eigenaktivität und Aneignung lassen. Und so wurde aus dem **Eingangsstufentag** ein Gefüge aus Lernsituationen und Lerngelegenheiten, bei denen Zeiten mit hohen Konzentrationsanforderungen altersgemäß sinnvoll wechseln mit solchen der Entspannung. **Unterrichtsphasen**, die vorwiegend von Erwachsenen gelenkt sind, wechseln mit jenen Situationen, in denen die Kinder weitgehend selbst ihre Arbeiten bestimmen. Die **„Erzählrunde"** zu Beginn eines jeden Tages, die **„Arbeitszeit"**, die **„Versammlung"** und die **„Gruppenzeit"** im Verlaufe des Schulvormittags geben dem Schultag seinen Rhythmus. Vorhersehbare **Besonderheiten** der einzelnen Tage, wie zum Beispiel Bibliothek, Werkstatt, Schwimmbad, Wald, Turnhalle oder Küche, gliedern die Woche. Besondere **Vorhaben**, die zur Tradition geworden sind, wie zum Beispiel das Theaterprojekt, die Übernachtungsfahrt, die Weihnachtswerkstatt, das Einschulungsfest, gliedern das Schuljahr.

Aus der **Sozialisationsforschung** wussten wir, dass die *„Grundfähigkeiten des Lernens"* im Zusammenhang mit den *„Interaktions- und Kommunikationserfahrungen"* der frühen Lebensjahre zu sehen sind und dass die Fähigkeiten für intelligentes und soziales Handeln mit dem Aufbau von Identität einhergehen, also etwas mit dem Bild zu tun haben, das ein Kind in seiner Auseinandersetzung mit der Welt von sich selbst gewinnt. Wir haben deshalb auf die Laborschul-Eingangsstufe übertragen, was Anfang der 70er Jahre in der Curriculumreform für den Vorschulbereich als *„sozialisationsorientierter Ansatz"* beschrieben worden war, also das besonders wichtig genommen, was gewöhnlich als *hidden curriculum* nur so nebenbei läuft, nämlich die Art und Weise, wie Kinder und Erwachsene miteinander reden und umgehen. Die Orientierung von Unterricht an den **„Lebenssituationen"** der Kinder haben wir als didaktisches Prinzip für die Entwicklung von Projekten und Vorhaben genommen. Gleich im ersten Jahr haben wir erkannt, dass *„der Schultag an sich"* neben der familiären Lebenswelt eine für Grundschulkinder besonders bedeutsame Lebenssituation ist und zudem die Einzige, auf deren erzieherische Qualität Lehrer nahezu unbehindert Einfluss nehmen können. Dies hat uns dazu geführt, einen Tageslauf zu erfinden, der den verschiedenen Einzelnen gerecht zu werden versucht, ihre Gemeinsamkeiten betont und ihren Zusammenhalt als Gruppe stärkt. Bei der **Gestaltung des Schultages** haben uns folgende Einsichten geleitet:

- Wenn wir wollen, dass sich die sehr verschiedenen Kinder einer Stammgruppe vertragen oder zumindest ertragen, also friedlich miteinander auskommen, dann müssen wir ihnen genug Gelegenheiten geben, sich jenseits unserer Anforderungen **kennen und verstehen zu lernen**, ihre Stärken und Schwächen, Vorlieben und Besonderheiten – die je eigenen wie auch die der anderen – zu entdecken und zu berücksichtigen.

- Wenn wir wollen, dass sich alle Kinder, also auch die besonders langsam lernenden und die besonders reich begabten, **bestmöglich entwickeln** können, dann müssen wir Situationen schaffen, in denen jedes Kind an ihm gemäßen Herausforderungen lernen kann – im eigenen Tempo und mit dem Maß an Unterstützung, das es gerade braucht.

- Wenn wir wollen, dass die Kinder **eigenständig arbeiten**, Interessen entwickeln und ihnen auf den Grund gehen, ein eigenes Maß für die ihnen höchstmögliche Qualität entwickeln und sich über ihre Arbeiten mit anderen austauschen, dann dürfen wir sie nicht mit Aufgaben überfrachten, sondern müssen ihnen – neben allen Anforderungen und Aufgaben, die Schule mit sich bringt – Gelegenheiten geben, in denen sie mit Muße eigenen Vorhaben nachgehen können, auf eigene Weise, allein oder zusammen mit Freunden.

- Wenn wir wollen, dass Kinder mit **aufmerksamen** Augen und Ohren durch die Welt gehen, über **Zusammenhänge nachdenken** und sich in Beziehungen **einfühlen**, dann müssen wir ihnen und uns Zeit lassen, das Lernen mit dem zu verbinden, was unmittelbar zu ihrem Leben gehört; denn das bewegt sie besonders, und offensichtlich hinterlassen Anteilnahme von anderen und Gemeinsamkeiten mit ihnen besonders tiefe Spuren in ihren Köpfen und Gemütern.

- Wenn wir wollen, dass die Kinder **der Sprache mächtig** werden, also lernen, sich miteinander über Sachen und über Beziehungen zu verständigen, dann müssen wir Gelegenheiten schaffen, in denen sie den Austausch miteinander pflegen, weil er ihnen ein Bedürfnis ist. Und wenn wir wollen, dass Bücher in ihrem Leben eine Rolle spielen, dann müssen wir sie erfahren lassen, dass Bücher „Fenster zur Welt" sind und die Begegnung mit Literatur ein Glück.

- Und schließlich: Wenn wir wollen, dass aus den verschiedenen Einzelnen eine **tragfähige Gruppe** wird, dann müssen wir für Situationen sorgen, in denen die Kinder die Kraft ihres Zusammenhalts erfahren.

Im Eröffnungsjahr haben wir gemerkt, wie wichtig **Gelassenheit** am Beginn des Schultages ist – Zeit zum Ankommen, Gelegenheit, sich einzufinden. Alle brauchen das, die wohlbehüteten Kinder ebenso wie diejenigen mit schlaflosen Nächten und auch wir Erwachsenen. Alle tragen den Abend zuvor, die Nacht, den Morgen und die Wichtigkeiten ihres Lebens mit in die Schule hinein. Alle brauchen – jeder auf seine Weise – Zeit, sie beiseite zu tun und sich auf das Kommende einzustellen. Ein **gemütlicher Schulbeginn** tut nicht nur denen gut, die Zuwendung besonders nötig brauchen. Vom anfänglichen Klima hängt ab, wie der weitere Tag verläuft, also auch, ob die Kinder aufnahmebereit und aufnahmefähig für schulische Dinge sein werden.

**„Der Schultag als Projekt"** sagten wir damals, als wir die Abkehr von Fachunterricht und Stundenplan *„curricular"* begründen mussten. **„Der Schultag als Gesamtkunstwerk"** sagen wir heute gleichsam augenzwinkernd, wenn wir begründen, warum wir nur solche Besucher zulassen, die sich zum Schauen und Verstehen Zeit nehmen, für einen ganzen Schultag oder länger.

## ▷ Heterogenität ist Reichtum oder: Die Kraft der Gruppe

Wir haben die Eingangsstufe vom Vorschuljahr her wachsen lassen, brauchten also mindestens drei Jahre, bis die Betreuungsgruppen jahrgangsübergreifend zusammengesetzt waren, eine Gemeinschaft aus Vorschulkindern, Erst- und Zweitklässlern. Mit Ausnahme zweier Gruppen, deren Lehrer die Jahrgangshomogenität des ersten Jahres weiterhin für sich und die Kinder wünschten, haben wir in allen Betreuungsgruppen alles uns Mögliche getan, um bald zu einer **vernünftigen Mischung der Jahrgänge** innerhalb einer Betreuungsgruppe zu kommen.

Innerhalb der Schullaufbahn eines Laborschulkindes ist die Eingangsstufe der Ort und die Zeit seiner ersten Begegnung mit schulischen Formen des Lernens und Zusammenlebens. Das **Hineinwachsen in eine Gruppe** von 5–8-jährigen, also die Anwesenheit von erreichbaren Vorbildern und die Erfahrung, zunächst *„klein"* zu sein aber in absehbarer Zeit *„groß"*, haben wir als entscheidendes Bildungserlebnis angesehen. Denn Lernfreude, Leistungszuversicht und Lebensmut – Voraussetzungen für eine erfolgreiche Schullaufbahn – hängen davon ab, ob die erste schulische Phase im Leben eines Kindes glückt. Wer gleich als Schulanfänger die Erfahrung machen muss, dass er angeblich nicht taugt für das, was die Schule von ihm erwartet, wird für alles weitere Lernen beschädigt. Wer gleich zu Anfang die Erfahrung macht, dass Schule überwiegend aus Dingen besteht, die nichts mit dem zu tun haben, was ihn bewegt, nicht zu seinen Fähigkeiten passen, an seinen Interessen vorbeizielen, der wird sich auf schulisches Lernen über kurz oder lang nur ungern einlassen.

Von den **enormen Entwicklungsunterschieden** zwischen gleichaltrigen Grundschulkindern hatten wir bei der Planurg der Laborschul-Eingangsstufe aus unserer
Praxis als Lehrer in Regelgrundschulen eine Ahnung. Wie groß und vielfältig diese
Unterschiede tatsächlich sind, haben wir während der Eröffnungsjahre entdecken
können, weil ihnen unsere Aufmerksamkeit in besonderer Weise galt.

Wir haben Heterogenität sehen und verstehen und schätzen und nutzen gelernt:
Heterogenität der **Herkunft**, des **Geschlechts**, der **Begabungen** und – in besonderer Weise – der **Lebensalter**. Heute wie damals erfahren wir sozusagen täglich:
Was Kinder voneinander und miteinander und manchmal auch füreinander lernen,
ist mindestens ebenso viel und wichtig wie das, was wir Erwachsenen ihnen
beibringen können. Und was schnell und leicht lernende Kinder durch die Selbstständigkeit profitieren, die ein Schultag in einer heterogenen Gruppe zulässt und
zumutet, geht weit über das hinaus, was gleichschrittiger Unterricht ihnen an
Aufgaben und Herausforderungen bieten kann.

Wir erkannten: In der über drei Jahrgänge hinweg altersgemischten Stammgruppe
steckt erzieherische Kraft, nämlich die gleichsam naturgegebene **Chance zum
Rollenwandel und Rollenwechsel** innerhalb ein und derselben Bezugsgruppe.
Anders als in der Familie – in der man sein Leben lang dazu verdammt oder er-
wählt ist, der Älteste oder Jüngste oder Einzige zu sein oder in einer Mittelposition
gefangen – gewinnt man in der altersgemischten Gruppe an Gewicht und Bedeutung, ohne dass sich dies an Körpergröße oder Leistung misst. *„Groß"* wird man
durch die Dauer der Zugehörigkeit zur Gruppe, dieser Status wächst einem zu, um
ihn muss man nicht kämpfen. Der Entwicklung von Selbstvertrauen und Lebenszuversicht tut dies gut.

*Der 8-jährige Florian zum Beispiel, der die Menge fünf mit seinen Fingern (ab-)zählen muss, um sie begreifen zu können, ist wichtig für den sechsjährigen Sascha, weil er weiß, wo die Frühstücksbrettchen sind, wie viel Futter das Meerschweinchen braucht, wo der Hausmeister zu finden ist und – am wichtigsten vielleicht – weil er keine Angst (mehr) hat, dorthin zu gehen. Für seine Stammgruppe ist Florian wichtig, weil er ihre Rituale und Traditionen kennt und „den Neuen" zeigen kann, „wo's langgeht".*

*Und der ungestüme Marco, dessen Fäuste bei den Altersgefährten gefürchtet sind, hat – gleichsam naturgegeben – Anlass und Chance, sich neuerlich um Freundlichkeit und Rücksicht zu bemühen, denn die zarte Anna schaut bewundernd zu ihm auf, weil er ihr vorlesen kann, und zähmt ihn mit argloser Zuneigung.*

In der **altersgemischten Gruppe** erlebt jedes Kind eine Zeit, in der es **klein** sein darf, und eine, in der es **groß** ist, ohne sich je dafür recken zu müssen. Es kann sich – ohne Ansehensverlust bei den Altersgefährten und ohne Gefahr fürs Selbstbild – mit Jüngeren oder Älteren zusammentun, also das Vertraute nochmals genießen oder das Künftige schon mal proben. Es gibt einen natürlichen Reichtum an Beziehungen; die Kinder regen einander an und lernen auf dem Wege des gemeinsamen Interesses voneinander; Hilfsbereitschaft wird zur selbstverständlichen Haltung, Zuneigung und Anteilnahme innerhalb der Gruppe zur tragenden Kraft von Lernprozessen.

Und noch etwas **Wichtiges** haben wir in jenen ersten Laborschuljahren erfahren und verstanden: Unterricht – wie didaktisch kunstvoll auch immer – ist nicht genug. Die Mehrheit der heutigen Kinder braucht **die Schule** auch **als freundlichen Ort zum Leben**. Manches darin ist für die einen besonders wichtig, anderes für andere:

- *Diejenigen zum Beispiel, die außerhalb der Schule von den Erwartungen ihrer Eltern verplant sind, brauchen Gelegenheit, um zu sich selbst zu kommen, eigene Interessen zu finden und ihnen nachzugehen.*
- *Diejenigen zum Beispiel, die außerhalb der Schule überwiegend sich selbst und den Medien überlassen sind, brauchen unmittelbare Anteilnahme, Ansprache und Zuwendung.*
- *Kinder, die sich zwischen mehreren Sprachen und Kulturen zurechtfinden müssen, brauchen Stärkung und Aufmerksamkeit.*
- *Kinder, deren familiäres Leben von Armut bestimmt ist, brauchen Versorgung und ab und an auch Verwöhnung.*
- *Wer zu Hause an Eltern statt erwachsen sein muss, braucht Erholung und die Chance, so klein sein zu dürfen, wie er tatsächlich ist.*
- *Alle, die das Zerbrechen ihrer Familien zu verkraften haben – davon gab es in der Laborschule zu allen Zeiten unverhältnismäßig viele – brauchen Beruhigung und Sicherheit in verlässlichen Beziehungen, Verständnis für ihre Ausbrüche und Anerkennung der Balanceakte, die sie außerhalb der Schule leisten.*

Es ist wichtig zu verstehen, warum manche Kinder zu manchen Zeiten für schulische Dinge nur wenig Kraft haben; es ist wichtig, sich darum zu kümmern, dass sie (wieder) zu Kräften kommen.

*„Was ist eine* **humane Schule?***"*, fragte Hartmut von Hentig in einem Vortrag am Ende des ersten Laborschuljahres und bilanzierte:

*„Die an unverarbeiteten Eindrücken reiche, an Halt, Begründung, verstandener und verantworteter Ordnung arme und vor allem friedlose Welt hat ein Bedürfnis nach Verlässlichkeit in den Kindern aufkommen lassen, das alle anderen Bedürfnisse übertrifft."* [6]

Und in seiner Bilanz und Perspektive der Laborschule nach vierzehn Monaten:

*„Eine Schule – wie sehr sie auch wissenschaftliche Einrichtung, Mittel der Reform, Curriculumwerkstatt ist – muss in erster Linie Kindern helfen zu leben und zu lernen. Diese Aufgabe darf keiner anderen geopfert werden."* [7]

Damals haben wir unseren Auftrag, **Curriculumwerkstatt** zu sein, erweitert. Versuchsschule zu sein bedeutet für uns bis heute: Wir haben die Freiheit und die Bedingungen, um herausfinden zu können, wie Schule zu einem Ort wird, der Kindern gut tut – ihnen beim Aufwachsen hilft, sie für ihr gegenwärtiges und künftiges Leben stärkt und bestmöglich ausstattet: mit Haltungen und Einsichten, mit Fähigkeiten, Fertigkeiten, Kenntnissen und mit Wissen.

##  Reform auf dem Weg

Als die Laborschule 1974 eröffnet wurde, war in den damals neu erschienenen und fast 600 Seiten starken **Richtlinien und Lehrplänen** des Landes NRW für die Grundschule zu lesen, *„im Idealfall"* könne es ausreichen, in Richtlinien nur noch diejenigen Ziele anzugeben, die am Ende der Primarstufe in den einzelnen Lernbereichen erreicht sein sollen. Wir haben uns für den Idealfall entschieden: Wir haben vereinbart, was die Kinder beim Übergang in die nächst höhere Stufe der Schule erfahren haben sollen und darum *„in der Regel"* können, und dass wir im Einzelnen begründen werden, wenn dies nicht der Fall ist.

Die **Unterrichtsplanungen** selbst haben wir frei gelassen von zeitlichen und inhaltlichen Festlegungen und offen für die Eigenheiten der Kinder, mit denen wir es jeweils zu tun haben würden. Zu unseren wichtigsten Erkenntnissen gehört die Entdeckung, wie unerwartet hoch die Zahl der Kinder eines Jahrgangs ist, die sich quer zu den im Regelschulsystem unterstellten Jahrgangsnormen entwickeln:

---

6  *von HENTIG 1984, S. 148.*
7  *von HENTIG: Bilanz und Perspektive der Laborschule nach 14 Monaten. Hausinternes Manuskript.*

Häufig kommen nach Jahren Leistungsfähigkeiten zum Vorschein, die zuvor von Lebensschwierigkeiten überdeckt waren. Kinder mit besonderen Begabungen kommen zu Leistungen von einer Qualität, die man in ihrer Altersstufe nicht für möglich gehalten hätte. Unverhofft oft haben Kinder vermeintliche oder tatsächliche Lernbehinderungen überwunden, weil ihnen genügend Zeit gelassen wurde, einen besonders langsamen und gründlichen Anlauf zu nehmen.

Im Regelschulsystem hatte die Reform des Schulanfangs nach den Anfängen in den 70er Jahren noch einen langen Weg. Erst **1985** war in den **neuen Richtlinien** des Landes **NRW** – es waren die fortschrittlichsten aller Bundesländer – zu lesen, der Bildungs- und Erziehungsauftrag für die Grundstufe des Bildungswesens sei *„... grundlegende Fähigkeiten, Kenntnisse und Fertigkeiten in Inhalt und Form so zu vermitteln, dass sie den individuellen Lernmöglichkeiten und Erfahrungen der Kinder angepasst sind und durch fördernde und ermutigende Hilfe zu den systematischen Formen des Lernens allmählich hinzuführen und damit die Grundlagen für die weitere Schullaufbahn zu schaffen ..."*[8]

Der **Bundesgrundschulkongress 1989** proklamierte in einem Manifest:

*„Grundschule heute muss auf die größeren Unterschiedlichkeiten der Kinder durch eine verstärkte Individualisierung und Differenzierung der Methoden, Lernhilfen und Lernziele antworten. Sie hat mitunter Leistungsunterschiede bis zu vier Jahren in einer Jahrgangsklasse zu berücksichtigen."*

In einer Broschüre mit dem Titel **„Schule verändern – von Anfang an"**, die ausdrücklich *„zum Mutmachen"* herausgegeben worden war, wurde ein Erziehungs- und Unterrichtsstil in der Grundschule gefordert, *„der jedes einzelne Kind mit seinen Stärken und Schwächen zum Ausgangs- und Zielpunkt des pädagogischen Handelns macht"*. Von Anfang an, jedes einzelne Kind, bei Entwicklungsunterschieden bis zu vier Jahren! Wie sollte das gehen in einer Grundschule, die auf Selektion angelegt war?

**1996** forderte der **Grundschulverband** in seinen **„Empfehlungen zur Neugestaltung der Primarstufe"** dazu auf, den *„Entwicklungsstand"* als Kriterium für die Einschulungsentscheidung aufzugeben; *„das fragwürdige Konstrukt Schulfähigkeit, das als Hürde Kinder von der Schule fernhält"*[9], werde dadurch hinfällig. Der nächste **Bundesgrundschulkongress** fand **1999** statt – die Laborschuleingangsstufe gab

---

8  *Richtlinien und Lehrpläne für die Grundschule in NRW 1985, S. 9.*
9  *FAUST-SIEHL u.a. 1996, S. 140.*

es inzwischen seit 25 Jahren und dazu an vielen Orten gleich gesinnte Schulversuche, die *„integrativ"* und jahrgangsübergreifend arbeiten. Unter dem Motto *„Schule der Vielfalt und Gemeinsamkeit"* stand im Manifest:

*„Die Grundschule der Zukunft hat die Tendenz zur Homogenisierung und Gleichmacherei aufzugeben. Kein Kind wird vom Schulbesuch zurückgestellt, die Schulfähigkeit erarbeitet die Schule mit den Kindern."*

*„Die Schule der Zukunft öffnet sich organisatorisch und didaktisch der Vielfalt der Kinder, um jedem Kind in seiner individuellen Lebenslage gerecht werden zu können. Zugleich unterstützt sie gemeinsames Leben und Lernen."*

*„Die Schule der Zukunft ist Lern- und Lebensstätte der Kinder, Anspannung und Entspannung, Arbeit und Muße, kognitive Arbeit und handelndes Tun, fachliches Lernen und Gestalten des gemeinsamen Lebens verbinden sich in einem pädagogisch durchgestalteten Schultag."* [10]

Inzwischen ist auch dies mehr als fünf Jahre her. Aber es gilt. Und es deckt sich mit dem, was wir in den vergangenen 30 Jahren in der Laborschul-Eingangsstufe entwickelt und erkannt haben. Freilich – das sei hier ausdrücklich bekannt – wir konnten es nur entwickeln und erkennen, weil uns von Anfang an entsprechende Rahmenbedingungen und Freiheiten gegeben waren:

- *ein verlässlicher Schulvormittag für alle Kinder und ganztägige Angebote für möglichst viele von ihnen;*
- *eine Gruppengröße, die es Lehrern ermöglicht, jedes einzelne Kind im Blick zu haben und den Kindern ermöglicht, miteinander vertraut zu werden und aufeinander einzugehen;*
- *Formen der Leistungsbewertung, bei denen die Kinder nicht durch Maßstäbe gekränkt werden, die von außen und „richtend" an sie gelegt werden, sondern die ihnen ihre Lern- und Leistungsentwicklung im Hinblick auf ihre je eigenen Möglichkeiten spiegeln;*

---

10 SCHMITT 1999.

> - die Freiheit, den Ablauf des Schultages so einzurichten, dass die Kinder nicht nur Unterricht, sondern auch Zeiten haben, über die sie selbst verfügen. Das ermöglicht Lehrern zu entdecken, was die Kinder bewegt. Den Kindern ermöglicht es, ihren Interessen und Vorlieben nachzugehen und füreinander da zu sein;
> - die Freiheit, im Hinblick auf die vereinbarten Ziele jeweils individuell überlegen und immer wieder neu entscheiden zu können, welche Aufgabenstellungen mit welchen Zielen in welchem Lernbereich im Moment für das einzelne Kind sinnvoll sind.

Solche **Freiheiten** müssten dem heutigen Nachdenken über **„Standards"** nicht entgegenstehen: Wenn – ja, wenn die Diskussion zumindest für den Grundschulbereich so geführt würde, wie vom Grundschulverband vorgeschlagen: Es geht um *„Bildungsansprüche"* der Kinder an die Schule! Und es geht um *„Standards zeitgemäßer Grundschularbeit"*, also um pädagogische und didaktische Orientierungen! Für den Schulanfang – also die Grundlegung allen schulischen Lernens – müssen sie besonders gründlich bedacht sein.
(Bildungsansprüche von Grundschulkindern siehe Internettipps S. 276)

■ *Heide Bambach*

# „Jedes Kind ist anders" – in einer Schule für alle Kinder

In die Laborschule können Kinder gehen, deren Eltern dieses wünschen. Es wird keine persönliche Auswahl getroffen, abgesehen von den Aufnahmekriterien, die eine ausgewogene Zahl von Jungen und Mädchen und möglichst eine realistische Widerspiegelung der Bevölkerungsstruktur vorsehen. In diesem Sinne ist die Laborschule „eine Schule für alle Kinder". Weder vor der Einschulung noch zu Beginn der Schulzeit und auch nicht im Verlaufe der folgenden Jahre findet eine Selektion statt. Die Zusammensetzung der Gruppen ist eine soziale und keine leistungsbezogene. Wie an jeder anderen Schule umfasst ein Einschulungsjahrgang drei bis vier Jahre an Entwicklungsunterschieden bei den Kindern.

Ausschulung und das Wiederholen von Schuljahren gibt es nicht. Die Schüler lernen auf den ihnen persönlich gemäßen unterschiedlichen Niveaus innerhalb ihrer Stammgruppe. Ihre Leistung wird am Maßstab ihrer individuellen Möglichkeiten und Grenzen bewertet.

Es ist **Freitag, der 9. Juli 2004**. Die 60 Schüler des 10. Jahrgangs der Bielefelder Laborschule feiern mit der ganzen Schule ihren Abschluss. Für die meisten geht eine 11-jährige Laborschulzeit zu Ende. Ein neuer Lebensabschnitt beginnt und wird sie in ganz unterschiedliche Lebens-, Schul- oder Berufszusammenhänge führen. So auch *Sybille* und *Mirko*. Beide sind vor 11 Jahren als Vorschulkinder bei uns eingeschult worden. Als ihr Lehrer in der Eingangsstufe kann ich mich noch gut an sie erinnern. *Mirko*, der auch lange nach seiner um ein Jahr zurückgestellten Einschulung noch nicht alleine seinen Namen in unser Anwesenheitsbuch schreiben konnte und *Sybille*, die uns an ihrem ersten Schultag als Vorschulkind die „*Ronja Räubertochter*" auf den Tisch legte, das Lesezeichen steckte bei Seite 125, und mich stolz fragte, ob sie uns denn daraus etwas vorlesen dürfe.

In ihrer **Schulbiografie**[11], die alle Schulabgänger über ihre Erfahrungen an der Laborschule verfassen, schreibt *Sybille* rückblickend über ihre Zeit in der Eingangsstufe:

> „Mit fünf Jahren wurde ich eingeschult, was mich zum Star meiner Kindergartengruppe werden ließ. [...] Ich glaube, es war in der ersten Klasse, als wir einen Zirkus gemacht haben, über den dann in der Zeitung mit einem Bild von mir im Handstand berichtet wurde. [...] Wir haben noch andere tolle Sachen im Haus 1 gemacht. [...] Und aufregende Karnevalsfeiern (Ich war zweimal eine Fee und einmal Pipi Langstrumpf). Oder die Aufführung des Musicals „Die Hochzeit von Maus und Frosch", wo ich die Maus spielte und vor der Aufführung so aufgeregt war, dass ich Nesselfieber bekam.
> Schon im Haus 1 habe ich immer viel lieber Geschichten geschrieben als Mathe gemacht. Diese Rechnerei ergab für mich keinen Sinn, wann sollte ich so was jemals brauchen?! Außerdem ließ die Mathematik mir überhaupt keinen Platz für Fantasie, keinen Freiraum für eigene Entscheidungen und langweilte mich."

---

11 Alle Zitate stammen aus der Schulbiografie des 10. Jahrgangs (10 blau) 1993–2004.

Trotz ihrer Abneigung gegenüber der Mathematik hat *Sybille* die Laborschule mit einem Fachoberschulabschluss mit Qualifikation für die gymnasiale Oberstufe abgeschlossen. Sie hat meistens sehr gute Leistungen erbracht und hätte dieses sicherlich auch an jeder anderen Schule erfolgreich geschafft. Doch die Zirkus-, Theater- und Musicalaufführungen sind ihr noch ein Jahrzehnt später in bester Erinnerung und werden es vermutlich noch sehr lange bleiben. Den *„Freiraum für eigene Entscheidungen"* hat sie während ihrer ganzen Schulzeit nutzen können und dieses auch getan.

*Mirko* beschreibt seine Zeit in der Eingangsstufe so:

> *„An den Tag meiner Einschulung kann ich mich relativ schlecht erinnern, nur an das Übliche, dass ich nervös war, an die Sonnenblumen und an die Klassenverteilung. [...] Ich gewöhnte mich schnell an die Klasse und hatte sehr viel Spaß. [...] Ich lebte das restliche Jahr vor mich hin und machte meine Aufgaben im Deutschbuch. Ich kann mich noch gut an das Deutschbuch erinnern, wo man die Buchstaben nachmalen musste."*

Diese genaue Erinnerung an das *„Deutschbuch"* hängt mit *Mirkos* starken Entwicklungsverzögerungen, einer eklatanten Sprachstörung und daraus resultierenden enormen Problemen mit der Schriftsprache zusammen. Über zwei Schuljahre lang konnte er die fünf Buchstaben seines Vornamens nicht auseinander halten und isoliert benennen. Erst im vierten Schuljahr hat er einigermaßen flüssig und den Sinn erschließend das Lesen erlernt, mit großer Ausdauer, viel Geduld und der nötigen Zeit und Ruhe – sowohl auf Schüler- als auch auf Lehrerseite. *Mirko* besaß eine große Fähigkeit, das Schwimmen.

> *„Als ich das erste Mal in der Laborschule war, war ich zu Besuch, um mir den Unterricht anzusehen. Ich weiß noch, dass meine Klasse, in der ich an dem Tag zu Besuch war, schwimmen gegangen war und ich mitgekommen bin. Manche Kinder machten gerade ‚Seepferdchen', und ich überlegte spontan, mitzumachen, und so bekam ich mein ‚Seepferdchen', worauf ich extrem stolz war, denn manche der ALTEN Kinder hatten noch keins gemacht."*

Dass *Mirko* dann im Laufe seiner Eingangsstufenzeit noch das Jugendschwimmabzeichen *„Gold"* geschafft hat, hat sein Selbstvertrauen dermaßen gestärkt, dass er seine Lese- und Schreibschwäche emotional erfolgreich kompensieren konnte.

Am Ende der Laborschulzeit hat er sogar den Fachoberschulabschluss erlangt und anschließend das benachbarte Oberstufenkolleg mit dem Ziel besucht, dann auch die allgemeine Hochschulreife zu erlangen.

**„Kinder sind anders"**, das lehrt uns nicht nur Maria Montessori, sondern vor allem auch die tägliche Erfahrung. Solch unterschiedlichen Kindern wie *Mirko* und *Sybille* könnte man in einer Jahrgangsklasse, fortschreitend an einem Jahrgangscurriculum orientiert, kaum wirklich gerecht werden. *Mirko* hätte mit großer Wahrscheinlichkeit zu einer Sonderschule wechseln müssen und *Sybille* würde sich wohl über lange Strecken des Schulvormittags gelangweilt haben. Aber in vielen Grundschulklassen findet sich eine ähnliche Bandbreite im Leistungs- und Begabungsspektrum der Schüler.

Mit der in einer altersgemischten Gruppe erforderlichen **Individualisierung des Unterrichts** und der Betreuung der einzelnen Kinder kann es funktionieren, so verschiedene Kinder „auf ihre Kosten' kommen zu lassen und sie zu einem zwar unterschiedlichen, dennoch für jeden von ihnen sehr erfolgreichen Schulabschluss zu führen. Voraussetzung dafür ist nicht primär die Altersmischung, sondern der Blick auf das einzelne Kind. Dieser wird in jahrgangsübergreifenden Klassen und Gruppen deutlicher gefordert, ist nach unserer Überzeugung jedoch die **Grundlage** jeglichen guten Unterrichts – auch in der Jahrgangsklasse.

## ▷ Wie nun sieht das gemeinsame Lernen von so unterschiedlichen Kindern wie Sybille und Mirko, obendrein noch gemeinsam mit vielen anderen verschieden alten Kindern in einer Gruppe aus?

In der Eingangsstufe der Bielefelder Laborschule bestimmt sich der Unterricht in den traditionellen Schulfächern Lesen, Schreiben und Rechnen aber auch bei den meisten anderen Inhaltsbereichen nach dem **individuellen Vermögen** des einzelnen Schülers. Das **Curriculum** der Schule bildet die **Orientierung**, steht aber nicht im Mittelpunkt des Unterrichtens. Ausgang ist immer der Stand des Einzelnen. *„Wir holen die Kinder da ab, wo sie stehen"*, lautet ein geflügeltes Laborschulwort. Das **Ziel** in allen Fällen ist, dass die Schüler ihre Begabungen und Fähigkeiten erkennen und möglichst bis an ihre Grenzen ausschöpfen. *„Man kann nur leisten was man leisten kann"*, lautet das Motto und der Anspruch an die Schüler stellt sich dementsprechend auf hohem Niveau: *„Du bist gut, wenn du das leistest, wozu du in der Lage bist."* Mehr kann man ohnehin niemandem realistischerweise abverlangen (vgl. hierzu auch den Beitrag S. 223ff.).

*Sybille* liest in der altersgemischten Gruppe gemeinsam mit *Sonja*, *Dieter* und *Marina* – die drei sind bereits im zweiten Schuljahr. Ihre große Lesefähigkeit lässt *Sybille* schnell zum Star dieser Gruppe werden. Niemand kann so gut vorlesen, wie dieses *„Nuller"*-Kind. Die ganze Gruppe hört ihr gerne zu. Die anderen akzeptieren das, bewundern *Sybille* und nehmen es als Anreiz, selber auch noch besser zu betonen, flüssiger vorzutragen und andere stärker in ihren Bann zu ziehen. *Sybille* wird ihr ganzes Schulleben lang gerne lesen. Sie verfasst bereits im Vorschuljahr eigene Geschichten, die sich im Laufe ihrer Schulzeit zu ganzen Romanen auswachsen. Orthografie lernt sie im Verlaufe des Schreibens ihrer eigenen Texte. Im zweiten Schuljahr trägt sie selbst verfasste und illustrierte Büchlein in einer großen Versammlung den 45 Kindern ihrer Fläche vor und traut sich dieses auch, aber doch mit nesselfiebriger Aufregung, vor einer Schar von Eltern. Sie erntet dafür viel Beifall und große Anerkennung. Schreiben ist für sie nie ein wirkliches *„Schulfach"* gewesen, sondern immer ein inneres Anliegen geblieben, dem sie an der Laborschule nachgehen und an dem sie sich in ihrer Persönlichkeit entfalten konnte. Langeweile hat sie daher beim Schreiben und Lesen nie empfunden und überheblich ist sie nicht geworden, weil sie erleben konnte, wie andere Kinder auf anderen Gebieten ähnlich große Erfolge erzielen konnten, an die sie nicht im Traum zu denken wagte.

So sah *Sybille* auch den leseschwachen *Mirko* mit anderen Augen, als der mit neun Jahren die schwierigen Anforderungen für das Schwimmabzeichen *„Gold"* absolvierte und sich damit an die sportliche Spitze nicht nur seiner Gruppe sondern der gesamten Eingangsstufe katapultierte. Dieser große Erfolg baute *Mirkos* Selbstvertrauen in einer Weise auf, dass auch seine eklatante Lese- und (Recht-)Schreibstörung immer stärker in den Hintergrund trat. In Kenntnis seiner Stärken gewann er größeres Selbstbewusstsein, seine soziale Position in der Gruppe verbesserte sich zusehends und er konnte *„sein Problem"* nun mit einer anderen Haltung angehen. In seinem zweiten Laborschuljahr war *Mirko* derjenige, der neue Kinder in die Arbeit mit der Schuldruckerei einführte. Trotz seiner Schwäche Buchstaben zu erinnern, war er in der Druckwerkstatt erfolgreich in der Lage, helfend für andere tätig zu sein. Seine Lesekurse absolvierte er auch in seinem dritten Laborschuljahr zusammen mit den neuen *„Nullern"*, so musste er sich nicht ständig als Lese-Schlusslicht fühlen. Als seine Motivation und sein Antrieb beim Lesen und Schreiben erneut im Boden zu versinken drohten, haben wir gemeinsam beschlossen, dieses Kapitel für eine Weile auf sich beruhen zu lassen. *Mirko* durfte fortan ständig in der von ihm geliebten Schuldruckerei arbeiten, mit Buchstaben – aber ohne Lesekenntnis. Und nach zwei Jahren war der Knoten geplatzt: *Mirko* las seine selbst gesetzten Sätze zum ersten Male selber vor. Er machte schließlich doch die Erfahrung: *„Auch ich kann es!"* Von da an setzte sich ein lang anhaltender Entwicklungsprozess in der Lesekompetenz auch dieses Jungen in Bewegung. Ein brillanter Vorleser ist *Mirko* nie geworden. Aber die Zeitung kann er selbstverständlich lesen, seine schriftlichen Aufgabenstellungen haben ihm nach kurzer Zeit keine große Mühe mehr bereitet – und Schriftsteller wollte er ohnehin nie werden.

*Sybille* und *Mirko* haben mit Kindern unterschiedlichen Alters und verschiedener Begabung gemeinsam in einer Gruppe gelernt. Sie haben durch die **freien Lernzeiten** die Gelegenheit erhalten, ihr **eigenes Lerntempo** und in weitem Maße auch den **Lernstoff** nach eigenen Fähigkeiten und Interessen zu bestimmen und zu gestalten.

Der **Lehrer** empfindet sich dabei immer als Ermöglicher, als Helfer in einem Entwicklungsprozess der vielen jeweils unterschiedlichen Kinder. Er sieht seine Aufgabe darin, ihre Begabungen und Stärken zur Entfaltung zu bringen und ihnen bei der Überwindung von Schwächen behilflich zu sein. Voraussetzung ist dafür immer, die Kinder so zu akzeptieren, wie sie jeweils unterschiedlich sind – mit ihren Eigentümlichkeiten und Eigenheiten und mit ihren Kompetenzen und Begabungen. Dafür ist es wichtig, sie nicht in ein normiertes Unterrichtstempo und einen vereinheitlichten Lehrstoff einzupassen, sondern Lerninhalt und Lerntempo vom einzelnen Kind abhängig zu machen.

Man muss seine Kinder schon gut kennen, um sie dabei richtig einzuschätzen. Man braucht auch eine solide Vertrauensbasis, damit sich die Kinder ihre Probleme und Schwächen eingestehen mögen, ohne daran zu verzweifeln. Sonst lassen sie sich nicht helfen. Die **konstante Gruppe** mit ihren Ritualen und **vertrauten Örtlichkeiten**, das Prinzip des **Betreuungslehrers**, der in der Eingangsstufe während des gesamten Vormittags bei den Kindern und ihnen somit eng vertraut ist, und der **Blick** auf das einzelne Kind, das den Leitfaden (also das Curriculum) des Unterrichtsprozesses für sich maßgeblich selber prägt, stellen hierfür die Basis dar.

Rückblickend erkennt *Mirko* den Wert, den das individualisierende Lernen für ihn hatte: *„Ohne die Möglichkeiten, die mir die Laborschule geboten hat, ohne eure Geduld und Unterstützung bei meinen persönlichen Schwierigkeiten, wäre ich jetzt ganz woanders gelandet"*, erzählte er am Rande der Abschlussfeier. *Sybille* beendet ihre schriftliche Schulbiografie mit dem Satz: *„Mich auf die Laborschule zu schicken war eine der besten Ideen, die meine Mutter je hatte!"*

■ *Ulrich Bosse*

# Schule als Lebens- und Erfahrungsraum

**K** Wie das Lernen am Leben wachsen kann

Alle Schulanfänger der Welt freuen sich erst einmal auf die Schule.
Aber ein bisschen Angst ist auch mit dabei:

▸▸ Was kommt dort auf mich zu?
▸▸ Was wird von mir verlangt?
▸▸ Finde ich Freunde, werden die anderen mich mögen?
▸▸ Was muss ich tun, um „gut" zu sein?

Kinder, die als neue „Nuller" an der Laborschule aufgenommen werden, bekommen schon lange vor der Einschulung erste Antworten auf diese Fragen. Die Schule – in Gestalt der künftigen Lehrerin – kommt zu ihnen nach Hause. Und die Eltern besuchen mit dem Kind dessen neue Gruppe. So sind sie schon etwas vertraut. Vor allem aber erfahren sie: Ich werde in der Schule erwartet, die anderen Kinder und die Lehrerin freuen sich auf mich. In einer altersgemischten Gruppe, in die jedes Jahr nur fünf oder sechs Kinder neu aufgenommen werden, lässt sich dieses machen.

Dann, am ersten Schultag, erleben sie, wie die gesamte Schulgemeinschaft sie feiert. Die älteren Kinder haben eine „Show" für sie vorbereitet, sie führen hinter einer Schattenwand vor, was man hier alles tun kann. Lesen, Schreiben, Rechnen gehörten natürlich dazu, das weiß jedes Kind. Aber auch ganz andere Dinge: Kinder graben mit dem Spaten und pflanzen eine Blume, andere gehen mit einem Kletterseil vorbei, laufen Rollschuh und fahren Fahrrad, jonglieren und zaubern, tanzen und spielen Flöte, rühren einen Kuchen an, malen Bilder ...

##  Das ganze Leben, der ganze Tag

Mit dieser „Show" drückt die Schule zugleich ihr **Selbstverständnis** aus. Alle diese Erfahrungen und viele andere dürfen und sollen in der Schule vorkommen und ihren Platz im Alltag haben. Lernen findet immer statt und gelingt umso besser, je mehr und direkter es mit Erfahrung verbunden ist. Dahinter steckt natürlich eine bestimmte **Lern- und Bildungstheorie**, und wie vieles, was diese Schule „anders" macht, geht sie auf Hartmut von Hentig zurück. Das Prinzip „Lernen an und aus der Erfahrung" zieht sich wie ein roter Faden durch alle vier Stufen der Laborschule und macht aus ihnen – bei aller altersgemäßen Verschiedenheit – eine Einheit.

Schule als Lebens- und Erfahrungsraum, das ist zunächst einmal eine Binsenweisheit. Natürlich lebt man in der Schule und natürlich macht man dabei Erfahrungen. An der Laborschule aber wird dies nicht als *„Nebensache"* zur *„Hauptsache"* Unterricht angesehen, sondern als dessen Grundlage, als Humus fürs Lernen. Darum ist die Schule als **Ganztagsschule** angelegt und so ausgestattet, dass vielfältige und ganz unterschiedliche Erfahrungen gemacht werden können. Vom ersten Tag an sollen die Kinder sich in der Schule zu Hause fühlen und alles vorfinden, was man für das Leben braucht, in einer überschaubaren und klaren Ordnung. Nicht nur die Dinge, die zum Lernen gehören – das versteht sich von selbst. Es gibt auch die Küche, wo sie ihren Imbiss zubereiten und verzehren, das Gärtchen vor der Tür, das Spielgelände, den Schulgarten, die große Bibliothek im Haus 2, die Mensa, wo man zu Mittag isst, das Uni-Schwimmbad, und im *„Teuto"*, dem nahe gelegenen Teutoburger Wald, kann man abenteuerliche Entdeckungsreisen machen.

Am Vormittag überwiegt das Lernen und Üben, der Nachmittag bietet eher die *„schönen"* Dinge und beide sind eng miteinander verbunden, bilden zusammen ein Ganzes. So lernen viele Kinder *„von selbst"* viele wichtige Dinge, ohne dass daraus Belehrung wird. Und genau das ist das Besondere an diesem Lernverständnis. Anlässe zum Lesen und Schreiben zum Beispiel kommen bei vielen Gelegenheiten vor, Bücher gibt es überall, und so können viele *„Nuller"* schon lesen, bevor sie das normale Schulalter erreicht haben. Auch so begehrte Künste wie Fahrradfahren und Schwimmen lernen die meisten Kinder, eben weil sie es wollen und dem Beispiel der anderen folgen, *„wie von selbst"*. Dem Lernen wird auf diese Weise sein natürlicher Ernst zurückgegeben. Das gilt für das Schulwissen und natürlich besonders für alles, was das gemeinsame Leben ausmacht. Wie man miteinander redet und miteinander umgeht, miteinander isst und auf Reisen geht, Probleme und Konflikte regelt – das alles ist in diesem Konzept tägliches Lernpensum für alle.

Wenn die Haus-1-Kinder die Eingangsstufe durchlaufen haben und als neue *„Dreier"* in das Haus 2 übergehen, wartet dort viel Neues auf sie. In den Pausen können sie jetzt zum Beispiel in den *„Zoo"* gehen und ein Tier pflegen. Oder sie lesen in der Bibliothek oder gehen auf den Bauspielplatz, wo sie nach Belieben Bretterbuden bauen dürfen. Größere können auch in die *„Disco"* gehen oder in der Werkstatt arbeiten oder Sport treiben. Die Pausen sind lang (am Vormittag eine halbe, am Mittag eine ganze Stunde), damit man Zeit hat, solchen Vorlieben nachzugehen. Und die Schule stellt für diese Zeit alles zur Verfügung, was sie hat. Natürlich spielen die Lernorte auch im Unterricht eine große Rolle. Schon als *„Nuller"* verlassen Laborschulkinder häufig die Schule, um die *„große Welt"* kennen zu lernen: die Stadt, den Wald, die Uni. Für die meisten ist die erste Reise ein großes Ereignis: Zum ersten Mal nicht zu Hause schlafen – das ist verlockend und auch

schwer. Nicht anders ist den Großen zumute, wenn sie zum ersten Mal im 8. oder
9. Schuljahr für drei Wochen zu einer schwedischen Gastfamilie fahren, wo sie sich
auf Englisch verständigen müssen. Aber sie wissen dann schon, wie es ist, wenn
man die Schule für längere Zeit verlässt. Im 7. Schuljahr haben sie ihr erstes
Praktikum in einer Kita gemacht und zwei Wochen in einer Skihütte verbracht, im
8. haben sie drei Wochen in einem Produktionsbetrieb mitgearbeitet, im 9. und 10.
folgen weitere Praktika.

##  Unbekanntes entdecken, Neues erfahren, Fremdes aneignen

In einer Schule, die an sich den Anspruch stellt, ein **Lebens- und Erfahrungsraum** zu sein, muss auch der *„ganz normale"* Unterricht diesem Prinzip folgen, will
also in diesem Sinne anders als *„normal"* sein. Im Haus 1 besteht die Kunst des
Unterrichtens zu einem großen Teil darin, die Kinder so lernen zu lassen, als täten
sie es *„von selbst"*. Es soll für sie eine spannende Herausforderung sein, Lesen und
Schreiben zu lernen. Darum stehen Kinderbücher und Sachbücher auf der Fläche,
jeder Tag beginnt damit, dass die Kinder sich eintragen, besondere Ereignisse
werden festgehalten, Lieder und Gedichte gelernt, in der Bibliothek kann man
nach Belieben Bücher angucken und ausleihen ... Alle solche Tätigkeiten kommen
ohne *„Belehrung"* aus und sind gerade darum, so die Laborschul-Theorie, besonders
*„lehrreich"*. Solches Lernen ist sehr systematisch, wenn auch auf andere Weise als
an den meisten Schulen üblich. Es orientiert sich nicht primär an den Stoffvor-
gaben, sondern am Lernen der Kinder. Hartmut von Hentig hat es einmal so formuliert: *„Die Systematik wird in die Prozesse verlagert, die Gegenstände stehen zur
Disposition."* [12]

**Erfahrung** – das ist also viel mehr als das, was das Leben im Alltag mit sich
bringt. Die Natur beobachten, die Temperatur ablesen, Gegenstände wiegen, Ver-
gleiche anstellen und berechnen – das sind Lernerfahrungen, an denen Kinder in
die Grundlagen unserer Kultur hineinwachsen. Kinder sind *„süchtig"* nach Geschichten, nach dem Fremden und Abenteuerlichen, Kinder sind Philosophen, die
über Leben und Tod, Gott und die Welt nachdenken, Kinder sind Forscher und Ent-
decker, und das alles sollen sie in der Schule sein dürfen.

▸▸ Woher kommen die Blitze?
▸▸ Warum wird aus Schnee Wasser?

---

12 GROEBEN/von HENTIG/KÜBLER/WACHENDORFF 1997, S. 11.

▸▸ Wie entsteht ein Buch?
▸▸ Wie sieht mein Name aus, wenn man ihn
   mit arabischen oder chinesischen Schriftzeichen schreibt?
▸▸ Was ist eine Moschee?
▸▸ Warum gibt es Krieg?

Aus solchen Fragen entsteht „Weltwissen"[13], wie die Jugendforscherin Donata Elschenbroich es nennt. Das natürliche Lernen der Kinder, so hat sie herausgefunden, fördert „strahlende Intelligenz im Vorschulalter", die leider in den Schulen später häufig verkommt, weil das Lernen eben nicht natürlich, sondern verschult ist.
An der Laborschule gibt es, um diese Künstlichkeit zu vermeiden, darum keine Fächer, die eine abstrakte Erwachsenen-Einteilung darstellen. Kleine Kinder sollen ganzheitlich lernen, so wie es im Haus 1 geschieht. Später, wenn sie größer werden, wenn die Fragen und das Wissen spezieller werden, bilden sich Erfahrungsbereiche heraus, in denen die Fächer enthalten sind. „Umgang von Menschen mit Menschen" zum Beispiel umfasst Politik, Geschichte, Geografie, Religion, Psychologie, Pädagogik, Philosophie ... Aber diese Fächer tauchen nicht isoliert auf. Themen wie „Ägypten" oder „Mittelalter" oder „Leben im Gebirge" verlangen ihr Zusammenwirken. So stehen die Sachen im Mittelpunkt und nicht die Fächer.
Das macht es leichter, das Lernen mit Erfahrung zu verknüpfen. Zum Thema „Ägypten" beispielsweise sollen die Kinder nicht nur theoretisches Wissen erwerben, sondern sich das Fremde und Neue durch eigenes Handeln und Forschen aneignen.
Dafür gibt es viele Möglichkeiten:
Sie stellen Papyrus her, schreiben ihre Namen in Hieroglyphen, sie entwerfen kleine Spielszenen zum ägyptischen Alltagsleben, sie bauen ein Pyramidenmodell oder mixen Schminke zusammen oder nähen ägyptische Gewänder, sie spezialisieren sich gruppenweise auf unterschiedliche Themen und fassen die Ergebnisse in einem Buch zusammen.

Schon sehr junge Kinder können auf diese Weise ferne Zeiten „hautnah" nacherleben in Projekten wie „Leben im Mittelalter" (vgl. den Beitrag auf S. 158–164) oder „Steinzeit" (Stufe II). Und auch in der Stufe IV, wenn das Wissen abstrakter und fachspezifischer wird, kann und soll Geschichte oder Politik als etwas erfahren werden, das mit mir und meinem Leben sehr viel zu tun hat: Die Jugendlichen schreiben beispielsweise eine eigene Zeitung zu den Ereignissen der Französischen Revolution oder befragen Politiker zu aktuellen Themen oder recherchieren vor Ort nach Spuren der Nazi-Vergangenheit.

---

13 ELSCHENBROICH: Weltwissen der Siebenjährigen. Kunstmann Verlag 2001.

So lässt sich **Fremdes** und **Neues** mit **eigener Erfahrung** verbinden, *„aneignen"* im wahrsten Sinne des Wortes. Haus-1-Kinder malen wie Paul Klee oder Picasso, sie entdecken die Kunst als Möglichkeit der Welt-Erfahrung: erfindend, gestaltend, spielend. Sie beobachten Tiere und Pflanzen, stellen Experimente an, betrachten Sternbilder und erfahren so, wie Naturwissenschaftler die Welt erkunden: beobachtend, messend, experimentierend. Das sind die Bezeichnungen zwei weiterer Erfahrungsbereiche, deren Namen die Kinder erst viel später lernen: *„Wahrnehmen und Gestalten"* steht für *„Umgang mit Sachen: erfindend, gestaltend, spielend"* und *„Naturwissenschaft"* für *„Umgang mit Sachen: beobachtend, messend, experimentierend"*. Die übrigen sind Sprache, Mathematik und – last but not least – *„Umgang mit dem eigenen Körper"*. Dazu gehört sehr viel mehr und anderes als nur Sport, obwohl der an der Laborschule in allen Stufen eine große Rolle spielt. Die Kinder sollen sich mit dem eigenen Körper befreunden, ihre Möglichkeiten und Kräfte erkunden, sich etwas zutrauen, erfahren, was ihr Körper braucht, was ihm gut tut, wie sie sich körperlich selbst verwirklichen können. Dazu gehört gesunde Ernährung ebenso wie Hygiene, Tanz und Spiel ebenso wie Ausdauersport, Massage ebenso wie Fitnesstraining. Vor allem gehört dazu, sich als Mädchen oder Junge wahrzunehmen, in das eigene Geschlecht hineinzuwachsen und mit dem anderen umzugehen, sich der traditionellen Geschlechterrollen bewusst zu werden und die eigene zu finden. Im Haus 1 ist es *„selbstverständlich"*, dass alle Kinder sich an allen Haushaltstätigkeiten beteiligen. Später, im 4. oder 5. Schuljahr, machen sie dazu einen richtigen Lehrgang (einkaufen, kochen, Tisch decken, Wäsche waschen, putzen, Knöpfe annähen, Fahrräder reparieren, ein Beet anlegen ...) und erhalten dafür den *„Haushaltspass"*. So soll traditionellen Geschlechterrollen entgegengewirkt werden. Später, im 7. Schuljahr, wenn die Jugendlichen ihr erstes Praktikum in einer Kita machen und erfahren, dass die Kleinen sie als *„Große"* betrachten, erfahren sie diese Geschlechterrollen noch einmal anders und müssen sich fragen, wie sie später selbst leben wollen.

##  Und was hat das alles mit Leistung zu tun?

Jährlich kommen viele Besucher, um solche Besonderheiten *„live"* zu sehen. Den meisten leuchtet ein, dass man an und aus der Erfahrung viel lernen kann. Trotzdem fragen die Skeptiker:

- ‣ Was leisten denn die Kinder nun wirklich?
- ‣ Wie lässt sich Erfahrungslernen mit Fachsystematik in Einklang bringen?
- ‣ Wie stellt ihr fest, wo welches Kind „steht"?
- ‣ Wie sehen eure Standards aus?

Dazu ein **Beispiel**:

> *Eine Haus-1-Gruppe arbeitet mehrere Monate an einem Projekt „Vom Baum zum Buch"*[14]*. Die Kinder erfahren von einem Förster, was Bäume und Papier miteinander zu tun haben, besuchen eine Papierfabrik, stellen selbst Papier und Papyrus her, erkunden und erproben unterschiedliche Schriftarten unterschiedlicher Kulturen, sehen einer Buchbinderin und einem Grafik-Designer bei der Arbeit zu. Von einem Kinderbuchautor erfahren sie, wie aus einer Geschichte ein Buch werden kann und wie die Herstellung vor sich geht. Während und durch diese Erkundungen ist bei den Kindern der Wunsch entstanden, ein eigenes Buch zu machen, eine Sammlung von Geschichten. Die werden von Teams entworfen und geschrieben. Täglich arbeiten die Kinder daran, täglich werden in der Versammlung die geschriebenen Texte vorgelesen. So sind alle Kinder zugleich „Autoren" und „Redakteure": Sie geben Rückmeldungen und Ratschläge und nehmen selbst die der anderen entgegen. So werden die Geschichten nach und nach zur Bestform entwickelt, bis alle Kinder zufrieden sind. Aus ihren Texten und Bildern macht ein „Profi" das Endprodukt, das in Form einer öffentlichen Lesung vorgestellt, vervielfältigt und in der Schule verkauft wird. Der Erlös kommt der Partnerschule in Nicaragua zugute.*

Wenn man die **vorgeschriebenen Standards** für diese Altersstufe mit den Leistungen der Kinder vergleicht, kommt die Laborschule gut weg. Diese Texte können sich wahrlich sehen lassen. Die Kinder haben nicht nur einen Kernbereich unserer Kultur nachschaffend entdeckt, also *„genetisch"* gelernt im Sinne von Martin Wagenschein, sondern sich auch zu Höchstleistungen gesteigert, weil es um ihr Buch ging, das sie schreiben wollten. Das ist Erfahrungslernen im besten Sinne. Die Laborschule will und kann solche Leistungen ausweisen und präsentieren, in allen Stufen. Sie ist und bleibt aber skeptisch gegenüber normierenden Leistungskontrollen und -bewertungen, weil durch sie gerade diese Echtheit des Lernens gefährdet ist.

Laborschüler entwickeln im Laufe ihrer Schulzeit ein eigenes **individuelles Leistungsprofil**: Im Wahlbereich können sie die verschiedensten Angebote erkunden (Stufe III) und sich dann in der Stufe IV in so genannten Leistungskursen

---

14 vgl. HUSEMANN 2004.

weiter spezialisieren. Diese Kurse bieten neuartige Erfahrungen und sind zugleich fachlich anspruchsvoll. Die Jugendlichen spielen Theater oder bauen Modelle oder studieren selbst komponierte Musikstücke ein oder nähen historische Gewänder oder übernehmen eine ökologische Patenschaft ... Manchmal erfordert das Curriculum *„cross age"*-Projekte. So trainieren Jugendliche des Leistungskurses Sport Kinder der Eingangsstufe:

Die Kleinen erproben sich in neuen Sportarten, die Großen erproben sich in Empathie, geduldiger Beobachtung, freundlicher und fachkundiger Anleitung (vgl. den Beitrag auf S. 177ff.). Oder der Leistungskurs Ethik führt Gespräche mit den Juniorpartnern aus Haus 1; aus Texten und Bildern stellen sie gemeinsam ein Buch über *„Glück"* zusammen.

Solche **Leistungen** lassen sich zwar beobachten und bewerten, aber nicht vorschreiben und messen. Wie alle wichtigen Erfahrungen sind sie zunächst und vor allem eine **persönliche Bereicherung**, die aus den Anforderungen der Sache erwächst. Von solchem Reichtum sollen Kinder und Jugendliche an der Laborschule so viel wie möglich mitnehmen. Viele Forschungsergebnisse zeigen, dass solches Lernen sich *„auszahlt"*, dass Laborschüler im späteren Leben gut klar kommen und ihrer Schule überwiegend ein sehr gutes Zeugnis ausstellen. Wenn das gelingt, hat diese an ihnen ihren Auftrag erfüllt, den Hartmut von Hentig auf die Kurzformel gebracht hat: *„Sie auf die Welt vorbereiten, wie sie ist, ohne sie der Welt zu unterwerfen, wie sie ist."*

■ *Annemarie von der Groeben*

# „Reif für die Schule" – schon vor der Schule?

Die Schule der modernen Gesellschaft erwartet von ihren jüngsten Schülern bereits Fähigkeiten und Fertigkeiten, also Kompetenzen, z.B. die Kulturtechniken, die sich nicht einfach von selber entwickeln, sondern die in der Kindheit vor bzw. kurz nach dem Schuleintritt herausgebildet werden sollen. **Schulfähigkeitsprofile** stellen in systematischer Form jene Kompetenzbereiche zusammen, die nach dem heutigen Stand der Wissenschaft als grundlegende Voraussetzung für erfolgreiches Lernen gelten. In einer 11-seitigen Liste wird zum Beispiel in Nordrhein-Westfalen eine Übersicht über Kompetenzbereiche gegeben, um *„an der Nahtstelle zwischen Kindergarten und Grundschule ... den pädagogischen Fachkräften in den Kindergärten sowie den Lehrerinnen und Lehrern in der Grundschule eine Orientierung"* zu geben. Sinnvollerweise geht man davon aus, dass nicht alle diese Fähigkeiten bereits im Kindergarten herausgebildet werden müssen, sondern dieses auch Aufgabe der Schuleingangsphase darstellt. Für Kinder mit noch nicht ausreichend entwickelter Schulfähigkeit sollen **Förderpläne** aufgestellt werden. Die integrierte Schulein-gangsphase verfolgt somit die Zielsetzung, *„... alle schulpflichtigen Kinder eines Jahrgangs in die Grundschule aufzunehmen und sie dem Grad ihrer Schulfähigkeit entsprechend zu fördern"*[15]. Dieses soll ohne Selektion und mit individueller För-derung und Betreuung entsprechend den besonderen Begabungen und den unterschiedlichen Fähigkeiten der Einzelnen gezielt geschehen. Seit vielen Jahren wird an der Laborschule so verfahren.

Im Folgenden werden einige **Kompetenzen aus dem Schulfähigkeitsprofil NRW** beispielhaft an kleinen Szenen aus dem Alltag der Eingangsstufe veranschaulicht. Hierfür werden Zitate aus dem Schulfähigkeitsprofil in einer Weise zusammenge-stellt, dass sie die schulische Situation so treffen, wie sie stattgefunden hat. Wir befinden uns im Oktober des Jahres 2004. Die neuen Laborschüler, größtenteils fünf Jahre alt, einige gerade erst sechs geworden, sind seit wenigen Wochen in ihrer Schule. Die Anfangszeit der ersten Irritationen und Unsicherheiten ist vorü-ber. Die Kinder haben sich eingelebt, aber ihre bisherige Zeit an der Laborschule ist noch so kurz, dass man ihr Verhalten nicht auf den direkten Einfluss der Laborschule zurückführen kann. Oder doch?

---

15 Ministerium für Schule, Jugend und Kinder des Landes NRW 2004, S. 4.

Katharina: Aus dem Schulfähigkeitsprofil

Kommunikation: *„Das Kind nimmt die eigene Befindlichkeit wahr und teilt sie mit, ... nimmt Kontaktangebote anderer an."*

Konzentrationsfähigkeit: *„Das Kind ... wendet sich über einen angemessenen Zeitraum vorgegebenen Tätigkeiten zu."*

Sprache: *„Kinder erzählen lassen im Morgenkreis, im Gesprächskreis, im Zweiergespräch."*
*„Gefühle ausdrücken."*

**Montag Morgen, 8.25 Uhr.** Die Räume der Eingangsstufe haben sich gefüllt, beinahe alle Kinder sind jetzt anwesend. Seit 8 Uhr ist die Schule geöffnet, ab und zu kommen noch einige Nachzügler ins Haus. So auch *Katharina*. Sie kommt häufig erst spät und ist oft schlecht gelaunt. Ihre Mutter schafft es selten, den Familienmorgen so zu regeln, dass ihre Tochter gut versorgt und munter in die Schule kommt. *Katharinas* Gesicht sieht man an, dass sie gerade erst aus dem Bett gestiegen ist, und zu einem Frühstück hat es wohl auch wieder nicht gereicht. *Katharina* wird bald sechs. Die Bänder an ihren Schuhen sind wie immer offen und das Kleid ist nicht richtig zugeknöpft. *Merle* aus dem 2. Schuljahr ist ihre Patin. Sie kennt *Katharina* bereits aus ihrem früheren Kindergarten und weiß um deren Nöte und Sorgen. *Merle* kümmert sich jeden Morgen um *Katharina* und hat sich für demnächst auch vorgenommen, das neue Gruppenmitglied morgens von zu Hause abzuholen, damit sie nicht immer erst *„auf den letzten Drücker"* in die Schule kommt. *Merle* nimmt *Katharina* an die Hand und begleitet sie zum Eintragebuch. *Katharina* kann zwar ihren Namen schreiben, möchte es aber nicht gerne tun. *Merle* schlägt ihr vor, dass sie den ersten Teil schreibt und *Katharina* dann den Rest. Darauf lässt sie sich ein. Der erste Kontakt ist geschaffen. *„Was sollen wir spielen?"*, fragt *Merle*. *Katharina* zuckt die Schultern. *„Oder willst du was essen?"* *Katharina* nickt. *Merle* und die anderen wissen um Katharinas Magenknurren am frühen Morgen. Sie holt ihr eine Scheibe Knäckebrot aus dem Gruppenschrank und bringt ihr ein Glas Wasser. Beide sitzen zusammen am Tisch. Eine Viertelstunde später beginnt die Morgenversammlung. *Katharina* sitzt neben *Merle* mit allen gemeinsam im Kreis. In der Erzählrunde meldet sie sich nach einer Weile auch und holt ein rosa Stoffkaninchen hinter ihrem Rücken hervor. *„Woher hast du das?"* – *„Hast du Geburtstag?"* – *„Ich habe auch so eines."* ...

In der anschließenden Arbeitszeit sitzt das Kaninchen neben *Katharinas* Heften auf dem Tisch. Sie absolviert eine halbe Stunde lang ihre Schwungübungen und lässt sich anschließend von *Merle* aus einem Leselöwen-Buch vorlesen.

*Merle* und das rosa Kaninchen haben es geschafft – unterstützt von dem **gleitenden Schulbeginn** am Morgen, den **Patenschaften**, den **Versammlungsrunden**, der **individualisierten Arbeitszeit** usw., dass *Katharina* ihren Schulvormittag gut beginnen und durchstehen konnte. Lebenserfahrung von Kindern fließt in den Schultag wie selbstverständlich ein. Kompetenzen beziehen sich nicht nur auf das schulische Lernen, sondern in hohem Maße auf persönliche und soziale Aspekte und Bereiche. Lernen findet immer von Menschen und mit Menschen an den Dingen des Lebens statt.

---

**Robin: Aus dem Schulfähigkeitsprofil**

| | |
|---|---|
| Zählfertigkeit: | *„Das Kind beherrscht die Zahlwortreihe bis 20."* |
| Übungen in Alltagssituationen: | *„Zahlen im Gruppenraum suchen."* ... |
| | *„Bestimmte Mengen holen."* ... |
| | *„Erschließen der Lebenswelt."* ... |
| Kooperation: | *„Das Kind löst Konflikte gewaltfrei."* |
| Selbstständigkeit: | *„Das Kind geht kleinere Probleme aktiv an."* |

---

*Robin* ist erst fünf. Er ist einer der Jüngsten in der Gruppe, doch er kennt sich in vielen Dingen gut aus. Sein Bruder *Max* ist bereits seit zwei Jahren in der Laborschule und *Robin* hat vieles von ihm mitbekommen. Auch die Schule, etliche Kinder und einige Lehrer kannte *Robin* bereits bei seinem Schuleintritt. Seine Leidenschaft sind Zahlen und Rechnen. Vor allem mit Geld. *Robin* will später einmal Millionär werden. Der Kaufladen in der Gruppenecke ist einer seiner liebsten Lernorte während der freien Zeiten, aber auch in der Arbeitszeit. *Robin* ist natürlich der Verkäufer und führt die Kasse. Er zählt das Geld, das ihm *Jannik* für 1 Pfund Möhren und 1 Tafel Schokolade gegeben hat. *„Siebzehn, achtzehn, neunzehn, zweizehn"*, formuliert er laut. Als Wechselgeld gibt er *Jannik* einen 50-Euro-Schein heraus. Jannik grinst: *„Das ist ja viel zu viel"*, steckt den Schein aber doch in sein Portemonnaie. *Göran* geht dazwischen: *„Der hat dich betuppt! Das ist zu viel, was du ihm gegeben hast."* Kurz wirkt es so, als ob ein Streit beginnen würde. *Robin* ist verwirrt. Heftig erörtern die drei das Problem, was für die beiden älteren Kinder ein rechnerisches ist, für *Robin* aber eher eine Frage, beim Spiel mit den Großen dabei sein zu dürfen.

Wie viele Jungen ist auch *Robin* eher für Zahlen zu begeistern als für das Schreiben. Später am Morgen wird er in der Schuldruckerei seinen Namen in richtigen Lettern setzen und drucken können. Von da an wünscht er sich immer wieder auch dort arbeiten zu dürfen.

**Sinnvolle Gelegenheiten** und klug **arrangierte Umstände** erleichtern den Kindern den **Zugang zum Lernen** – auf weitgehend freiwilliger und vor allem selbstständiger Basis. Die **Kooperation** mit den älteren Schülern eröffnet ihnen neue Perspektiven. Sie setzen sich so eigene Ziele und korrigieren sie, wenn es nötig ist. Scheinbare Überforderungen, wie beim Geldwechseln, erleben die Kinder nicht als solche. Es sind für sie vielmehr Erfahrungen, die sie mit anderen austauschen und an denen sie lernen. Auch *Robins* Kaufladen-Rechnen stellt keine Überforderung dar. Er hat sich dieses Spiel selber gesucht, lernt daran aus eigenem Antrieb und erhält von älteren Schülern die notwendige Hilfe und auch Korrektur. In den **altersgemischten Gruppen** lernen die Kinder auf natürliche Weise voneinander.

---

**Sophie: Aus dem Schulfähigkeitsprofil**

| | |
|---|---|
| Ernährung: | *„Das Kind ist in der Lage, mit Lebensmitteln bewusst umzugehen."* ... *„Gemeinsam ein gesundes Frühstück einnehmen."* ... |
| Begegnung mit Symbolen und Schrift: | *„Das Kind interessiert sich für Buchstaben ..., entwickelt erstes Textverständnis."* *„Namen aufschreiben ..., Buchstaben mit dem Lautwert benennen ..., Buchstaben drucken ..."* |

---

*Sophie* darf heute zusammen mit *Anna* und *Klaus* zum Einkaufen in den kleinen Lebensmittelladen in die benachbarte Universität gehen. Sie ist das erste Vorschulkind in diesem Jahr, das diesen Weg in Begleitung älterer Kinder aus ihrer Gruppe unternehmen darf. In den vergangenen Wochen hat sie aufmerksam verfolgt, wie sich *„die Großen"* zu dritt oder zu viert mit Einkaufszettel, Geld und Korb ausgestattet auf den Weg machen konnten. Jetzt ist sie selber dabei. Auf dem Rückweg fällt ihr das Päckchen mit der Milch herunter. Aber das macht nichts. Es war ja gut verpackt und hat jetzt nur eine kleine Delle bekommen. – In der Lernzeit möchte *Sophie* eine eigene kleine Geschichte schreiben. Mit Hilfe der Anlauttabelle hat sie bereits geübt, eigene Wörter und Sätze auf Papier zu bringen. Am nächsten Tag geht sie in die Schuldruckerei unserer Fläche (vgl. den Beitrag auf S. 120ff.) und setzt dort diesen Text und druckt ihn ein paar Tage später für das Gruppenbuch:

**Lebensraum** und **Erfahrungsraum** will die Laborschule sein. Hierfür ist es erforderlich, den Kindern innerhalb aber auch außerhalb der Schule ausreichend Gelegenheiten zu geben, an ihren Erfahrungen zu lernen. Für die jüngeren Kinder erschließen sich andere und neue Lebens- und Erfahrungszusammenhänge, wenn sie mit **älteren Schülern** gemeinsam betreut und unterrichtet werden. Sophie hat mit ihrer Hilfe die selbstständige Einkaufssituation sowie die Entdeckung

Klaus, Anna und ich haben Milch für den Nachmittag gekauft. Da habe ich in der Uni meinen Namen gesehen: PhiloSophie. Da ist ja mein Name drin! ✱ Sophie ❦

ihres Namens erleben und zu Lernerfahrungen entwickeln können. *„Schulfähigkeit nicht voraussetzen, sondern ermöglichen"* (vgl. hierzu S. 24) ist als Denkmuster mit der Einführung der integrierten offenen Schuleingangsphase für alle Grundschulen in greifbare Nähe gerückt. Dies mag dazu beitragen, den Schulanfang gelassener zu gestalten, das einzelne Kind genauer in den Blick zu nehmen und die Rolle der Lehrerin und des Lehrers mehr und mehr als Begleiter der Kinder auf ihren je individuellen Lernwegen zu begreifen.

■ *Ulrich Bosse*

# Kapitel 3

# Die Kinder und ihre Gruppe

## „Morgens bin ich noch so müde" – Vom gleitenden Schulanfang[16]

Als ich um **7.50 Uhr** vor dem Eingangsstufengebäude eintreffe, erwarten mich *Ayse* und *Selda*, zwei kurdische Mädchen. Natürlich wissen die beiden, dass *„eigentlich"* erst um 8.00 Uhr geöffnet wird. Aber immer haben sie einen Grund, besonders zeitig da sein zu wollen. Heute ist es das neue Rechenbuch, das sie gestern stolz in Empfang genommen haben. Sie sind *„Einer"*; auf ihrem neuen Buch steht: 2. Schuljahr!

Auch *Gabriel* wartet. Er verlässt schon um 6.45 Uhr zusammen mit seinen Eltern und Geschwistern die Wohnung und fährt allein mit dem Linienbus quer durch die Stadt. Er und zwei andere aus der Nachbargruppe sind seit drei Tagen Gäste bei uns in der orangenen Gruppe, weil ihre Lehrerin krank ist. Rasch machen wir gemeinsam die Küche wohnlich, stellen die Bänke von den Tischen und die Blumen von der Fensterbank auf die Tische zurück. Dann sind die drei weg. Ich gehe ihnen in unsere Gruppenecke nach und lege das Tagebuch der Orangen an seinen Platz. Gabriel freut sich, heute seinen Namen als Erster eintragen zu können hinter der Nummer 7 – so alt ist er nämlich.

*Jan* und *Katja* kommen. Beide sind Vorschulkinder. *Katja* mit Teddy im Arm und laut schluchzend. „Sie ist auf dem Weg vom Bus ausgerutscht. Ihre Hose ist ganz neu", erklärt mir *Jan*. Gemeinsam holen wir eine Wechselhose, versuchen, *Katja* zu trösten. Sie will tapfer sein; dennoch liegt sie, für alle ungewohnt, bis zur *„Kleinen Versammlung"* auf dem Sofa, nuckelnd, ihren Teddy streichelnd. Weder *Jans* noch mein Kümmern können daran etwas ändern. Die neue, dreckig gewordene Hose bestimmt *Katjas* Schultag.

Derweil haben sich vier Kinder um den runden Tisch zum Memoryspielen® versammelt. Nach und nach kommen andere hinzu, wollen zuschauen oder beraten. Seit fünf Wochen dasselbe Spiel mit immer anderen Kindern, und keines scheint es zu interessieren, wer gewinnt.

„Wo bleiben *Bodo*, *Natascha* und *Sina*?", geht es mir durch den Kopf. *Rainer* sitzt in der Bauecke, versunken in das Ordnen großer und kleiner Klötze. Er ist sechs Jahre

---

16 *Bei diesem Beitrag handelt es sich um eine gekürzte und überarbeitete Fassung von BAMBACH/RATHERT 1996. Memory® ist eine eingetragene Marke der Ravensburger AG.*

alt, ein behütetes Einzelkind, und begrüßt mich freundlich, ohne seine Arbeit zu unterbrechen. *Rainer* wartet auf seinen großen Freund *Tobias*, um mit ihm Turm-landschaften zu bauen.

*Jakob*, ein dunkelhäutiges Vorschulkind mit schwarzafrikanischem Vater, wird von seiner Mutter gebracht. Sehr freundlich und nicht minder entschieden fordert sie ihn auf, ihr die Arbeiten vom Vortag zu zeigen. Mein Lob für ihn geht unter in ih-ren Vorschlägen, was er am heutigen Tag tun könne, und was davon zuerst. Der-weil bedenkt mich *Jakob* mit einem Lächeln. Wir beide wissen, dass er die Ar-beitszeit mit einer wunderschönen, bis ins kleinste Detail durchdachten Zeichnung in seinem Geschichten-Heft beginnen wird. Wie an jedem Tag. Und wie an jedem Tag wird ihm das ein dickes Lob von seinem alten Kinderladen-Freund *Mario* ein-bringen, der auf Jakobs Können so stolz ist als sei es sein eigenes. Danach erst wird sich *Jakob* bereitwillig auf seine Aufgaben einlassen. Wie an jedem Morgen kann sich seine Mutter kaum lösen. Und wie an jedem Morgen wird die Trennung mit einem liebevollen Kuss enden, den *Jakob* mit dem Ärmel wegwischt. Er be-sitzt ein kleines Heft, in das seine Mutter morgens in seinem Beisein gewissen-haft einträgt, wer ihn mittags abholen wird.

Ich lasse die beiden alleine, weil sich *Tobias* ankündigt. *Tobias* ist zu hören, noch bevor man ihn sieht. Gemeinsam mit *Kolja* stehe ich oben an der Treppe, höre das vertraute *„Scheiß Schule! Ich arbeite sowieso nicht!"*, die Tritte gegen das Geländer. Noch zweifelt *Tobias* an meinem unbeirrt freundlichen *„Guten Morgen, Tobi. Du arbeitest jetzt an den Türmen. Rainer wartet schon auf dich."* Mit einem erleich-terten *„Okay"* begibt er sich mit *Rainer* in die Bauecke. Seit Wochen das gleiche Ritual. Monate später wird *Tobis* Kommen nicht mehr zu hören sein. Das neue Ritual wird lauten: *„Muss ich heute arbeiten?"* – *„Na klar"*, ist meine Antwort, *„du kannst mit den Türmen anfangen."* Wie an jedem Tag wird er dann – inzwischen meist ohne *Rainer* – gewaltige, höchst fragile Konstruktionen erfinden. Mit unend-licher Geduld und unerschütterlicher Ruhe, auch wenn zwischendurch alles zusam-menbricht. Als er seinem Freund *Rainer* zum ersten Mal in der Arbeitszeit an den Schultisch folgt, einen Stift in die Hand nimmt, um in einem Buch zu arbeiten, ist er neun Jahre alt und zählt die Menge *„vier"* jedes Mal mit den Fingern ab. Tapfer versucht er nun zu schreiben und zu lesen. Widerwillig lehnt er das Rechnen mit Klötzchen ab, weil das für ihn *„Kleinkinder-Kram"* ist. *Tobias* ist fast eineinhalb Jahre lang in einer Regelschule vergeblich bemüht gewesen, *„altersgemäßen An-forderungen"* zu entsprechen. Das hat ihn so viel Kraft gekostet, dass er begann, der Welt mit Fußtritten und Fäusten zu begegnen. Über seine Zuneigung zu dem kleinen *Rainer* hat er die Bauklötze entdeckt; wieder friedlich geworden ist er erst über seinen Bau-Werken, die ihm die Zuneigung *Rainers* und die Bewunderung der anderen eingebracht haben. *Tobias* hat Adoptiveltern; sein Vater ist Professor für Mathematik. Dass er seine Fäuste nicht mehr benutzt, erfüllt sie mit Erleichterung, dass er gelernt hat, ohne sie auszukommen, sehen sie aber nicht als Leistung. Wie es denn mit seinen Lernfortschritten stünde, fragen sie besorgt.

*Max* kommt an, ein kleiner, freundlicher, pummeliger *„Nuller"*, wie immer mit großem Gepäck. Er, der zu Hause fast jeden Morgen für sich allein sorgen muss, will in jeder *„Kleinen Versammlung"* etwas präsentieren. Nie zeigt er das Mitgebrachte einzelnen Kindern vorher. Kleinere Dinge bewahrt er unter einem ausgebeulten Pullover, große so lange im Rucksack, bis er sich der Aufmerksamkeit aller sicher ist. Inzwischen, nach einem halben Jahr, scheinen aus *Max'* Sicht alle seine Kinderzimmer-Schätze der Gruppe bekannt. Also schleppt er den beweglichen Rest der Wohnung, die er mit seiner Mutter teilt, zum Vorzeigen an. Dass sein heutiger Rucksackinhalt – es ist der Schmuckkasten seiner Mutter – alle begeistert, ist verständlich. Dann tut er uns kund, an diesem Morgen habe er besonders gemütlich gefrühstückt und sich zehn Kerzen angezündet. Meine Frage, ob auch alle ausgepustet seien, beantwortet er mit einem fröhlich sorglosen *„Ich glaub' schon"*. Unauffällig rufe ich *Max'* Nachbarin an. Es brennt nicht.

Für *Max* habe ich nicht nur 14 mögliche Telefonnummern, sondern auch den chaotischen Einsatzplan seiner Mutter, die als Krankenschwester arbeitet. Den Plan hat sie mir mit den Worten übergeben: *„Vielleicht findest du ja durch. So ungefähr stimmt's."* Ergänzt wurde das Ganze durch den Hinweis, dass *Max* nie von seinem alkoholkranken Vater abgeholt werden dürfe. Ein halbes Jahr später wird sie das zulassen, weil ihr daran liegt, dass *Max* dort übernachtet. Sie ist eine sehr, sehr junge Mutter, mit großer Sehnsucht. Ab dann wird *Max* uns seine *„Als-mein-Vater-die-Treppe-runterfiel-Geschichte"* mit derselben Arglosigkeit präsentieren wie jetzt sein Mitgebrachtes.

**8.30 Uhr**, das Haus füllt sich, der Schulbus ist da. *Ella*, eines der Vorschulkinder, kommt an. Sie ist das Patenkind von *Ayse* und *Selda*, die beide noch immer in ihr Rechenbuch vertieft sind. *Ella* ist laut, fröhlich und voller Drang, irgendetwas in ihrer freundlichen Weise aufzumischen. Wenig später sitzt sie mit ihrem Lese-Heft zwischen *Selda* und *Ayse* und arbeitet so intensiv, als habe sie nur das gewollt. *Ella* ist ein Nachkömmling von Eltern der 68er-Bewegung; ein geliebter Tyrann, der nach Lust- und Unlust-Prinzip lesen darf. Sie hat drei erheblich ältere Schwestern, die sie – wie ihre Eltern – um den Finger wickelt. *Ayse* und *Selda* fühlten sich vom Tag der Einschulung an verantwortlich für die kleine, harte, rothaarige *Ella*, die nicht nur darauf bestand, zur Unzeit frühstücken zu wollen, sondern auch täglich verlangte, ihre Schwestern und eine große, ganz wichtige Freundin in einem anderen Teil des Schulgebäudes besuchen zu müssen. Mit Nachsicht und freundlich insistierender Geduld haben die beiden Großen ihrem Patenkind beigebracht, dass das alles nicht geht.

*Natascha* kommt, atemlos vom Schulweg. *„Bin ich zu spät? Grad als wir los wollten, hat die Kleine noch mal in die Hose geschissen! Mama hat noch geschlafen."* *Natascha* hat, wie so oft morgens, drei kleinere Geschwister versorgt, die Kleinste gewickelt, die jüngeren Brüder angezogen und den älteren der beiden in den Kindergarten gebracht. Mein Brötchenangebot lehnt sie ab. Später, in der *„Kleinen Versammlung"*, beschreibt sie das morgendliche Desaster so, als sei das ein ganz normaler Teil eines ganz normalen Lebens. Während ihres ersten Eingangsstufenjahres gehörte der tägliche Griff in fremde Ranzen, das wahllose Zerschneiden von Heften, Bildern, Büchern zu ihren Eigenheiten. Jetzt, nach zweieinhalb Jahren, hat sie das nicht mehr nötig; manchmal schildert sie sogar anderen Kindern ihre damaligen Missetaten – mit einem *„Weißt-du-noch-Lächeln"* zu mir hin. *Nataschas* Zuhause ist die Schule, jeder schulfreie Tag ist ein verlorener für sie. Sie ist nicht sonderlich hübsch, aber am Ende ihrer Eingangsstufenzeit wird sie während eines großen Theaterprojektes glückserfüllt eine amerikanische Schönheitskönigin darstellen und dann tatsächlich *„die Schönste"* von 45 Kindern sein.

**8.40 Uhr**, noch fehlen *Bodo* und *Sina*, also verschiebe ich den Beginn der *„Kleinen Versammlung".* Als *Sina* endlich kommt, genügt mir ein Blick, um zu erkennen, dass sie heute wieder einen schweren Tag haben wird. Sie ist ungekämmt, unter der Jeans sehe ich die Schlafanzug-Hose. Beim Anblick ihrer laufenden Nase fällt mir ein, dass unser Taschentuch-Kasten aufgefüllt werden muss. Mit der tablettenabhängigen Mutter habe ich vor einem Jahr Zuständigkeiten vereinbart. Sie solle Sorge tragen für *Sinas* Äußeres, ich kümmere mich um das Frühstück und alles, was Sina braucht, um zufrieden über den Tag zu kommen. Diese Arbeitsteilung wurde notwendig, als *Sina* wegen ihres verlotterten Aussehens Hänseleien ausgesetzt war. Darauf angesprochen, gestand mir die Mutter, mit Anziehen, Kämmen und Frühstück-Zubereiten des Morgens völlig überfordert zu sein. *Sina* besitzt schon lange einen eigenen Wecker, der ihre offensichtliche Vernachlässigung in scheinbare Selbstständigkeit ummünzt. Heute hat *Sina* den Wecker überhört. *„Jetzt geht's mir schon so wie meiner Mutter, so was Doofes"*, stellt sie kopfschüttelnd fest. Ihre Nase trieft. Wann endlich geht ihre Mutter mit *Sina* zum

Arzt? Ich werde die Mutter, wie schon oft in den zweieinhalb Jahren wieder daran erinnern müssen. Später, in der *„Kleinen Versammlung"*, erzählt *Sina* von nächtlichem Lärm und lauter Musik im Zimmer ihrer Mutter. Sie habe nicht einschlafen können. Noch später, in der Arbeitszeit, ist sie zu müde, um auch nur einen Bruchteil dessen zu schaffen, was ihr eigentlich möglich wäre. Jetzt möchte sie nicht einmal auf dem Sofa frühstücken, das Kindern vorbehalten ist, die das manchmal nötig haben. *Sina* will heute alles wie immer.

 **8.50 Uhr**, ich setze mich in den Versammlungskreis, die Kinder packen Hefte, Bücher und Spiele an den gewohnten Platz, und bald ist der Kreis vollständig. Nur *Bodo* fehlt. *Mario* springt auf mit den Worten *„O Gott, ich bin ja noch gar nicht da!"*, und schreibt schnell seinen Namen ins Anwesenheitsbuch.

*Katja*, noch immer in Trauer, darf Krümel, das Meerschweinchen, auf dem Schoß behalten; heute braucht sie den Trost, die anderen verstehen es, ohne dass ich es ihnen erklären muss.

*Sarah* beginnt mit einem Bericht über das neue, fast fertige Haus; gestern sei sie *„die Treppe hinuntergefallen"*. Auf die Zwischenfrage, ob ihr was Schlimmes passiert ist, zieht sie ihr Hosenbein hoch und weist auf eine klitzekleine Kniewunde. *„Dir passiert total oft was"*, stellt Ayse fest. Die anderen nicken zustimmend. *Max* lüftet das Geheimnis seines Pullovers. Etwa zehn Minuten lang wird erzählt und gezeigt. Alle hören zu, der letzte Erzähler nimmt mich dran. Ich gehe mit den Kindern den Tagesplan durch, damit auch diejenigen, die noch nicht lesen können, wissen, wer heute womit beginnt. Nicht alle Kinder sind aufgeführt; einigen bleibt freigestellt, womit sie anfangen. *Ella* und *Katja* möchten vor der Arbeit mit ihren Barbies spielen. Nachdem alles geklärt ist, kommt das Vorlesen. Eigentlich ist das „Sams" dran. Aber darauf müssen wir verzichten, denn *Bodo* fehlt, und nur wenn alle da sind, wird darin weitergelesen. Also greife ich nach den „Wilden Kerlen", einem der wöchentlich ausgeliehenen Bibliotheksbücher. Gerade als alle ihre Leseposition auf dem Kissen mit Kopf zu mir eingenommen haben, erscheint *Bodo*. Mit Batman-Pullover und neuer Skater-Mütze, verkehrt herum aufgesetzt. Wortlos holt er das „Sams" von der Fensterbank, wortlos überreicht er es mir. Noch während des Hinlegens zieht er etwas unter seinem Pullover hervor: zwei Koalas, Mutter und Kind, mit Klettverschluss verbunden, die er nahe an das Sams-Buch heransetzt. *„Die hören auch zu"*, sagt er. Als die Arbeitszeit beginnt, holen sich alle Kinder ihre Materialien aus den Fächern. Nicht so *Bodo*. Wer so wie er in den Tag hineingestolpert ist, hat keine Ruhe, sich irgendwelchen Anforderungen zu stellen.

Aggressiv rempelt er *Jan* an, obwohl der ihn über alles bewundert. Dann schüttelt er sich vor Lachen über *Katjas* Wechselhose. Ich setze mich neben ihn und schlage sein Rechenbuch auf; es ist verkritzelt und vielfach eingerissen. Leise frage ich, warum er heute zu spät gekommen sei. Auch er hat seinen Wecker überhört.

Während mein Blick in die Runde der beschäftigten Kinder schweift, entspanne ich mich langsam und denke: *„Jetzt wird auch heute die Arbeitszeit in Ruhe und mit Konzentration weiter laufen."*

■ *Barbara Rathert*

# „Wo hast du die Schleife gelernt?"
## Vielfalt und Differenz – Lernen in altersgemischten Gruppen

Wo haben die Kinder das Zählen gelernt? Wer hat ihnen die Schleife gezeigt? Wer brachte ihnen bei, wie sie knifflige Papierflieger oder Himmel und Hölle falten müssen? Wo lernten sie, den Ball zu fangen, Federball zu spielen, nach komplizierten Regeln Gummitwist zu springen? Woher kennen sie verschiedene Abzählreime? Wer zeigte ihnen den Trick, Nägel gerade ins Holz schlagen?

**Kinder lernen von Kindern.** Das ist uns vor allem aus Geschwisterkonstellationen bekannt. Da sagen die Eltern beim Schulanfang: *„Lesen kann er schon, das hat er von seiner älteren Schwester gelernt!"* Obwohl uns allen diese so genannten *„natürlichen Lernsituationen"* geläufig sind, nutzen wir sie viel zu wenig in der Schule. Die Verschiedenheit der Kinder wird oft als besondere Schwierigkeit einer Lerngruppe gesehen. Wir wollen mit diesem Beitrag Mut machen, dies anders zu sehen:

*Wir nutzen die Verschiedenheit der Kinder als Chance zum Lehren und Lernen.*

Seit etlichen Jahren arbeiten wir inzwischen in der Altersmischung, nachdem wir zuvor an Regelschulen reichlich Erfahrung mit Jahrgangsklassen, den so genannten homogenen Lerngruppen, gesammelt haben.

Aus unseren Erfahrungen in der Laborschule und unserer innerschulischen Diskussion sind wir mit unserer ehemaligen Primarstufenleiterin, Heide Bambach, der Meinung: *„Es ist gerecht, Unterschiede zu machen. Unterschiedliche Menschen brauchen unterschiedlich viel Zeit und Unterstützung, um sich zu entwickeln."*[17] Seitdem wir die Chancen der Vielfalt und der Differenz entdeckt haben, die in der Altersmischung stecken, finden wir diese besondere Form des zusammen Lebens und Lernens von Schülern und Lehrern sehr befriedigend. Wir wollen nicht mehr anders arbeiten, weil wir jeden Tag erleben, wie positiv sich die Altersmischung in unseren Gruppen auswirkt. Unsere Schüler können ihre eigenen Lernwege finden und gehen und das in der ihnen angemessenen Geschwindigkeit und Zeit.

Zum Beispiel *Jonas* – das *„Sandwichkind"*. Er hatte bei uns die Chance, sein Eigenes zu entfalten. In der Familie lief er so nebenher. Seine Eltern beschrieben ihn als unproblematisch, unauffällig, ruhig, ja, ein wenig introvertiert. Als wir nach besonderen Interessen und Neigungen fragten, lautete die Antwort: *„Er macht nichts Besonderes."*
Anfangs verhielt sich *Jonas* genau wie beschrieben: ein netter, angepasster und nicht störender Junge. Nach einer Eingewöhnungszeit traute er sich, aus seiner Anpassung auszubrechen. Im Laufe seiner drei Jahre in der Eingangsstufe hat er alle Rollen ausgelebt, die er in seiner Familie nicht wählen konnte. Im ersten Jahr war er ein richtiger *„Nuller"* und genoss alle Freiheiten des Kleinen. Sehr zum Leidwesen seiner Eltern wollte er gar nicht mehr Lesen, Schreiben und Rechnen lernen, obwohl er doch schon etliche Buchstaben und Zahlen kannte und auch schreiben konnte, als er zu uns in die Schule kam. *Jonas* indes war es wichtiger,

---

17 BAMBACH 1989b, S. 28.

die Reaktionen der anderen Kinder und der Erwachsenen zu erfahren, wenn er mutwillig Regeln übertrat und sein Mittun lautstark verweigerte oder uns alle mit einer gekonnten Jonglage mit drei Bällen überraschte.

Gegen Ende seines 1. Schuljahres nahmen diese Überraschungen zu: Er machte sein Seepferdchen und bestand darauf, im Fußballverein seines Freundes *Christian* (Jahrgang 0) angemeldet zu werden. Nun machte er etwas Besonderes, etwas, das er sich zutraute. Es bedurfte einiger Gespräche mit seinen Eltern, um dieses Verhalten richtig einordnen zu können. In seinem zweiten Jahr wurde er ein richtiges Schulkind und wollte alles lernen, was die Großen schon konnten, damit ihm niemand mehr etwas vorenthalten konnte. Und als *„Großer"* übte er sich in Souveränität, war Vorbild und genoss das Vertrauen und die Anerkennung der Gruppe. Er hat in seiner Zeit in der altersgemischten Gruppe der Eingangsstufe sein Eigenes entfaltet, hat es sich gegönnt, klein zu sein, hat das Vertrauen in seine eigenen Kräfte und in die Zuneigung der anderen entwickelt. Er hat gelernt, seine Bedürfnisse zu benennen. Inzwischen ist auch sein jüngerer Bruder bei uns in der Eingangsstufe und *Jonas*, inzwischen im 6. Schuljahr, geht mutig und selbstsicher seinen Weg weiter.

> *Unsere Arbeitszeiten sind so angelegt, dass sie solche Entwicklungs-*
> *möglichkeiten, wie Jonas sie für sich entdeckt hat, auch zulassen.*

Der nachfolgend beschriebene kleine **Ausschnitt einer Lernzeit** soll dies verdeutlichen:

Jedes Kind hat sein eigenes Fach, in dem es seine Unterrichtsmaterialien aufbewahrt. *Lisa* (Jahrgang 2) nimmt sich heute zuerst ihr Geschichtenheft. Sie schreibt weiter an einer Geschichte, die sie vor wenigen Tagen begonnen hat. Neben ihr sitzt *Elsa* (Jahrgang 1), ihre Freundin. Sie ist noch nicht so weit im Schreiben und holt sich für ihre eigene Geschichte immer wieder *Lisas* Hilfe. *Lisa* lässt sich dadurch nicht aus der Ruhe bringen. Sie zeigt eine bemerkenswerte Geduld.

*Osman* (Jahrgang 0) will seinen Rechenlehrgang unbedingt heute fertig machen. Gleich, als er morgens in die Schule kam, hat er sich schon hingesetzt und fleißig gerechnet. Am liebsten hätte er auch während der *„Kleinen Versammlung"* weiter gearbeitet, ließ sich dann aber doch überreden, seine Sachen kurz liegen zu lassen. Jetzt, mitten in der Arbeitszeit, hat er es endlich geschafft. Voller Stolz präsentiert er sein Heft. Als Vorschulkind darf er während der Arbeitszeit auch spielen. Auf die Frage, ob er zur Entspannung in die Bauecke gehen möchte, reagiert *Osman* mit Entrüstung: *„Ich will nicht spielen – ich will ein neues Rechenheft!!"*

Insgeheim freut sich die Betreuungslehrerin, denn das Lernen fällt *Osman* nicht leicht. Dank seines unermüdlichen Fleißes kann er jedoch inzwischen Additionen und Subtraktionen im Zahlenraum bis 10 sicher durchführen. Als er sein neues Heft bekommt, sagt *Sandra* (Jahrgang 1): *„Das Heft hatte ich auch, ich kann dir dabei helfen."* *Osman* freut sich, weil er *Sandra* besonders gern mag. Die beiden setzen sich zusammen und *Sandra* erklärt ihm die ersten Aufgaben. *Sandra* kann gut rechnen und anschaulich erklären. So kann sich die Betreuungslehrerin anderen Kindern widmen.

*Giacomo* (Jahrgang 2) und *Maria* (Jahrgang 2) wollen das Einmaleins trainieren. Sie nehmen sich die entsprechende *„Rechenpyramide"* und suchen sich einen freien Platz auf dem Teppich. *Frederic* (Jahrgang 0) möchte gerne mitmachen. Die beiden lassen ihn, auch wenn er vom Einmaleins noch weit entfernt ist. *Giacomo* und *Maria* sagen jeweils die Ergebnisse an und *Frederic* darf die passenden Karten heraussuchen – eine gute Übung für ihn, um mit zweistelligen Zahlen vertraut zu werden.

*Jana* (Jahrgang 0) hat etwas Kopfweh und ist müde. Sie darf sich aufs Sofa legen und ein bisschen ausruhen. *Ayshe* (Jahrgang 2) kümmert sich gern um andere Kinder. Sie setzt sich zu *Jana* aufs Sofa und liest ihr etwas vor.

*Lars* (Jahrgang 1) brütet über seinem Rechenbuch. Eigentlich würde er lieber lesen oder schreiben. Er hat jedoch beim Rechnen große Schwierigkeiten. Er merkt selbst, dass jüngere Kinder hier oft schon weiter sind. Diese Tatsache hat ihn kurzfristig entmutigt. So hat er sich lieber anderen Lernbereichen zugewandt. Es brauchte einigen Zuspruch von seiner Betreuungslehrerin und von seinen Freunden, um seinen Lerneifer auch im mathematischen Bereich zu wecken. Inzwischen nimmt er sich sein Mathebuch immer zuerst vor und verzeichnet erste Lernerfolge, die ihn motivieren.

*Jan* (Jahrgang 2) erklärt, dass er heute nicht an den verabredeten Aufgaben weiter arbeiten kann, weil er unbedingt mit *Lukas* und *Noel* (beide Jahrgang 0) die Pyramide bauen will. Er hatte gestern am Nachmittag schon einen Versuch unternommen, der nicht geglückt war, aber inzwischen ein Buch gefunden, das ihm weiterhelfen könnte und würde das zu gerne ausprobieren. Die Lehrerin lässt sich auf *Jans* Plan ein, weil sie seine Selbsttätigkeit unterstützen will und weiß, dass er bereit ist, die verabredeten Aufgaben trotzdem zu erfüllen.

*Dorian* (Jahrgang 1) und *Paul* (Jahrgang 2) haben sich auf den Teppich gesetzt und machen ein Lesespiel. *Dorian* ist im Lesen recht fit, kennt aber, im Gegensatz zu *Paul*, noch nicht alle Buchstaben. *Paul* hingegen hat noch Schwierigkeiten mit dem flüssigen Lesen. Die beiden können sich so gut ergänzen. Die Betreuungslehrerin findet Zeit für Beobachtungen. Bei *Paul* bemerkt sie wieder kleine Fortschritte. Er sollte demnächst ein neues Leseheft bekommen.

> *Wir müssen kein Helferprinzip einführen, weil das freiwillige Helfen in der altersgemischten Gruppe selbstverständlich ist.*

In diesem Zusammenhang fällt uns *Nadine* ein. Sie ist ein launisches und wenig umgängliches Mädchen, als sie mit fünf weiteren Vorschulkindern bei uns eingeschult wird. Von Anfang an ist sie nicht zu übersehen, da sie sehr groß und kräftig ist. Sie ist ein lautes und forderndes Kind mit großem Durchsetzungsvermögen. Gleichaltrige Kinder schüchtert sie mit ihrem Verhalten ein, die älteren reagieren eher geduldig und gelassen auf ihre Provokationen. In den Lernbereichen Mathematik und Sprache zeigt sie auffällige Schwächen. Immer wieder zwischendurch überrascht sie uns jedoch mit klugen Bemerkungen, auf die sonst niemand kommt. Auf die Schwächen anderer Kinder reagiert sie anfangs sehr schadenfroh.
Mit Lügengeschichten und Prahlereien lässt sie keine Gelegenheit ungenutzt, um sich unbeliebt zu machen. Sie weiß um ihre Schwächen und versucht Lernsituationen, in denen diese aufgedeckt werden könnten, zu umgehen – ein Teufelskreis. Zunächst braucht sie viel Verständnis von ihrer Betreuungslehrerin, von ihren Eltern und von den Kindern ihrer altersgemischten Lerngruppe, um ihre Lernbereitschaft überhaupt zu wecken. Darüber hinaus ist es von großer Bedeutung, klare Absprachen zum Lernpensum mit ihr zu treffen und deren Einhaltung konsequent zu verfolgen. Schon nach kurzer Zeit tragen unsere gemeinsamen Bemühungen Früchte.

*Nadine* hat erste Erfolgserlebnisse und findet Spaß am Lernen. Die Kinder ihrer Lerngruppe sind rührend um sie bemüht, denn für sie ist es selbstverständlich, dass jeder Mensch seine Stärken und Schwächen hat, auch die Lehrerin. Von Anfang an erleben sie, dass Helfen besser ist als Spotten oder Prahlen und dass es mutig ist, seine Schwächen zuzugeben. *„Wir können doch in der Pause mit Nadine weiter üben!"* *Elsa* und *Lisa* üben Zählen mit ihr – vorwärts und rückwärts. *Maria* bringt ihr die Wochentage bei. *Paul* schreibt mit ihr eine Geburtstagskarte ...
Von Tag zu Tag wird Nadine freundlicher. Inzwischen macht ihr die Schule richtig Spaß. Sie neigt immer noch zu Übertreibungen, doch dies wirkt jetzt eher witzig. Sie genießt seither große Akzeptanz in der Gruppe und wird nach ihrer Meinung gefragt. Gemeinsam mit den Kindern ihrer altersheterogenen Gruppe ist es uns gelungen, sie aus ihrem Teufelskreis zu befreien. Wir wissen nicht, wie *Nadine* sich in einer altershomogenen Gruppe entwickelt hätte.

■ *Paula G. Althoff, Gudrun Husemann*

# Tageslauf statt Stundenplan – Der Schultag als Kunstwerk[18]

Für die Schüler der Eingangsstufe gibt es keinen Stundenplan. Sie lernen ganzheitlich und ungefächert. Der Tageslauf folgt einem bestimmten **Rhythmus**.

Stellen Sie sich vor: Sie stehen in einem Großraum, der durch Galerien in vier Flächen aufgeteilt wird. Lassen Sie sich entführen und erleben einen Schultag in der Laborschule.

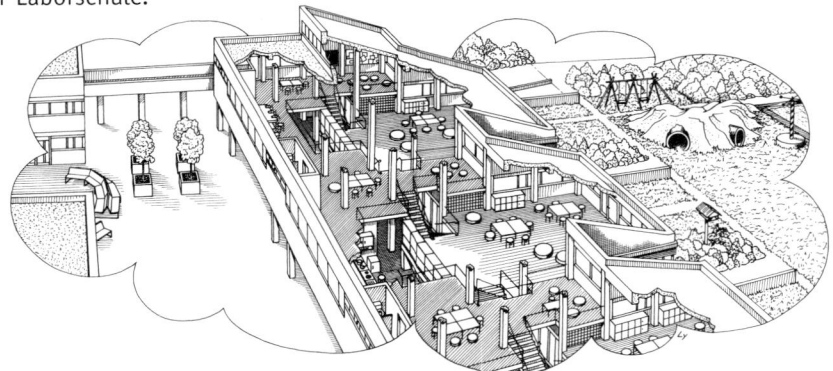

Es ist morgens **8.00 Uhr**. Wir sind im **Haus 1** der Laborschule in Bielefeld, in der Eingangsstufe. Ich nehme Sie mit auf die **4. Fläche**, weil das der Ort ist, wo die olivene Gruppe lebt und lernt. Sie werden von zwei Kindern der olivenen Gruppe angesprochen, die Ihnen anbieten, Sie an diesem Vormittag zu begleiten und Ihnen nach Möglichkeit alle Fragen, die Sie haben, zu beantworten.

Nun können Sie die unterschiedlichsten Aktivitäten des **Gleitenden Schulanfangs** beobachten: Immer mehr Kinder kommen in unsere Gruppenecke, begrüßen sich und werden von mir begrüßt, tragen selber ihren Namen ins Gruppentagebuch ein oder lassen sich dabei helfen, suchen einen Partner fürs Schachspiel oder gehen zu ihrem Arbeitsfach, um weiterzuarbeiten, oder schreiben und malen einen Wunsch ins Geburtstagsbuch, benutzen den Computer, z.B. zum Rechentraining oder um einen Brief, z.B. an Oma zu verfassen oder kuscheln sich – alleine, zu zweit, dritt – mit einem Buch in die Leseecke, knüpfen Freundschaftsbändchen, bauen eine Bude aus Regenschirmen, Tüchern und Jacken oder fragen mich nach dem Werk-

---

18 BAMBACH 1989c.

raumschlüssel, weil unbedingt die am Vortag begonnene Kunstuhr weiter angemalt werden muss oder sie melden sich zu einem kurzen Fußballspiel auf dem Rasen ab oder, oder, oder ...

Inzwischen sind alle Kinder angekommen und haben ihre eigene Einstimmung in den heutigen Schultag gewählt. Wie gut, dass ich Zeit habe, mir *Rahels* schlimmen Traum anzuhören, *Andreas* neue Schuhe entsprechend zu bewundern, ein wichtiges kurzes Gespräch mit *Leons* Vater zu führen und auch noch eine Seite im Lesebuch mit *Andrea* zu üben.

Jetzt ist Zeit für die **Kleine Versammlung**. *Hendrik* hat heute Versammlungsleitung. Er nimmt sich den Erzählstein und ruft alle Kinder der olivenen Gruppe in die Versammlungsecke. Wir sitzen um einen Teppich und *Hendrik* fragt: *„Wer will vorstellen und erzählen?"* *Hendrik* hat die Gesprächsleitung, erlaubt oder versagt Zwischenfragen und darf die Redezeit begrenzen. Die Kinder erzählen Vergangenes, Zukünftiges und Erfundenes, hören einander zu und fragen nach. Jedes Kind nutzt dieses Forum seinen eigenen Möglichkeiten entsprechend. Nicht alle hören immer interessiert zu, deshalb macht *Hendrik* das Ruhezeichen mit einem kleinen Klangspiel. Dann verlangt er mit einem festgelegten Zeichen, dass *Pia* lauter sprechen soll. Als niemand mehr etwas vorstellen und erzählen will, bekomme ich den Erzählstein. Heute möchte ich die Kinder auf unser neues Projektthema *„Ägypten"* einstimmen. Mit dem ritualisierten Vers: *„Fantasie und Fantadu, schließe deine Augen zu ..."* und selbst gestalteten Zeitbrillen nehme ich sie mit auf eine Zeitreise zu *Seti*, einem ägyptischen Jungen, der zur Zeit der Pharaonen gelebt hat. Dieses Thema scheint alle Kinder zu interessieren, denn sie lauschen gespannt meiner Erzählung. Selbstverständlich wird in der Kleinen Versammlung aber auch gespielt und in neue Lernsituationen eingeführt ..., je nach dem, was gerade dran ist.
Zum Schluss wird der Tagesplan abgesprochen.

Jetzt beginnt die **Arbeitszeit**, die vorwiegend dem Erwerb der basalen Fähigkeiten im Rechnen, Schreiben und Lesen, natürlich verknüpft mit dem Erlernen weiterer Kompetenzen, gilt. Normalerweise erledigen die Kinder in den jeweiligen Arbeitszeiten die Aufgaben, die ich mit jedem einzelnen Kind verabredet habe und tragen sie am Ende der Arbeitszeit in ihr Lerntagebuch ein. Es gibt aber auch Arbeitszeiten, in denen eine gemeinsame Aufgabenstellung bearbeitet wird. Das kann bedeuten, dass beispielsweise alle Kinder Geschichten schreiben oder nach ihren jeweils unterschiedlichen Möglichkeiten die gleiche Aufgabenstellung aus ihrem Reisetagebuch[19] bearbeiten.

---

19 vgl. GALLIN/RUF 1995, S. 5 ff.

Heute möchte *Noel* unbedingt im Einer-Rechenbuch weiterarbeiten und danach mit *Lukas* die Cheopspyramide aus unseren Bauklötzen nachbauen. *Lukas* holt ebenso sein Rechenbuch. Er beherrscht als Vorschulkind die Rechenoperationen im 20er Bereich schon sicher und will sich zu *Andrea* setzen, einem Kind, dass schon das dritte Jahr in die Eingangsstufe geht, aber noch viel Unterstützung beim Lernen braucht. *Andrea* ist ein Kind mit erhöhtem Förderbedarf. *Lukas* und *Andrea* bilden seit einigen Wochen öfter eine Rechenpartnerschaft, denn Andrea hat Lukas mit ganz viel Geduld beigebracht, wie man Freundschaftsbändchen knüpft. Nun erklärt er ihr mit einer bewundernswerten Anschaulichkeit, wie sie Zahlen zerlegen und ergänzen soll.

*Judith*, die gerade vor den Osterferien sechs Jahre alt geworden ist, will eine Geschichte vom kleinen Bären in ihr Geschichtenbuch schreiben und danach rechnen. *Pia* möchte zuerst die Geburtstagskarte vom Vortag zu Ende gestalten und anschließend mit mir in der Leseecke lesen. Da ich heute dafür keine Zeit haben werde, erklärt sich *Vera* (Jahrgang 1) bereit, mit *Pia* zu lesen. Das ist wunderbar für *Vera*, denn so kann sie ihre so mühsam erworbenen Lesefertigkeiten anwenden.

> *Jedes Kind geht nun seiner Arbeit nach und ich kann notwendige Hilfestellungen geben, mit Kindern üben und ihr Lernverhalten beobachten.*

*Kristina* (Jahrgang 1) sieht wie ihr Nachbar *Dejan* (Jahrgang 2) in einer Geschichte das Wort *„Libelle"* schreibt. *Kristina* ist sich sicher, dass die Schreibweise von *Dejan* nicht richtig sein kann und belehrt ihn: *„Die Libelle schreibt man nicht so, die musst du mit einem langen i (ie) schreiben, die heißt nämlich so, weil die so lieb aussieht und das schreibt man mit langem i (ie), weil die hat so schöne Augen und so glitzerige, durchsichtige Flügel."* (Zur Erklärung: *Kristina* war sich so sicher, denn sie hatte gerade einige Tage zuvor für einen Glückwunsch im Geburtstagsbuch von *Ralf* gelernt, wie man: *Lieber Ralf* ... schreibt.)

*Dejan* ist anfänglich verunsichert, fragt *Vasco*, ob er wisse, wie man *„Libelle"* schreibt, der buchstabiert L-i-b-e-ll-e. Daraufhin antwortet *Dejan* in einem Tonfall, der seiner Überlegenheit Ausdruck geben soll: *„Siehst du, Kristina, ich hatte Recht."* *Kristina* beeindruckt das überhaupt nicht, denn sie antwortet: *„Ich auch!"*

> *Auch wenn wir Erwachsenen sofort eingreifen und die richtige Schreibweise Dejans erklären möchten: Wir könnten es an dieser Stelle auch lassen und uns bedanken, dass ein Kind uns teilhaben lässt an seinen Deutungsmustern der Welt und der Orthografie, denn es weiß schon, dass es Regelungen für die Schreibweise gibt, es hat schon eine metasprachliche Perspektive eingenommen. Wenn wir es lassen, wird es weitere Versuche unternehmen und zu seiner Zeit auch Libelle nur mit i schreiben.* [20]

Nach mehr als sechzig Minuten geht die Arbeitszeit zu Ende, denn jetzt ist Zeit zum **gemeinsamen Frühstück**. Der Obst- und Gemüseteller wird täglich von unterschiedlichen Kindern hergerichtet und ergänzt das von zu Hause mitgebrachte Frühstück. Zu Geburtstagen und Projekten gibt es auch besondere Gruppenfrühstücksangebote.

*Jonas* (Jahrgang 1) frühstückt heute ziemlich schnell, er hat etwas Wichtiges vor. Sein Freund *Ole* (Jahrgang 0) hat sich auch sehr beeilt, er wischt noch schnell seinen Tisch ab und geht mit *Jonas* zur Parallelgruppe, den *„Rosanen"*, mit denen sie sich schon morgens vor der Kleinen Versammlung zum Fußballspielen verabredet hatten. Ein *„Zweiermädchen"* dagegen zelebriert das Frühstück gemeinsam mit seinen Freundinnen. Die verbleibende Pausenzeit nutzen sie am liebsten für Aktivitäten im Haus. Sie malen, basteln, plaudern und spielen. Ganz allein am großen Tisch sitzt *Judith* (Jahrgang 0) und arbeitet unbeirrt in ihrem Rechenheft. Einige Kinder unterschiedlichen Alters und aus den drei Gruppen unserer Fläche stammend, haben sich zum Busspielen verabredet. Sie brauchen dafür etwas Platz auf der Fläche, jede Menge Stühle und finden als Steuerrad einen drehbaren Hocker. *Leon* (Jahrgang 0), *Pia* (Jahrgang 0) und *Hendrik* (Jahrgang 1) legen ihre Pausenkarten auf das Zeichen *„Rollschuhplatz"*, damit ich weiß, wo sie ihre Pause verbringen. *Pia* hat erst vor zwei Wochen das erste Mal auf Inlinern gestanden und braucht noch ein bisschen Unterstützung. *Leon* und *Hendrik* nehmen sie in ihre Mitte, denn die beiden sind schon echte Inliner-Profis.

Natürlich bietet die **Pausenzeit** noch ganz andere Möglichkeiten. Es wird nicht nur auf Inlinern, Fahrrädern oder Skateboards gefahren, sondern auch auf Bäume geklettert, im Sand gebuddelt. Die Kinder bauen Buden, beobachten Tiere und Pflanzen, hämmern und sägen, besuchen die schuleigene Bibliothek u.v.m. Der Ideenvielfalt der Kinder sind kaum Grenzen gesetzt.

---

20 vgl. BRINKMANN 1999, S. 99ff.

Heute gibt es auf der 4. Fläche eine **Große Versammlung**, an der alle drei Gruppen teilnehmen. In der Großen Versammlung wird alles besprochen, hergezeigt und vorgeführt, was für die Großgruppe wichtig ist. Es wird musiziert und gespielt, es werden Geburtstage gefeiert, gemeinsame Aktionen besprochen oder ganz persönliche Anliegen vorgebracht.

Nach der Großen Versammlung beginnt die **Gruppenzeit**, die sehr unterschiedlich aussehen kann. Wir machen heute *„Rucksackschule"* am Bach. (Der Name für unsere naturkundlichen Exkursionen ist die Erfindung eines Schülers vor etlichen Jahren, als wir von einer Studentin zum Abschied ihres Praktikums einen *„Natur-Rucksack"* geschenkt bekamen.) Rucksackschule bedeutet, dass wir unsere Rucksäcke schultern und einen von fünf Standorten (Wiese, Wald, Teich, Bach und Tierpark) im Umfeld unserer Schule aufsuchen. In den Rucksäcken befinden sich Lupen, Aufbewahrungsbehälter, Pinzetten, Bestimmungsbücher, Stifte, Karteikarten, eben alles, was wir für unsere Untersuchungen im Wald, auf der Wiese, am und im Bach so alles gebrauchen. Die Gruppenzeit ist eine Zeit für bewegtere Aktivitäten, die in der ruhigeren Arbeitszeit nicht möglich sind. Es ist die Zeit für Themen aus den Bereichen Sachunterricht, Kunst, Musik, Sport und vieles mehr. Diese Angebote sind teilweise gruppenübergreifend. In der Gruppenzeit wird auch die Gruppenecke – die für Laborschulkinder und ihre Lehrerin ein Stück Lebensraum bedeutet – verschönert, geschmückt, gepflegt, um- oder aufgeräumt.

**Um 12.00 Uhr** endet die Schulzeit und es beginnt die **Nachmittagsbetreuung**. Die Kinder einer Fläche werden immer zu einer Nachmittagsgruppe zusammengefasst, die von sozialpädagogischen Mitarbeitern betreut wird (vgl. die Beiträge auf den Seiten 186–198). Der Nachmittag beinhaltet das gemeinsame Mittagessen in der Schulmensa, Spiel- und Ruhezeiten, eine Versammlung, kleine Vorhaben, große Projekte, Malen, Basteln, Werken, Bearbeiten der Gartenbeete, Ausflüge, Sport- und Schwimmangebote, Imbisszubereitung in der Kinderküche und viel Zeit zur freien Gestaltung.

Die großen Spiel-Räume des Nachmittags vermitteln den Kindern das Gefühl, *„unter sich zu sein"*. Große und Kleine setzen ihre ganze Fantasie und Kreativität zur Gestaltung dieser Frei-Räume ein. Die größere Nachmittagsgruppe und deren Zusammensetzung aus mehreren Gruppen eröffnet allen Kindern zusätzliche Möglichkeiten, Freundschaften zu schließen und über den eigenen *„Tellerrand"* zu blicken, was sich dann wiederum positiv auf den Vormittag auswirkt.[21]

---

21 vgl. *ALTHOFF/HUSEMANN/THURN 2005, S. 112–128.*

| Montag | Dienstag | Mittwoch | Donnerstag | Freitag |
|---|---|---|---|---|
| Wunschzeit | Wunschzeit | Wunschzeit | Wunschzeit | Wunschzeit |
| Kleine Versammlung | Kleine Versammlung | Kleine Versammlung | Kleine Versammlung | Kleine Versammlung |
| Arbeitszeit | Arbeitszeit | Arbeitszeit | Arbeitszeit | Arbeitszeit |
| Pause | Pause | Pause | Pause | Pause |
| Große Versammlung | Schwimmen | Rucksackschule | Bibi | Große Versammlung |
| Gruppenzeit | | | Gruppenzeit | Sport |
| Buszeit/Nachmittag | Buszeit | Buszeit/Nachmittag | Buszeit/Nachmittag | Buszeit/Nachmittag |

■ *Gudrun Husemann*                    Wochenübersicht für Kinder

# Regeln, Reviere, Rituale

## Woran Kinder sich orientieren können

Manche Besucher, die die Laborschule zum ersten Mal besuchen, sind regelrecht schockiert. Das soll eine Schule sein? Ein großer offener Raum? Ja, ist denn das nicht viel zu laut? Wie sollen sich die Kinder denn da konzentrieren können? Und geht der ständige Geräuschpegel den Erwachsenen nicht auf die Nerven? Geduldig werden solche Fragen beantwortet: Ja, es gebe natürlich Störungen. Insgesamt aber habe man mit dem **Großraum** gute Erfahrungen gemacht. Beweis: Als der Schule nach jahrzehntelangen Bemühungen endlich ein Anbau bewilligt wurde und das Kollegium zu entscheiden hatte, ob dort in Klassenräumen oder auf offenen Flächen gelernt werden solle, wurde einstimmig beschlossen, beim Prinzip des Großraums zu bleiben.

Diese Bauweise wurde nicht *„von oben"* vorgegeben. Vielmehr wurde sie, wie es der Laborschule als Experimentalstation ansteht, *„empirisch"* ermittelt. Während der Planungsphase ging eine Gruppe auf Reisen, um Schulen in verschiedenen Ländern zu besuchen, und kam mit dem Vorschlag zurück, eine Großraumschule zu bauen. Man hatte Vorbilder dafür in Kanada und Schweden gesehen.

Die **Idee einer offenen Schule** aber ist älter, geht auf den Schulgründer Hartmut von Hentig zurück. Viel später, als die Schule längst in Betrieb war, hat er anlässlich einer Geburtstagsfeier die wechselvolle und leidvolle Geschichte des Baus erzählt.

In dem Buch *„Laborschule – Modell für die Schule der Zukunft"* [22] ist dieses Kapitel nachzulesen. Als Lebens- und Erfahrungsraum ist die Laborschule gedacht, zugleich als eine Gesellschaft im Kleinen, wo Menschen den Tag über in wechselnden Gruppen unterschiedlichen Tätigkeiten nachgehen und sich immer wieder zusammenfinden, um gemeinsam über gemeinsame Angelegenheiten zu beraten, so wie es früher in den griechischen Stadtstaaten war. In einer solchen *„Polis"* spielte sich das Leben zumeist im Freien ab, was in unserem Klima nicht möglich ist. Also braucht man einen großen überdachten Raum, der zugleich offen sein soll. Denn wie soll man wechselnden Tätigkeiten in wechselnden Gruppen nachgehen, wenn alles durch Wände normiert ist? Und wie kann man als Gemeinschaft zusammenkommen, wenn es keinen *„Markt"*-Platz dafür gibt? Der pädagogische Sinn einer Schule als *„Polis"* ist ja gerade, dass die lebendige Gemeinschaft dem gemeinsamen Leben Form gibt und nicht der Bau, also starre, vorher eingezogene und unveränderbare Wände.

---

22 von HENTIG 2005.

## ➭ Offenheit in unsichtbaren Wänden

So wurde also die offene Schule gebaut und bald darauf der erste *„Jahrgang 0"* in das Haus 1 aufgenommen. Wie aber sollten sich die Fünfjährigen in dem großen offenen Raum zurechtfinden, woran sich orientieren? Wie konnte überhaupt eine Pädagogik für Schulanfänger entwickelt werden, die den ganzen Tag über in altersgemischten Gruppen in diesem Haus leben und lernen sollten?
Natürlich hatte sich das Planungsteam diese Fragen schon längst vorher gestellt. Die Idee einer neuen Schule war schon in Göttingen entstanden, wo von Hentig lehrte, bevor er nach Bielefeld berufen wurde. Dort hatte eine kleine Gruppe befreundeter Pädagogen ein erstes Modell entworfen. Mit dabei waren Johanna und Wolfgang Harder. Johanna sollte als Grundschulpädagogin für die *„Kleinen"* im späteren Haus 1 zuständig sein, Wolfgang als Gymnasiallehrer für die *„Großen"* im späteren Oberstufen-Kolleg, von Hentig und andere für die *„Mittleren"* und natürlich alle zusammen für alles.

Vieles, was damals entwickelt wurde, bestimmt den Alltag der Schule bis heute. So geht das Haus 1 – die Gestaltung des Raums und die Pädagogik insgesamt – sehr stark auf Johanna Harder zurück. Wie das im Einzelnen aussieht, wird in diesem Buch an anderer Stelle geschildert (vgl. die Beiträge auf S. 172ff. und S. 190ff.).

Wenn die gleichen Besucher, die anfangs so skeptisch fragten, später gegen 9 Uhr irgendwo im Haus 1 stehen und die Atmosphäre einfach auf sich wirken lassen, sind sie in der Regel tief beeindruckt. Es ist still im Großraum, obwohl fast 200 Kinder mit ihren Lehrern da und sehr präsent sind. Sie sitzen in kleinen Gruppen beieinander, erzählen oder beraten oder lesen vor, und wenn dieser Morgenkreis zu Ende ist, gehen die Kinder ruhig und leise an ihre Regale, holen ihre Sachen und setzen sich allein oder in kleinen Gruppen an die Tische, um zu arbeiten. Sie rennen nicht durcheinander, sie schreien nicht herum, sie haben offensichtlich eine klare und feste Orientierung. Von Johanna Harder stammt eine im Haus 1 häufig zitierte Metapher dafür: die unsichtbare Wand. Sie ist es, die die Kinder *„hält"*. Von Hentig, mit seiner Vorliebe für Sprachspiele, spricht von den *„drei R"*, die Kindern Orientierung bieten: **Regeln, Reviere, Rituale.**[23]

Vom ersten Tag an wissen die Kinder genau, wohin sie gehören: Unsere Gruppe ist auf dieser Fläche und dies ist unser Platz. Die der Nachbargruppe ist gleich nebenan, man kann die anderen Kinder sehen und zu ihnen gehen, aber jede Gruppe ist für sich und gehört zusammen. Es gibt **unsichtbare Grenzen**, die den Großraum in **Funktionsflächen** unterteilen: Hier ist der Gruppentisch, da unten

---

23 von HENTIG 1984, S. 149.

die Küche mit allem, was dazugehört, hier ist das Regal mit den Schulsachen, hier die Gruppen-Sitzecke. Und so wie der Raum klar gegliedert ist, sind auch die kleinen Dinge in einer einfachen, überschaubaren Ordnung, die jedem Kind einleuchtet: Hier finde ich die Gummistiefel, da die Stifte, hier die Spiele, da die Bücher, hier ist mein Korb mit meinen Schulsachen. So erfahren sie täglich: Alle Dinge sind an ihrem Platz, alles ist klar und überschaubar, so wie auch das Leben in der Schule seine klare feste Ordnung hat.

Natürlich sind es die Erwachsenen, die diese innere und äußere Ordnung täglich neu herstellen und aufrecht erhalten. Aber die Kinder sollen sie nicht als allmächtige und allwissende *„Bestimmer"* erfahren, sondern als Garanten eines guten Lebens, das die Schule für sie gestaltet und das sie mit gestalten. Sie sind gefragt, sie dürfen und sollen mit reden, mit entscheiden, mit arbeiten, mit aufräumen. Und in dem Maße, wie sie die Ordnung des Lebens als hilfreich erfahren, können sie sie verinnerlichen, wird sie zum Orientierungsrahmen für das eigene Verhalten.

Das ist weder selbstverständlich noch funktioniert es immer. Vor allem im Haus 2, wo in der Aufbauphase je zwei Jahrgänge (5 und 7) aufgenommen wurden, bis die Schule voll war, klappte die Sache mit der *„inneren Wand"* oft gar nicht. Ich erinnere mich an einen Jungen, der sich jeden Morgen erst einmal in einem Schrank verkroch, weil er die Offenheit nicht aushalten konnte. Dass es damals vielen so ging, zeigte die rege *„Bautätigkeit"* in den ersten Jahren: Alle Gruppen wollten sich abgrenzen, Stellwände reichten ihnen dafür nicht, sie bauten Buden und wahre Barrikaden. Es dauerte einige Jahre, bis die ersten *„eigenen"* Kinder von unten nachkamen und sich mit ihnen allmählich auch im Haus 2 ein gelassener, *„selbstverständlicher"* Umgang mit dem Großraum einspielte. Und seitdem der Anbau fertig ist, die drangvolle Enge im Haus 2 sich lockerte und der Raum mehr Freiheit für die Gestaltung der Flächen lässt, kommt niemand mehr auf den Gedanken, sich *„einzumauern"*. Die Grenzen sind eher symbolisch, die Ordnungen verinnerlicht, der tägliche Umgang miteinander zur Aufgabe aller geworden. Genau das, so von Hentig, ist die erziehliche Wirkung des Großraums.

## ▶ Freiheiten im bleibenden Zeitrhythmus

An der Laborschule gibt es keine Klingel, die die Stunden ein- und ausläutet. Die Zeit soll nicht durch schrille Töne abgegrenzt werden, wie der Raum nicht durch starre Wände. Auch hier also soll eine innere Ordnung an die Stelle der vorgegebenen äußeren treten. Zugleich gibt es **feste zeitliche Vorgaben**: den Schulanfang und -schluss, die Busfahrzeiten, das Mittagessen. Wie kann innerhalb dieses festen Rahmens ein gemeinsames Leben aussehen, das nicht durch den ständigen Blick auf die Uhr dominiert wird?

Auch im Umgang mit der Zeit haben sich im Haus 1 die Erfindungen der Auf-
baujahre so bewährt, dass sie zur festen Einrichtung geworden sind: die *flexible
Ankunftszeit*, also auch der *gleitende Schulbeginn* gehört dazu, die *Einteilung des
Tages* nach den Bedürfnissen der Kinder und nicht nach vorgegebenen Inhalten,
die klare Trennung und zugleich enge Verschränkung *von Vor- und Nachmittag*.
Und die *großen Zeitblöcke* sind wiederum, ebenso wie die *Flächen*, funktional
unterteilt (vgl. den Beitrag auf S. 66ff.).

Dass das Leben eine feste **zeitliche Ordnung** hat, gehört für die Kinder zu den
**Grundorientierungen**. Sie sollen die verschiedenen Zeiten bewusst als verschieden
wahrnehmen, sie sollen verstehen und akzeptieren, warum zu dieser Zeit dies und
zu jener das *„dran"* ist, diese Ordnung nach und nach verinnerlichen und auf diese
Weise in einen verantwortlichen Umgang mit der Zeit hineinwachsen. Dazu gehört,
dass sie die Ordnung einsehen und annehmen, weil sie merken, dass sie ihnen
hilft, frei zu sein. Während der Arbeitszeit kann ich entscheiden, mit wem ich
arbeite und was ich in welcher Reihenfolge tue, bei den Mahlzeiten kann ich mir
einen Platz aussuchen und bei den gemeinsamen Arbeiten eine Tätigkeit, in der
Pause kann ich mich frei verabreden, am Nachmittag zwischen verschiedenen Angeboten wählen. Diese Freiheit hat Grenzen: Nicht zu jeder Zeit ist alles dran.
Aber das lässt sich umso leichter akzeptieren, je mehr der gesamte Rhythmus des
Tages *„stimmt"*: Arbeit und Spiel müssen sich zu einem sinnvollen Ganzen zusam-
menfügen, ebenso wie Bewegung und Ruhe, Kopfarbeit und andere Tätigkeiten.

Bei den Größeren ist der Tag in große **Doppelstunden-Blöcke** gegliedert.
Dazwischen liegen die Pausen: eine halbe Stunde am Vormittag und eine ganze
am Mittag. Diese Einteilung dient dem gleichen Zweck: **dem Tag einen guten
Rhythmus zu geben.** Lernzeiten und frei verfügbare Pausen wechseln einander ab.
Die Pausen sind so lang, damit man mit der Zeit wirklich etwas anfangen kann:
Sport treiben oder lesen oder in der Werkstatt arbeiten oder die Tiere versorgen …
Auch im Haus 2 ist die Schule schon lange vor Unterrichtsbeginn offen, und viele
nutzen diese Zeit nach eigenem Belieben.

Die **60-Minuten-Stunde** ist mit Bedacht gewählt, um dem Lernen ein bekömmli-
ches Maß und eine bekömmliche Mischung zu geben. Eine Stunde Frontalunterricht – das hält niemand aus und es ist auch nicht bekömmlich. Anschauung und
Übung, Gespräch und Systematik – das alles kann in einer Stunde untergebracht
und sinnvoll kombiniert werden. Für manche Tätigkeiten, zum Beispiel Arbeiten in
der Werkstatt oder in der Küche oder im Garten, ist es sinnvoll, mehr Zeit zur Verfügung zu haben. Darum gibt es für die Kurse im Wahlbereich in der Regel eine
Doppelstunde.

Ebenso wie der einzelne Tag soll auch die **Woche** einen guten Rhythmus haben. Sie beginnt in allen Gruppen mit einer Betreuungsstunde am Montagmorgen und endet für die meisten wiederum mit einer solchen Stunde am Freitag. Der Wochenstundenplan ist so komponiert, dass *„kopflastige"* Fächer sich nicht häufen, sondern von anderen (Sport, Kunst, Wahlkurse) unterbrochen werden, so dass sich insgesamt eine ausgewogene Mischung unterschiedlicher Lernformen und Unterrichtsarten ergibt.

Auch das **Schuljahr** hat seinen Rhythmus, der jeweils neu im Jahresplan festgelegt wird. Auch die Schulwochen werden so komponiert, dass Phasen konzentrierten Lernens durch anderes unterbrochen werden: ein Projekt oder ein Fest oder eine Reise oder eine große Schulveranstaltung.

In einer Schule, die sich als Lebens- und Erfahrungsraum versteht, müssen Leben und Lernen eng aufeinander bezogen sein. Das ergibt sich nicht von selbst, sondern muss gewollt und geplant sein. Ein bedachter Umgang mit der Zeit ist Grundvoraussetzung für ein ausgewogenes Leben und Lernen: *Auf den Rhythmus kommt es an.*

##  Flexible Regelungen in abgesteckten Grenzen

Für Kinder im Haus 1 beginnt jeder Morgen mit einem **Ritual**. Wenn sie angekommen sind und den Lehrer begrüßt haben, tragen sie sich in das *Gruppenbuch* ein. Das ist so selbstverständlich, dass sie gar nicht mehr darüber nachdenken.

Ebenso *„selbstverständlich"* ziehen sie ihre Gummistiefel an, bevor sie nach draußen gehen, melden sich, wenn sie in der Versammlung etwas sagen wollen, oder flüstern in der Bibliothek. Solche Regeln erklären sich selbst: Die Schuhe sollen nicht nass und schmutzig werden, es können nicht alle durcheinander reden, in der Bibliothek muss es leise sein, weil sonst alle gestört werden.

Regeln – so sollen es die Kinder erfahren – fallen nicht vom Himmel und werden nicht von Erwachsenen diktiert; es muss sie geben, damit das Leben *„stimmt"*. Sie müssen einfach und klar sein und es darf nicht zu viele geben. Wenn etwas im Leben nicht stimmt, kann man sich auf Regeln berufen oder auch neue erfinden.

Die Kinder dürfen und sollen gerade darin *„erfinderisch"* sein: dass sie mitdenken und mitentscheiden, wenn es um das gemeinsame Leben geht. Was können wir tun, um den neuen *„Nullern"* den Schulanfang leicht und schön zu machen? Wie können wir dafür sorgen, dass alle in der Versammlung zu Wort kommen? Wie können wir den Frühstückstisch möglichst schön decken? – An solchen *„kleinen"* Dingen lernen schon die Schulanfänger, was unsere Gesellschaft von erwachsenen

Bürgern erwartet: Sie sollen mitdenken und mitentscheiden, sich einmischen und Verantwortung übernehmen. Politik, so die Definition von Hartmut von Hentig, ist *„die bewegliche Regelung gemeinsamer Angelegenheiten"*. Nach diesem Verständnis gehören die vielen kleinen Dinge des Alltags ebenso dazu wie die Probleme der *„großen"* Politik.

Wie die heutigen Kinder sich später dazu verhalten werden, können wir nicht wissen, wohl aber die Voraussetzung dafür schaffen, dass sie „die da oben" nicht einfach machen lassen, sondern sich mit verantwortlich fühlen. Der erste und vornehmste Gründungszweck der Laborschule war: nie wieder ein zweites 1933. Schulen können die Probleme der Gesellschaft nicht lösen, aber sie haben einen großen Einfluss darauf, wie die späteren Erwachsenen sich zu ihr verhalten. Wach, aufmerksam, kritisch, selbstbewusst, verantwortlich – so sollen die kleinen Bürger der *„Polis"* Laborschule in die große Gesellschaft hineinwachsen.

Auch das ist alles andere als selbstverständlich. In allen Gruppen aller Altersstufen gibt es Reibungen und Konflikte, die in den Pubertätsjahren sehr heftig sein können. Die Decke der Zivilisation ist bekanntlich dünn; jederzeit kann die *„natürliche"* Hackordnung sich gewaltsam gegen der Gemeinsinn durchsetzen.

Darum nehmen sich die Betreuungslehrer an dieser Schule sehr viel Zeit für die friedliche und vernünftige Regelung der *„kleinen"* Dinge. Darum gibt es *keine Schulordnung* und nur *wenige Grundregeln*. Darum beginnt jede Woche mit einer Betreuungsstunde, führt jede Gruppe regelmäßig ihre Versammlungen durch.

Wenn Kinder in der Schule täglich erfahren, dass es möglich ist, friedlich und vernünftig miteinander zu leben und umzugehen, wie schwer das ist und wie gut es tut, werden sie – so die Hoffnung – auch später den Anspruch nicht aufgeben, ihr Leben und ihre Welt friedlich und vernünftig (mit) zu gestalten.

■ *Annemarie von der Groeben*

# Ich, du und wir alle –
# Über die Bedeutung der Gruppe

Am Ende eines Schuljahres bekommen alle Kinder der Eingangsstufe einen so genannten *„Bericht zum Lernvorgang"*, der neben der Prozessbeschreibung des individuellen Lernens für jedes Kind auch einen Gruppenbericht enthält.

Jedes Jahr verändert sich die Gruppe, denn die Kinder des Jahrgangs 2 wechseln in die Stufe II und an ihre Stelle kommen Vorschulkinder. Es ist wichtig, dass den Kindern jeweils das Besondere gerade dieses vergangenen Jahres in Erinnerung gerufen wird: das Gruppenklima, die Stärkung einzelner Kinder, das Mit- oder auch Gegeneinander der Geschlechter, gemeinsame Aktivitäten. Ich schreibe meiner Gruppe in Form eines **Briefes**, indem ich das vergangene Jahr Revue passieren lasse und die Eigenheiten gerade dieser Gruppenkonstellation hervorhebe.

**Bericht zur Gruppe**

Ihr lieben Olivenen,
kaum zu glauben, aber es ist tatsächlich schon wieder ein ganzes Jahr vergangen seit Anja, Frauke, Ingo, Kim, Laura und Rainer zu uns gekommen sind. Sie gehören inzwischen ganz fest zu unserer Gruppe. Die alten Olivenen haben sie zu Beginn auch gleich nett aufgenommen. Die Paten hatten nicht allzu viel Mühe, die neuen Kinder in unsere Gruppe mit ihren Regeln einzuführen. Dennoch gab es hin und wieder Situationen, in denen ein großes Kind es ganz vergaß, dass es nicht nur die Verantwortung für sich selber hatte, sondern auch noch daran denken musste, dass ein Nullerkind in seiner Obhut war.

Das Zusammenfinden als eine Gruppe hat erstaunlich schnell geklappt. Ich denke, dass es an der Offenheit und Bereitschaft aller Kinder lag, aufeinander zuzugehen. Die Regeln wurden den neuen Kindern vermittelt und dabei für die alten Olivenen beim Erklären und Einfordern selber noch einmal verstanden. Ja, das ist so eine tolle Situation, die man besonders gut in altersgemischten Gruppen erleben kann.

Ich erinnere mich auch gerne daran, dass wir schon nach einer Woche in der kleinen Versammlung alle gemeinsam unser Zoo-Spiel machen konnten und ziemlich schnell zehn Tiere gefunden hatten, deren Namen mit A anfingen. Spiele mit Buchstaben und Wörtern haben euch das ganze Schuljahr über immer wieder viel Freude bereitet, aber auch die Zahlenzaubereien.

Ganz viel Gelegenheiten zum gemeinsamen Spielen hatten wir während unserer Gruppenfahrt. Die „alten" Kinder konnten es gar nicht erwarten, bis endlich der Abreisetag nach Ascheloh kam, denn ihr hattet im Jahr zuvor dort sehr viel Spaß. Ich erinnere mich an die unproblematische Zimmeraufteilung: Es gab Zimmer mit Großen und Kleinen, Zimmer mit Jungen und Mädchen und eines, in dem alle zukünftigen Dreier gewohnt haben. Ihr habt miteinander gespielt, gebastelt, Karten geschrieben und natürlich den Wald erforscht. Ganz prima fand ich die Betreuung der neuen Kinder, so dass niemand Heimweh haben musste. Erinnert ihr euch noch an die Abendwanderung mit Taschenlampen durch den Wald und an die Schatzsuche?

Weil ihr ziemlich schnell zu einer Gruppe geworden seid, konnte ich es wagen, euch so ein großes Projekt wie das Papier- und Buchprojekt zuzumuten. Alle Kinder haben sich mit ihren Fähigkeiten bei den unterschiedlichsten Aktivitäten eingebracht. Erinnert ihr euch noch, wie ihr in der Schule und zu Hause geforscht und gesammelt habt, was alles aus Papier ist und ganz überrascht wart, wie vielseitig Papier sein kann: ganz zart und weich, aber auch hart und stark oder scharf wie ein Messer?

Beim Beschriften der Papierproben habt ihr unseren Besucherinnen Annemarie, Britta und Wiltrud gezeigt, wie gut ihr zusammenarbeiten und euch gegenseitig helfen konntet. In den letzten Wochen haben wir für diese Zusammenarbeit ein Wort kennen gelernt, die Team-Arbeit. Ihr wart immer wieder in unterschiedlichen Teams zusammen und konntet meistens davon profitieren.

Janne, Peter und Laura fanden sich zusammen, um ein Papierfühlbuch zu gestalten, und vier Jungs fanden es in Ordnung, dass Freya ihnen half, eine Ritterburg fertig zu stellen. Auch das große Wagnis, den Eiffelturm aus Papierstreifen zu bauen, ist gelungen, allerdings konnten da verständlicherweise nicht alle Kinder bis zum Schluss durchhalten.

Erwähnen muss ich auch noch die Arbeit an den Büchern von den kleinen Quadraten. Da konntet ihr erleben, dass es jüngere Kinder gab, die geschickter falten konnten als ältere. Aber auch das konntet ihr akzeptieren und habt euch gegenseitig geholfen. Manchmal gab es aber auch Auseinandersetzungen, weil z.B. alle Mädchen in Judiths Gruppe sein wollten oder Nico und Lukas einen Tag erwischt hatten, an dem gerade sie überhaupt nicht zusammenarbeiten konnten.

Wisst ihr noch, wie spannend ihr es fandet, die Abbildungen der Steinzeitmenschen auf ihren Höhlenwänden wie Bilderrätsel zu entschlüsseln und schließlich selber kleine Geschichten mit Öl- und Pastellkreiden auf Schieferplatten zu zeichnen?

Wie viel Sorgfalt war nötig, damit eine Zeichnung mit Tusche und Federn gelingen konnte? Und wie ärgerlich waren die Kinder, deren Tontafeln nach dem Beschriften zerbrachen, weil diese zu dünn waren oder sie nicht achtsam genug mit dem zerbrechlichen Material umgegangen sind.

Als wir dann den Besuch von Hermann Schulz vorbereiteten und eines seiner wunderschönen Kinderbücher kennen lernten: „Sein erster Fisch", begann eine Zeit langer nachdenklicher Gespräche.
In diesen Versammlungen konnte ich viel von euch lernen. Das Wichtigste war wohl, dass ihr alle sehr ernsthaft einer Sache nachgehen und mit Beharrlichkeit ein Ziel verfolgen konntet. Wir werden sicherlich die guten Ideen und Denkanstöße von Judith, Lukas, Nico und Pia im kommenden Schuljahr bei solchen Gesprächsrunden vermissen, aber ich bin sicher, dass es mit den kommenden Einern und Zweiern ähnlich spannend weitergehen wird.

Wir haben natürlich nicht nur zusammen gute Gespräche geführt, sondern auch Rechen- und Sprachetreffs bei den Olivenen und auch gemeinsam mit Kindern der rosa Gruppe abgehalten.
Es gab „Mini-Max-Zeiten"[24], wo ihr die beiden anderen Lehrerinnen der 4. Fläche besser kennen lernen und vor allen Dingen auch mal etwas Neues mit anderen als den olivenen Kindern ausprobieren konntet.

Noch ein paar Worte zu den Arbeitszeiten des vergangenen Schuljahres. Meistens waren sie entspannt, aber nicht immer so produktiv wie sie

---

24 vgl. Beitrag auf S. 177ff.

hätten sein können. Das lag auch mit daran, dass es noch nicht alle verstanden hatten, dass sie selbst für ihre Arbeitszeit verantwortlich sind und es regeln müssen, diese Zeit für sich selbst zum Erlernen und Üben zu nutzen. Seit wir den großen Tisch und einige Einzelplätze haben, finde ich, dass die Arbeitszeit besser genutzt werden kann.

Für die meisten Einer und Zweier war der Wochenplan eine gute Hilfe auf dem Weg zum selbstständigen Arbeiten und inzwischen können auch fast alle den Zeitraum einer Arbeitswoche im Blick behalten.
Viele von euch haben die Aufgaben der Reihe nach abgearbeitet, andere suchten sich zuerst ihre Lieblingsaufgaben heraus. Das war gut so, denn jedes Kind muss seinen Arbeitsstil und auch sein Tempo finden.
Wichtig ist mir, dass ihr euch aber auch immer wieder gegenseitig daran erinnert, dass jede und jeder von euch für ihr und sein Lernen selbst verantwortlich ist. Inzwischen haben auch schon unsere „Noch-Nuller" Anja, Frauke, Kim, Laura und Rainer mit Wochenplänen gearbeitet.

Die Besuche der neuen Nullerkinder mit ihren Eltern und die Besuche fremder Lehrerinnen und Lehrer aus dem Haus 2 haben uns deutlich gemacht, dass dieses Schuljahr seinem Ende entgegengeht. Es ist schon sehr aufregend, wenn man nach drei Jahren seine vertraute Umgebung verlässt. Welche Kinder werden mit mir in meiner neuen Gruppe sein? Wie ist unser Betreuungslehrer/unsere Betreuungslehrerin? Finden wir uns im Haus 2 zurecht? Und sicherlich noch andere Fragen beschäftigen unsere vier Großen. Aber auch für die zurückbleibenden Kinder verändert sich viel. Klappt das mit den Patenkindern?
Jetzt bin ich nicht mehr „Nuller" oder „Einer",
wie wird das im nächsten Schuljahr sein?

Viele Fragezeichen. Wie gut, dass es jetzt erst
einmal lange Ferien zum Entspannen gibt.
Ich bin aber auch schon neugierig auf das
Wiedersehen nach den Ferien.
Wer hat sich wohl wie verändert?

Schöne Ferien und viele Grüße,

Eure Gudi

**Individualität** als Unterrichtsprinzip hat in der jahrgangsgemischten Eingangsstufe einen hohen Stellenwert, aber die **Bedeutung der Gruppe** für die Lernentwicklung darf nicht unterschätzt werden.

Gemeinsame **Aktivitäten** und **Erlebnisse** sowie **Regeln** und **Rituale** prägen das Zusammenleben in einer Gruppe. Wenn es dazu gelingt, ein ruhiges und entspanntes Klima herzustellen und viel Zeit für Gespräche zu ermöglichen, kann die Gruppe auch schon in der Eingangsstufe ein Ort sein, an dem nicht nur soziale Kompetenzen wachsen, sondern auch Lernprozesse gemeinsam mit den Kindern geplant und reflektiert werden können.

■ *Gudrun Husemann*

# Kapitel 4

# Lernen nicht nur in der Schule

# Raus aus der Schule – rein in das Leben

**Schule als Lebens- und Erfahrungsraum. Lernen in Alltagszusammenhängen. Der Klassenraum als Lernumgebung.** – Dies alles sind Schlagworte für eine moderne und lebensnahe Pädagogik im Grundschulalter. Doch viele – man könnte behaupten: die meisten – Erfahrungen lassen sich in der Schule gar nicht machen und erst recht nicht konstruieren. Lernen für das Leben findet im Leben statt. Und das geschieht nun einmal nachhaltig außerhalb der Klassenräume und des Schulgeländes. Das ist einfach so und gar nicht neu. Was also liegt näher, als die Schule für das Leben zu öffnen. Manches kann man in die Klassenräume hineinholen, zum Beispiel:

- **Mahlzeiten zubereiten:** Jede Fläche in der Eingangsstufe verfügt über eine kleine Kochecke.
- **Experten um Rat bitten:** Immer wieder kommen Fachleute in die Schule, um aus ihrem Leben, über ihren Beruf, ihre Erfahrungen oder über ihre Geschichte zu berichten.
- **Künstler erleben:** In gewissen Abständen, ca. einmal im Schuljahr, ergibt sich die Gelegenheit zu einem kulturellen Highlight in der Schule bei Musikaufführungen im Rahmen von Festen oder bei Theatervorstellungen.
- **Medien nutzen:** Filme, Tonkassetten, ausgestopfte Tiere u.v.m. stehen auch in unserer Schule zur Verfügung – aber die sind ja eigentlich schon nicht mehr lebendig.

Doch vieles von dem, was für das Leben und die Entwicklung von Kindern bedeutsam ist, findet sich nicht in der Schule, lässt sich dort nur schwerlich arrangieren oder kann man nicht dorthin befördern. Früher haben die Kinder viele ihrer Erfahrungen am Nachmittag oder am Wochenende, zu Hause oder im Stadtviertel, mit der Familie oder mit Verwandten und Freunden gemacht. Das gerade ist ja auch der Charakter außerschulischer Bildungsbereiche. Nur:

*Je mehr Zeit heutige Kinder in der Schule verbringen, je enger das außerschulische Angebotsspektrum und die Spielräume in ihren Wohn- und Lebensbereichen werden, je weniger Zeit die Familien für gemeinsame Erlebnisse haben, umso stärker wächst die Notwendigkeit zu einer Neubestimmung schulischer Ziele und Angebote.*

Als **Ganztagsschule** – und in wenigen Jahren werden alle Grundschulen Ganztags-
angebote machen – ist es schon immer Anliegen der Laborschule gewesen, den
Kindern vielfältige relevante Erlebens- und Erfahrungsmöglichkeiten zu bieten,
die weit über das traditionelle Spektrum schulischen Lernens hinausgehen.
Der pädagogische Grundsatz von Hentigs: *„So viel Erfahrung wie möglich, so wenig
Belehrung wie nötig"* macht auch den Blick über die Zäune des Schulgeländes erforderlich. Es ist schon eine Weile her und sollte auch an der Bielefelder Laborschule
neu belebt werden, da traf man in der Innenstadt, in den Bussen und Straßenbah-
nen häufig kleine oder größere Gruppen von Laborschülern, die sich auf dem Weg
zu oder von einer Erkundungsstätte befanden, vor Ort irgendetwas recherchierten
oder jemandem oder etwas einen Besuch abstatteten. Die Kinder der Eingangsstufe
verlassen häufig das Schulgebäude, verbringen einen Teil ihrer Zeit an anderen
Orten – und lernen dort für ihr Leben.

Hiervon soll im Folgenden stichwortartig berichtet werden. Längere Ausführungen
zu den **einzelnen Orten** sind nicht erforderlich; sie verstehen sich von selber.

**Wald** ▶▶▶▶▶

Jeden Nachmittag gehen ca. 30 Schüler der Eingangsstufe mit ihren Betreuern in
den nahe gelegenen Wald. Ein ganzes Jahr lang. Zu allen Jahreszeiten. Bei jedem
Wetter. Sie sind in Anlehnung an die Waldkindergärten die *„Wald-und-Wiesen-
Gruppe"* der Eingangsstufe. Ihr Curriculum ist die Erfahrung der Natur, das Erleben

der Jahreszeiten und
Vegetationsphasen, das
gemeinsame Spielen mit
natürlichen Materialien,
der Verzicht auf künstli-
ches Spielzeug, das Ertragen und Genießen von
Wind und Wetter, das Er-
leben der Elemente, die
Stärkung der natürlichen
Abwehrkräfte, das soziale
Miteinander, der behutsa-
me Umgang mit Pflanzen
und Tieren ...

*Kinder der Eingangsstufe auf dem Weg zum Förster.*

**Kunsthalle** ▶▶▶▶▶

Bielefeld besitzt eine moderne *Kunsthalle* mit jährlich wechselnden Ausstellungen bekannter Künstler oder thematischer Bezüge. Einige Gruppen der Eingangsstufe besuchen die Kunsthalle regelmäßig. Für die Kinder ist dies ein großes Erlebnis: Bilder berühmter Maler wie Miro im Original zu sehen; die *„heilige"* Atmosphäre, die bedeutsame Stille dieser ungewöhnlichen Räumlichkeiten empfinden; staunend vor dem großen Können stehen; verwundert für sich denken: Das könnte ich doch auch; bei einer Führung wirklichen Experten zuhören; in der Schule versuchen einem Picasso nachzueifern und eigene Ausstellungen zu veranstalten.

**Tierpark** ▶▶▶▶▶

Im *Tierpark* des Stadtteils *Olderdissen* gibt es in großen Gehegen einheimische Tiere zu sehen, auch solche, die früher einmal in unserer Landschaft gelebt haben, wie Wölfe und Wisente. Die Kinder lieben dieses Areal, auch wenn sie schon viele Male dort gewesen sind. Jeden Herbst sammeln die Kinder der weißen Gruppe große Mengen an Kastanien, die von Bäumen in der Nähe des Schulgeländes fallen. Bei einem Ausflug gemeinsam mit ihren Eltern und der Lehrerin bringen die Kinder diese Früchte zu den Tieren nach Olderdissen.
Sie werden dort von den Tierparkwärtern als Futter für die kalte Jahreszeit gerne entgegengenommen. Es ist eine große soziale Aktion und ein genussvolles gemeinsames Ereignis, mit so vielen Menschen die einstündige Wanderung zum Tierpark zu unternehmen, stolz das Lob über die Menge an gesammelten Kastanien einzustecken, sich nach dem Zustand der Tiere zu erkundigen und sich im Park über ihr Wohlergehen zu vergewissern, miteinander auf dem Spielplatz zu toben, mit allen gemeinsam zu picknicken und schließlich müde und zufrieden den Heimweg anzutreten.

**Theater** ▶▶▶▶▶

Das *Stadttheater* bietet jährlich ein Weihnachtsmärchen für Kinder. Im *Alarmtheater* werden regelmäßig Stücke für Fünf- bis Zehnjährige angeboten. Das *Trotz-Alledem-Theater* führt immer wieder Mitmachstücke auf, bei denen die Kinder später selber kurz auf der Bühne auftreten dürfen. Wie selbstverständlich wird dieses kulturelle Angebot in der Stadt (und es gibt noch manches mehr) von den Gruppen der Eingangsstufe wahrgenommen. Einzelne Gruppen besuchen Theaterstücke, die im thematischen Zusammenhang eines Gruppenprojekts stehen. Gemeinsam gehen die Kinder einer Fläche oder auch der gesamten Eingangsstufe zu speziell gebuchten Aufführungen für die Laborschüler. Eltern, Lehrer und Kinder einer Gruppe besuchen gemeinsam z.B. das Weihnachtsmärchen. Theaterbesuche sind immer etwas Besonderes, für die Kinder der Eingangsstufe stellen sie durch die regelmäßigen Besuche einen beständigen Erfahrungshintergrund dar.

### Lebensmittelladen ▶▶▶▶▶

Wenn ein Gruppenfrühstück vorbereitet wird, wenn die Tiere neues Futter benötigen, wenn einmal die Kochgruppe ein warmes Essen zubereiten möchte, müssen die nötigen Lebensmittel herbeigeschafft werden. Was liegt näher, als dass die Kinder dieses selber tun. Da die Laborschule auf dem kompakten wenngleich weitläufigen Universitätsgelände liegt und sich dort ein kleines *Lebensmittelgeschäft* befindet, das die Kinder gefahrlos erreichen können, nutzen sie dieses wie selbstverständlich als Einkaufsgelegenheit. Sie besprechen gemeinsam die Einkaufsliste, überlegen wie viel Geld benötigt wird, besorgen sich den Einkaufskorb und dann geht es los. Auf dem Weg ist man so mancher Versuchung ausgesetzt, die es zu bestehen gilt: Man trifft Freunde und Bekannte. Es hängen so viele bunte Zettel an den Wänden der Universität. Es läuft dort eine große Zahl an Menschen herum. Die vielen Türen und Gänge verleiten schon einmal zum Hineinschauen. Im Geschäft muss die Bestellung aufgegeben bzw. der Einkaufskorb gefüllt werden. An der Kasse muss man die Abrechnung und das Wechselgeld überprüfen. Und ab und zu dürfen sich die Einkäufer auch eine kleine Nascherei gönnen. Was kann ich mir für 10 Cent denn kaufen?

### Reisebüro ▶▶▶▶▶

Benno berichtet in der Morgenversammlung stolz, dass seine Familie in den Sommerferien eine Reise nach Italien plant. In die Toskana. Einige Kinder sind schon einmal dort gewesen, für andere liegt es in einer unvorstellbaren Welt, wieder andere präsentieren ihr Wissen über die alten Römer. Ein Gruppenthema ist entstanden.
Man möchte sich informieren. Bennos geplante Familienreise steht im Mittelpunkt. Im *Reisebüro* müsste man doch eigentlich viele Auskünfte erhalten. Nach einem klärenden Telefonat, das Benno und Julia mit einem Reisebüro in der Innenstadt geführt haben, wird ein Termin für die kommende Woche verabredet. Große Aufregung herrscht. Exkursionsstimmung.
Die gemeinsame Fahrt mit der Straßenbahn: Alle sollen dieselbe Tür benutzen, auf den Plätzen bleiben, sich ruhig verhalten ...

Der Gang durch die Innenstadt: Niemand soll verloren gehen, rechts laufen, nicht vorlaufen oder zurück bleiben ...

Der Besuch im Reisebüro: sich vorstellen, die vorbereiteten Fragen vortragen, die Antworten notieren, den Kassettenrecorder richtig bedienen ...

Rückfahrt, Auswertung, Präsentation. Das war ein richtiges Projekt.

### In der Stadt – Die Litfaßsäulen-Aktion ▶▶▶▶▶

Für eine Aktion gegen Ausländerfeindlichkeit hat sich die gesamte Eingangsstufe darauf geeinigt, in der Bielefelder Innenstadt Litfaßsäulen anzumieten und diese zu gestalten. Die Vermieter machen für diesen Zweck ein besonders günstiges Angebot: Sie stellen die Litfaßsäulen sehr preiswert zur Verfügung und stiften obendrein das Papier zum Bekleben. Wunderschöne großformatige Motive entstehen in der Schule auf den riesigen Papierbögen. Und dann ist es soweit:

Die Litfaßsäulen werden beklebt. Eltern helfen mit. Die Kinder packen kräftig mit an. Eine gelungene Aktion mit großer öffentlicher Resonanz. Erfahrung mit der Werbewirksamkeit von Plakaten.

Großes Selbstbewusstsein: *Das ist unser Werk.* Und vor allem: *Wir sind Kinder einer Erde.*

**„Carnival der Kulturen"** ▶▶▶▶▶

Jedes Jahr einmal findet in Bielefeld im Rahmen des *„Carnival der Kulturen"*
ein großer *Umzug* durch die ganze Stadt mit viel Musik und vor allem bunten
Kostümen und Figuren statt. Viele tausend Menschen besuchen dieses Spekta-
kel, das von Hunderten Engagierter vorbereitet und durchgeführt wird.
Dabei sind auch Laborschüler der Eingangsstufe, die mit ihren riesengroßen
Pappmascheefiguren viel Applaus bekommen und auch bereits Auszeichnungen
gewonnen haben.

**Gruppenfahrten** ▶▶▶▶▶

Jede Gruppe der Eingangsstufe verreist in jedem Schuljahr für ca. drei Tage
und hat dabei ihre eigenen Ziele (vgl. den Beitrag auf S. 91).
Meist sind es Stammplätze: wieder dorthin wo wir letztes Jahr waren!
Die Bilanz der Kinder: drei Jahre Eingangsstufe – drei *Klassenfahrten*.
Soziales Miteinander, Zusammenleben, den ganzen Tag gemeinsam gestalten,
sich und die anderen von so vielen anderen Seiten erleben, Projekte durchführen …

**Besuche bei den Kindern zu Hause** ▶▶▶▶▶

Einige Gruppen besuchen jeden Schüler während ihrer Zeit in der Eingangsstufe einmal bei ihm zu Hause. Kinder und Eltern laden gerne dazu ein. Der *Besuch* dauert den ganzen Vormittag über: Morgenversammlung in der Schule, Anfahrt mit der Straßenbahn, Ankunft, Spielen, Frühstücken, Spielen, Rückkehr zur Schule. Es ist eine Zeit, die sich lohnt. Für die Gruppe und besonders für das einladende Kind. Yvonne hat bei dieser Gelegenheit ihren Anschluss innerhalb der Gruppe gefunden. Die Wohnung ihrer Eltern war zwar sehr klein und ihr Kinderzimmer war mit dem Etagenbett, dem Schrank sowie dem kleinen Kasperletheater ziemlich eng. Doch alle 15 Kinder haben dort einen Platz gefunden und einen ganzen Vormittag lang Kasperletheater gespielt. Der Lehrer konnte sich in Ruhe mit der Mutter unterhalten. Yvonne hat seither zwei gute Freundinnen, mit denen sie ihre kleine Aufführung eines Puppentheaterstückes erfolgreich vorgestellt hatte.


Und dorthin gehen wir auch immer wieder einmal:

- ▶▶ **Verbraucherzentrale:** Gesunde Ernährung
- ▶▶ **Museum:** Die Stadt früher und heute
- ▶▶ **Spielplätze:** Was brauchen Kinder?
- ▶▶ **Schwimmbäder:** Alle Kinder lernen Schwimmen!
- ▶▶ **Verkehrsunterricht:** Wirklich lernt man es nur im richtigen Verkehr
- ▶▶ **Ausflüge:** Tun auch gut, wenn sie nicht langweilig sind
- ▶▶ **Feuerwehr:** Der Klassiker, der Kinder immer wieder fasziniert
- ▶▶ **Wochenmarkt:** Einkaufen für die Gruppe

Die Liste ließe sich beliebig erweitern. Die hier genannten Beispiele stammen alle aus der gängigen Praxis in der Eingangsstufe mit fünf- bis neunjährigen Kindern. Alle kommen dabei auf ihre Kosten. Durch die teilweise jährliche Wiederholung, z.B. der Klassenfahrten, der Theaterbesuche, im Tierpark, erleben die Kinder solche *„Lernorte"* aus verschiedenen Perspektiven.
Das „Nuller"-Kind läuft den Größeren hinterher, weil es den Weg noch nicht kennt. Im folgenden Jahr nimmt es ein jüngeres an die Hand und kann ihm schon die Richtung zeigen. Und ein Jahr später weiß es aus langer Erfahrung: *Die Kastanien sind für die Hirsche und Rehe. Die Wölfe fressen so etwas doch nicht!*

■ *Ulrich Bosse*

# Die große Reise
## Gruppenfahrten schon mit Schulanfängern

*„Wer reist, ist selber schuld"*, meinte eine alte Freundin, als ich ihr erzählte, dass auf der letzten Gruppenfahrt zwei Kinder vermisst wurden, die es vorzogen, ohne die Gruppe in freundschaftlicher Zweisamkeit den Wald zu erforschen. Als ich nach langem Suchen und Rufen, dem Herzinfarkt nahe, die beiden Mädchen *Nele* und *Annika* endlich am Waldrand entdeckte, war ich total erleichtert und froh.

Warum nehme ich jedes Jahr wieder aufs Neue, nun schon zum 38. Mal, die Strapazen einer Gruppenfahrt auf mich? Anstrengungen, die nicht jeder als solche erkennt, denn oft genug haben mir freundliche Eltern vor einer Gruppenfahrt gute Erholung gewünscht. – Warum also? *„Aus pädagogischen Gründen"*, höre ich meine alte Freundin sagen, *„Sozialkompetenz stärken, das Wissen vermehren, einen Blick über den Schulzaun werfen, also außerschulische Erfahrungen sammeln, usw."* – *„Kinder stärken"*, murmele ich vor mich hin und lese in der ZEITung vom 02.09.04 auf Seite 33: *„... lässt der Sparkurs des Staates den Eltern oft keine andere Wahl als einzuspringen. Auch mit Klassenfahrten ist es häufig so. Weil Hamburger Lehrer mit der neuen Arbeitszeitverordnung unzufrieden sind und sich immer häufiger weigern, eine Fahrt zu organisieren, müssen die Eltern entscheiden: Entweder fällt die Reise flach, oder sie übernehmen selbst die Betreuung ihrer Kinder – was sie dann oft auch tun."*
Beim Lesen des Artikels fühle ich mich solidarisch mit den Hamburger Kollegen, möchte aber nicht bei einer Entscheidung pro oder contra Gruppenfahrt gewerkschaftliche gegen pädagogische Standpunkte abwägen müssen. Und gäbe es an der Laborschule eine Kindergewerkschaft, dann wäre das Abstimmungsergebnis ganz eindeutig PRO, PRO für Spaß und Abenteuer!

Auch mir macht die Gruppenfahrt in vielen Situationen Spaß. Das Abenteuerliche sehe ich eher bei einigen nicht vorhersehbaren Ereignissen, die Stress und Ärger bei den Kindern und mir erzeugen. Dennoch lohnt es sich, möglichst zu Beginn des Schuljahres mit der Gruppe wegzufahren.
*Vor* der Gruppenfahrt sind viele Kinder unruhig, es gibt immer wieder Kämpfe um die Rangordnung, die neu zusammengesetzte jahrgangsgemischte Gruppe muss ihr Gleichgewicht finden.
*Nach* der Gruppenfahrt kommen die Kinder positiv verändert in den Schulalltag zurück. Das intensive gegenseitige Kennenlernen und Erfahren gibt allen mehr

Sicherheit im Umgang miteinander. Jedes Kind hat nun auch mental seinen Platz in der Gruppe gefunden, was seine Bestätigung in einer angenehmen Lernatmosphäre findet.

Den mitunter etwas steinigen, mit Schweißtropfen benetzten Weg dorthin geben einige Auszüge aus meinem **Schultagebuch** wieder:

---

### 7 Tage vor der Fahrt, Mittwoch, 1. Oktober 2003

Vorbereitung der Fahrt. Waren heute Holz sammeln im nahen Wäldchen, damit wir trockenes Holz für ein schönes Lagerfeuer haben. Die Mutter von *Mona* war mit, weil sie mal im Unterricht hospitieren wollte. Ihr Kommentar mittags: *„Schade, dass ihr gar keinen Sachunterricht macht!"*
Kein Kommentar.

---

### 6 Tage vor der Fahrt, Donnerstag, 2. Oktober 2003

7 Sachen für die Gruppenfahrt: Taschenlampe, Spiel, Regenzeug, Trinkbecher, Kuscheltier, Hausschuhe, Bettwäsche. Alle Kinder haben solch einen Zettel bekommen und malen dazu ihre Dinge. Es ist nicht immer ganz leicht, sich zu entscheiden. Welches Spiel? Welches Kuscheltier? – Wir haben keine Taschenlampe, keine Hausschuhe usw.

---

### 5 Tage vor der Fahrt, Freitag, 3. Oktober 2003

Frei nach Sams: Am Freitag frei? Nein! Die Veranstaltung mit dem Sams muss leider ausfallen, denn heute ist der beste Tag, um einige bürokratische Hürden zu nehmen: die offizielle Genehmigung einer Fahrt.
Anträge. Die Veranstaltung beginnt und endet ... Da die Eltern die Kinder mit dem Auto hinbringen und abholen, beginnt und endet die Veranstaltung am Veranstaltungsort. Das vorgesehene Veranstaltungsprogramm soll auf einem Beiblatt erläutert werden. Das ist auch immer wieder mal Programm: Die Amtssprache ein Verunstaltungsort. Da sich niemand der Adressaten ernsthaft interessiert, was ich für die Gruppenfahrt plane, denke ich mir oft etwas Fantasievolles aus, das ich in sinnvolle Sätze kleide, wie z.B.: *„Sinn und Unsinn einer Nachtwanderung"* (Diskussion) oder mit deutlich mehr Ernsthaftigkeit: *„Der Herbst mit allen Sinnen."* So macht das Ausfüllen der Formulare fast ein bisschen Freude.

---

### 2 Tage vor der Gruppenfahrt, Montag, 6. Oktober 2003

Diskussion, wer mit wem in welchem Zimmer schläft. 12 von 15 Kindern freuen sich schon auf die Fahrt, vorausgesetzt, sie sind mit ihren besten Freunden in einem Zimmer. Es gibt Zimmer mit 2, 3 oder 4 Betten. In manchen Zimmern ist Platz für eine zusätzliche Matratze.

Versammlung. In der Mitte ein großer Plan mit den Zimmern. Für jedes Kind ein Namenskärtchen, welches hin und her geschoben wird, bis es Zustimmung gibt. Ich weiß, dass wie in jedem Jahr, die Kinder nach der Ankunft nochmals die Betten und Zimmer tauschen werden, was immer ein furchtbares Durcheinander ist. Einzige Bedingung: Die Beteiligten müssen alle einverstanden sein! Ich sitze dabei in einem Verbindungsflur zwischen diesen Zimmern, scheinbar gemütlich im Korbsessel, trinke Tee, beobachte alles, greife nur im Notfall ein, und denke: *„Es tobt die Gruppendynamik ...“*

Manchmal wollen die Kinder auch noch am zweiten Tag untereinander tauschen, aufgrund von gemachten Erfahrungen des ersten Tages. Auch dies ist möglich. Wieder sitze ich in meinem Sessel, und ... siehe oben.

*Ersin* will nicht mitkommen, weil er Angst hat, allein zu verreisen, ohne seine Mutter. Auch *Alina* möchte nicht mitfahren. Die anderen Kinder sollen nicht wissen, dass sie nachts ins Bett macht. *Alina* ist das sehr peinlich.

*Leo* kommt nur mit, wenn sein Vater abends so lange bei ihm bleibt, bis *Leo* eingeschlafen ist.

Alle Kinder haben die Illusion des Verreisens, weit wegzufahren, obwohl wir uns nur ca. 8 km von Bielefeld nach Bielefeld-Quelle fortbewegen.

Bei *Ersin* und *Leo* ist die gefühlte Entfernung von zu Hause riesengroß: die Angst vor dem Unbekannten, Heimweh, das Wissen darum.

### Der letzte Tag vor der Fahrt, Dienstag, 7. Oktober 2003

Morgen ist es soweit. Die Aufregung der Kinder steigt. Es gibt Änderungswünsche. *Moritz* will nun doch unbedingt zusammen mit *Femi* in ein Zimmer. Mit viel Hin- und Hergeschiebe gelingt das kleine Kunststück. Sind alle zufrieden? – Ja!

*Ersin* kommt auch mit, weil seine Mutter und ich ihm versprochen haben, dass er abgeholt wird, wenn er nach Hause möchte. Über *Alinas* Problem haben wir mit ihrem Einverständnis in der Gruppe geredet. Die Erleichterung war ihr deutlich anzusehen. Ein kleines entspanntes Kindergesicht, das sich lächelnd aufhellte, als ich mich vor der Gruppe als ebenfalls *„Bett nässendes Kind, damals ..."* outete, wobei der Wahrheitsgehalt dieses eine Mal keiner Überprüfung bedarf.

Dummerweise habe ich *Leos* Vater erlaubt, dass er abends bei *Leo* bleiben kann, bis er eingeschlafen ist. Das kann bei den anderen Kindern heftige Heimwehattacken auslösen. Ich hätte *„Nein"* sagen müssen. Aber wäre *Leo* dann überhaupt mitgekommen?

Versammlung. Abstimmung, welche Spiele und sonstige Sachen wir aus der Schule mitnehmen und gleich in mein bereitstehendes Auto laden werden, das Brennholz nicht zu vergessen. Wer will seine Hausschuhe aus der Schule mitnehmen? Haben alle eine Taschenlampe für die Nachtwanderung? – Ja, geliehen, wer selber keine hatte.

### Zu Hause

Schule war heute ziemlich anstrengend. Habe noch 15 Päckchen Streichhölzer besorgt, jedes Kind eine Schachtel für das Kokeln an der Feuerstelle, Baguette und Bananen, Äpfel, die wir am Stock über dem Lagerfeuer rösten können. Gummibärchen für die Schatzsuche, Wolle für die Schnitzeljagd, Spuren in den Büschen. Den Kindern macht es Spaß, die Wollfäden bei der Verfolgung einzusammeln.

Ich darf auf keinen Fall die *Elternerklärungen* vergessen mit den Telefonnummern für den Notfall. *Alina* bekommt morgens und abends Kügelchen gegen ihr Asthma. *Malte* braucht dreimal täglich Hustensaft. Zwei Kinder sollen Fluortabletten nehmen. Hoffentlich vergesse ich das nicht in dem Trubel.

Habe meine Liste gesucht, was ich alles mitnehmen will. Nicht gefunden. Das Vorlesebuch, diesmal: Die wundersame Reise des kleinen Kröterich, von Mirjam Pressler. Spannend genug. Die Kinder können danach einschlafen. Meine Mundharmonika. Mein Handy.

20.00 Uhr: Telefon. Eine Mutter, die mich dringend sprechen will. Mein Mann reicht mir den Hörer. Ich höre. *Moritz* will auf gar keinen Fall mit *Femi* in einem Zimmer sein. Er will unbedingt mit *Malte* zusammen sein. Sonst fährt er nicht mit. Ich spreche mit *Moritz*, sage ihm, dass dann *Femi* allein ist, was nicht geht. Ganz egal. *Moritz* kommt nur mit, wenn ...

Nach ein paar Telefonaten mit anderen Kindern und Rückruf bei *Moritz* steht die neue Bettenverteilung. Hatte *Moritz* die Sorge, den *Femi* zu brüskieren, wenn er in der Schule vor allen Kindern sagt, dass er nun doch nicht ... Ich weiß es nicht genau. Mir reicht es langsam, suche im Keller nach einer funktionierenden Taschenlampe. Mir fällt ein, dass wir keinen CD-Player für die Disco haben. Und wir haben in der Schule vergessen, Luftballons und Krepppapier einzupacken, als Deko für die Disco.

Ich altes Trottelschaf beschließe, frühmorgens bei der Schule vorbeizufahren und das Benötigte einzupacken. Muss unbedingt eine neue Liste schreiben. Ach ja, den Arztkoffer darf ich nicht vergessen.

*Rhonas* Mutter Heike wollte uns Apfelsaft und Wasser hinstellen.

Wie gut, dass ich das nicht besorgen muss.

---

**Der erste Tag der Gruppenfahrt, Mittwoch, 8. Oktober 2003**

Abends. Bin noch mal in jedes Zimmer gegangen und habe auf meiner Mundharmonika *„Der Mond ist aufgegangen"* gespielt. Ich liebe diese Situation. Andächtig lauschen die Kleinen in ihrem Bett, ich flüstere noch ein *„Gute Nacht"* und meistens, weil es schon spät ist, schlafen sie danach auch ein. Heute gab es viel Streit und Chaos. Nicht ganz unerwartet. Erstaunlich, dass nur zwei Kinder einen Zimmertausch vornahmen. Die meisten wollten nur von bestimmten Kindern auf ihren Zimmern besucht werden. Klopfzeichen wurden vereinbart. Schilder mit Kreppband außen an der Tür befestigt:

> # Bitte nich schtören.

Natürlich war es für die nicht gewünschten Kinder ganz besonders reizvoll, in andere Zimmer zu gehen, ohne anzuklopfen. Bandenbildung.

Dazwischen die Lehrerin. Die Schatzsuche hat allen ganz besonders gut gefallen. Sie musste, oh so bescheiden, mehrmals mit dem gleichen Schatz wiederholt werden.

Abends bekam *Ersin* Heimweh. Starkes Heimweh. Trösten verboten! Ließe er es zu, käme seine Mutter Lisa nicht. Aber sie kam, gab ihm aus einem kleinen Fläschchen fünf Tropfen auf einen Würfelzucker, sagte: *„So, gleich ist das Heimweh vorbei!"* *Ersin* nahm seine Medizin, lächelte, umarmte seine Mutter, meinte: *„Ich bleib hier. Tschüss!"* und rannte zu den anderen Kindern. Zufrieden hielt Lisa das Fläschchen in ihrer Hand. Ich guckte fragend. Lisa: *„Ein Placebo. Holundersaft mit Bielefelder Bittermandel-aroma."* Ich erinnere mich, dass ich früher auf Gruppenfahrten bei Heim-weh auch Placebos gegeben habe, in Wasser aufgelöste Kalktabletten mit Kakaogeschmack. Heute finde ich es weniger gut, bei seelischen Problemen Medikamente zu verabreichen. Auf dem letzten Elternabend hatten wir uns darauf verständigt, dass die Kinder bei Heimweh nichts einnehmen. *Ersins* Mutter hatte nicht teilgenommen. Da im Laufe der Jahre meine Ab-neigung, auf Gruppenfahrten abends mit Eltern zu diskutieren, eine steil nach oben führende Kurve bildet, nahm ich lieber das Fläschchen an mich. Wenn ich jedoch die Beziehung zwischen Mutter und Sohn richtig einschät-ze, dann ist die Gabe der Bielefelder Notfalltropfen nur dann von Erfolg gekrönt, wenn es ein personenbezogenes Placebo ist, verabreicht von einer ganz bestimmten Frau, die ich niemals für *Ersin* sein werde: Seine Mama! Wahrscheinlich muss die Ärmste morgen noch einmal kommen.

Die Sache mit *Leo* und seinem Vater Horst hat natürlich nicht geklappt. Die anderen zwei im Zimmer waren glücklicherweise so wesensfest, dass keine nicht zu erfüllenden Sehnsüchte aufkamen. Dennoch, *Leo* fand es so spannend, mitzuerleben, wann sich sein Vater davonschleichen würde, im guten Glauben, sein Sohn sei endlich eingeschlafen, so sehr spannend also, dass *Leo* nicht einschlafen konnte. Dieser stumme Zweikampf zwi-schen Horst und *Leo* endete kurz vor 22.00 Uhr, weil der Vater einge-schlafen war. Die einzige Lösung dieses Problems war die vorzeitige, nächtliche Heimkehr von Vater und Sohn.

**Es ist 23.00 Uhr.** Im Zimmer nebenan wird immer noch gekichert und erzählt. Ich gehe noch einmal durch alle Zimmer. Mache die Tür zum kichernden Zimmer auf. *Marie: „Olga, ich kann nicht schlafen. Die anderen sind so laut."* *Maries* Kicherstimme hatte einen nicht unwesentlichen Part bei der kleinen Nachtmusik. Egal. Ich spiele nun Autorität, zische: *„Jetzt will ich nichts mehr hören! Es ist jetzt Ruhe! Schlaft gut!"* Wenig später. Nachtruhe. Für die Kinder. Für mich weniger, weil sich eine Gruppe Erwach-sener im Haus aufhält, die an einer Fortbildung teilnimmt *„Entdecke dein zweites Ich"* oder so ähnlich. Offenbar haben sie etwas entdeckt, was laut

gefeiert werden muss mit Musik und anhaltendem Gelächter. Ich entdecke bei mir längst verloren geglaubte Mutterinstinkte, gehe die Treppe hinunter, keine angenehme Situation, wenn man in einem Kreis feiernder Leute die einzig Nüchterne ist, und getraue mich, über meine Ängste zu reden, weil ich meine, so was kommt gut an in diesen Psychozirkeln.

Also sage ich: „N' Abend. *Oben schlafen Kinder. Ich hab Angst, dass sie wach werden.*" Ganz freundliche Reaktionen. Sie wollen leiser feiern. Als ich nachts um drei nochmals von der Leisefeier geweckt werde, lausche ich an den Zimmertüren. Gott sei Dank. Die Kinder schlafen.

**Drei Tage nach der Gruppenfahrt, 15. Oktober 2003**

Nun liegt die Gruppenfahrt schon ein paar Tage zurück. Der zweite Tag war, bis auf wenige Ausnahmen, *Ersins* Mutter musste doch vorbeikommen, deutlich beruhigter. Es war herrlich, mit den Kindern im Wald zu sein, die

Schnitzeljagd, die Nachtwanderung, das Lagerfeuer, abends in der geschmückten Disco zu tanzen.

Am schönsten aber war es, die Kinder genauer kennen zu lernen.

Am dritten Tag sagte *Paulina* zu mir: *„Ich hätte nie gedacht, dass Moritz so nett sein kann!"* – Und meine Ausreißermädchen *Nele* und *Annika*? In meiner Jackentasche fand ich einen Zettel:

> # Libe Olga tut uns lait das wir uns nich apgemeldet habn.

In den Zettel war ein Geschenk eingewickelt, etwas zerbröselt, ein Fliegenpilz. Wie gut, dass die beiden Mädchen ihn nicht aufgegessen hatten. Und 2004 eine Gruppenfahrt? Auch 2005 ... usw.? Immer wieder!
Unter dem Motto: *Wer reist, ist selten schuld!*

■ *Olga Petrow*

# Kapitel 5

# Lesen, Schreiben, Rechnen

# Lauter Leseratten
## Einblicke in Lesewelten von 5–8-jährigen Kindern

Nach den Veröffentlichungen der schlechten PISA-Ergebnisse über die Leistungen deutscher Schüler im Lesen wird in allen Medien eine neue Lesekultur gefordert. Im Folgenden soll kein weiterer Beitrag zum richtigen Lesetraining geleistet, sondern ein Einblick in **Lesewelten von 5–8-jährigen Mädchen und Jungen im Anfangsunterricht** gegeben werden. Am

ersten Schultag bekommen die neuen Schulkinder zu der wunderschönen Schultüte von mir ein **Buch** geschenkt mit dem Auftrag, es am nächsten Schultag wieder mitzubringen und uns in der Versammlung ihre Lieblingsseite vorzustellen. Die Absicht: Leselust wecken mit einem eigenen Buch, einem Buch, in dem das Kind blättern kann, aus dem es sich vorlesen lassen und je nach Möglichkeit Bilder und Texte selber erlesen kann.

In der **Leseecke** stehen den Kindern meiner Gruppe zahlreiche, bezogen auf Inhalt und Leseschwierigkeit, sehr unterschiedliche Bücher immer zur Verfügung. Eines Tages stand mein großer Schirm zum Trocknen auf der Fläche und wurde von einigen Kindern mit Hilfe von Tüchern und Wäscheklammern zur *„Bude"*

umfunktioniert. Daraus entstand die Idee eines *„Leseschirmes"*, der, wenn er gerade nicht gebraucht wird, platzsparend in der Versammlungsecke stehen kann, bei Bedarf aber 1–3 Kindern einen gemütlichen und störungsfreien Leseplatz bietet.

Eine andere Rückzugsmög-
lichkeit ist das Lesezelt.
Ein im Baumarkt günstig
erstandenes Moskitonetz
wurde mit bunten Krepp-
streifen geschmückt und
unter der Decke aufgehängt.
Wenn Kinder ungestört
schmökern wollen, lasse ich
das Lesezelt herunter.

„Kassetten als Brücke zum Buch" ist ein Versuch, die Leselust zu wecken und die
Lesefertigkeiten zu üben und anzuwerden. Zu einigen ausgewählten Büchern aus
unserer Gruppe haben Schüler oder ich **Kassetten** besprochen. So haben „Noch-
Nicht-Leser" und Kinder, die so umfangreiche Texte noch nicht bewältigen kön-
nen, mit Hilfe des Rekorders die Möglichkeit, ganze Bücher zu „lesen".
Andere wenden ihre Lesekünste beim Besprechen der Kassette an.

Einmal wöchentlich besuchen wir die **Schulbibliothek**. Das bedeutet, dass die Kinder für sich lesen, jemandem vorlesen, mit mir üben oder sich vorlesen lassen

können. Sie üben sich ein in den Bibliotheksbesuch und machen die Erfahrung, wie sie gezielt zu interessanten Themen Informationen bekommen können. Wir leihen auch Ganzschriften für unsere Gruppe aus, die dann in den Versammlungszeiten vorgelesen werden.

Solche Ganzschriften können auch zum Schreibanlass werden, wenn ich zum Beispiel das Ende offen lasse und die Schüler ihren eigenen Schluss finden können. Manchmal werden die Bücher aber nicht auf die Fläche gebracht, sondern in unseren Lese-Rucksack gepackt, denn draußen zu lesen ist etwas ganz anderes als in der Schule.

**Lyrik** spielt als eine literarische Gattung eine große Rolle. Wo immer sich eine Möglichkeit bietet, beziehe ich Gedichte in unsere Themen ein, verwende sie als Rätsel und als Bauplan zum Selberschreiben. Mit offensichtlicher Lust tragen die Kinder einzeln oder in Gruppen Gedichte vor. Das brachte mich auf die Idee zu „lyrischen Spaziergängen". So besuchen wir z.B. unseren Freund, den Kastanienbaum, hören ein Gedicht über ihn, das die Kinder anspornt, ihrem Baum auch ein Gedicht zu widmen, das sie dann voller Stolz in der Versammlung vorlesen.

*„Lesen ist wie träumen"*, sagt der Michel aus Lönneberga in einem Buch von Astrid Lindgren. Gemütlich auf den Boden gekuschelt, lauschen die Kinder ihrer Lehrerin, die eine Geschichte erzählt oder ein Buch vorliest. Die **Versammlung** ist nicht nur der Ort für Gespräche, sondern auch zum Vorlesen. Erzählen und Vorlesen sind wichtige Rituale, die die Kinder einfordern, um zu träumen und die die Lehrerin verfolgt, um den Kindern Literatur zu präsentieren. Vorlese-Zeiten und Vorlese-Orte werden aber auch gewechselt, bzw. ergänzt: Wir lesen auch in der Bibliothek, im Wald, auf der Gruppenfahrt, im Museum, bei Eltern-Kinder-Veranstaltungen ...

*„Lesen durch Schreiben"* nennt sich eine Leselernmethode, die ich ein wenig abgewandelt habe: **Lesen durch Schreiben eigener Bücher.** Vom einfachsten *„getackerten"* Papierheftchen bis zum gebundenen Buch, vom Ein-Wort-Satz bis zur mehrseitigen Geschichte bringen die Kinder ihre Texte in eine Form, halten sie fest, so dass sie selber oder auch andere darin lesen können.

Am Ende eines Monats entwickeln wir gemeinsam eine **Kalendergeschichte**.
In einer Gesprächsrunde erinnern sich die Kinder an die besonderen Ereignisse
des vergangenen Monats und zählen sie auf. Ich schreibe ihre Aussagen mit und
lese sie anschließend vor. Wir diskutieren die Reihenfolge und überlegen gemeinsam, welche Wortwahl die entsprechende Situation am treffendsten wiedergibt.
Dann schreibe ich die Geschichte auf. Von Kindern wird sie in der nächsten Versammlung für alle vorgelesen und evtl. nochmals korrigiert, ehe ich sie für jedes
Kind kopiere, damit es die Erinnerung selber lesen oder sich zu Hause auch noch
einmal vorlesen lassen kann.

**Unsere April-Geschichte**
April, April, der weiß nicht was er will.
Mal Regen und mal Sonnenschein,
dann hagelt's auch noch zwischendrein.
April, April, der weiß nicht was er will.

So haben wir gesungen. In der Tat war der April ein sehr wetter-
launischer Monat. Es gab Sonne, Schnee, Hagel, viel Regen und Wind.
Aber im April gab es auch das Osterfest, die Osterferien und natürlich Fraukes Geburtstag. Nun aber zuerst einmal an den Anfang des
Monats. Er ist nicht nur launisch, sondern auch spaßig. An seinem
ersten Tag erlaubt er den großen und kleinen Leuten, dass sie flun-
kern dürfen. Sven hat seine Mama in den April geschickt: „Du hast
ein Loch im Pullover." Als sie erschrocken nachguckte, rief er:
„April, April!" Nach dem langen Winter sieht es so aus, als ob im
April ein Maler durch die Wälder, Gärten und über die Wiesen geht,
denn ganz langsam bekommt alles um uns herum wieder schöne bunte
Farben, genau so, wie man es auf Fraukes Bild sehen kann. Die Vögel
singen, die Schmetterlinge flattern wieder durch die Gärten und wir
bekommen Lust, ganz viele Sachen draußen zu machen. Ein besonderes Erlebnis für die olivenen Kinder und ihre Familien war der Ausflug in den Krefelder Zoo. Trotz der langen Fahrt waren alle begeistert. Es kann aber auch keiner so gut seine Tiere vorstellen wie
Wolfgang. Keiner von uns hat vorher schon einmal gesehen, wie ein
Schmetterling schlüpft, niemand ein Tapir gefüttert oder die
Elefantendame Reyna gestreichelt. Die Attraktion war natürlich
Charly, der Schimpansenchef. Wisst ihr noch, wie er gebrüllt hat
und mit Anlauf vor die Scheibe sprang?

Lesen lernen und Lesen üben können Kinder auch am **Computer**. Von Anfang an können sie – neben dem handschriftlichen Drucken – auch den PC als Schreibgerät benutzen. An den eigenen oder von mir speziell geschriebenen Wörtern kann ich beispielsweise mit einem Kind die Phonem-Graphem-Beziehung erarbeiten. Die Textverarbeitung bietet viele Möglichkeiten, besondere Lesetexte zu erstellen, da die Schrift in Form und Größe verändert, markiert und farbig unterlegt werden kann. Kinder können eigene Texte verfassen, ausdrucken, sie dann selber vorlesen oder anderen Kindern ihre Texte als Lesestoff zur Verfügung stellen.

Ein Kinderbuchautor *„zum Anfassen"* weckt eine besondere Lesemotivation und vielleicht auch die Lust, selber ein Buch herzustellen. Wenn so ein Besuch für eine Klasse zu kostspielig wird, kann man dazu die Nachbarklassen oder gar die ganze Schule einladen.

*Dieser Einblick soll zeigen, dass Kinder vielfältige Gelegenheiten brauchen, um zu „Leseratten" zu werden. Kinder zum Lesen verlocken, ihnen Chancen zu geben, Bücher als Tor zu neuen Welten zu entdecken, ist eine wunderbare Aufgabe.*

■ *Gudrun Husemann*

# „Ich liiiiebe Mathe!"

## Anfangsunterricht in der jahrgangsübergreifenden Eingangsstufe

*„Ich liiiiebe Mathe, weil – das macht totaaal den Spaß."* Zu diesem Ausspruch lässt sich *Lilly* Anfang März hinreißen. Ich traue meinen Ohren kaum, denn vor nicht allzu langer Zeit war ihr alles verhasst, was mit Zahlen in Verbindung stand. *Lilly* ist ein Vorschulkind und besucht seit dem vorigen Sommer die Eingangsstufe der Laborschule. Ihre Probleme besonders im Umgang mit Zahlen sind unübersehbar. Sie kann sich einfach keine Zahlen merken. Entsprechend gering ist ihre Motivation, sich mit ihnen zu beschäftigen. Die Ursachen sind für mich zunächst schwer zu verstehen. Derartige Beobachtungen habe ich bisher in meiner langjährigen Praxis als Mathematiklehrerin an keiner Schule gemacht. Dass *Lilly* inzwischen einen positiven Zugang zur Mathematik gefunden hat, macht Mut – ihr und mir und ihren Eltern, Mut so weiterzumachen wie bisher. Es war kein leichter Weg, aber die Mühe hat sich schon gelohnt.

In meinem Beitrag möchte ich meine Arbeit mit den Kindern unter dem Blickwinkel der Mathematik veranschaulichen und werde dabei neben anderen Kindern immer wieder auch auf *Lilly* eingehen, um ihre bisherige Entwicklung aufzuzeigen.

##  Ermittlung der Lernausgangslage

Sobald nach dem alljährlich großartigen Einschulungsfest der normale Schulalltag wieder einkehrt, beginne ich, mir die neuen Kinder genauer anzusehen. Wegen der Altersmischung von drei Jahrgängen bleibt die Anzahl der Kinder überschaubar, da es sich immer nur um etwa ein Drittel der Gruppe handelt. Ich sehe mir die Kinder auch einzeln an, befrage sie und mache mir Notizen. Die übrigen Kinder stören mich dabei in der Regel wenig. Es gibt genügend Aufgaben, die sie in dieser Zeit auch ohne meine Hilfe bearbeiten können.

Die Unterschiede zwischen den **einzelnen Kindern** sind gewaltig. Es gibt Fünfjährige, die locker bis 100 zählen und sogar schon rechnen können. *Ludwig* ist so ein Kind: *„Plus kann ich, aber kein Minus! Das ist mir zu schwer!"* Bereits kurz nach der Einschulung rechnet er sicher und schnell im Zahlenraum bis 20. Als ich ihm die Aufgabe 68 + 5 stelle, sagt er: *„Das kriege ich auch raus!"* Er überlegt nur kurz und kommt dann zur richtigen Lösung. Als ich nachfrage, stellt sich heraus, dass er den Zehnerübergang mit einer verlässlichen Strategie bewältigt, das heißt schrittweise (68 + 2 + 3). Er kann auch schon zweistellige Zahlen aufschreiben, wenngleich seine Ziffern noch sehr „rustikal" aussehen. In mathematischer Hinsicht also ein Traumkind – und auch sonst!

Bei *Ayshe* und *Tariq* sind die Voraussetzungen gänzlich anders. Beide Kinder verfügen nur über sehr geringe deutsche Sprachkenntnisse. *Ayshe* hat keinerlei mathematische Vorerfahrungen. Ihre Eltern sind beide nie zur Schule gegangen und haben ihr die Existenz von Zahlen (und Buchstaben) offensichtlich verschwiegen. Sie kann Zahlen weder auf deutsch noch in ihrer Muttersprache benennen. Bei *Tariq* ist es ähnlich. Auch er kann nicht bis 2 zählen, hat sich jedoch die Zahlen „fünf" und „sieben" gemerkt, ohne ihren Wert zu kennen. Zeige ich ihm eine kleine Menge Gummibärchen, Bauklötze, Autos oder Smarties, so rät er immer zuerst „fünf?" und anschließend „sieben!".

Auch in Bezug auf die **einzelnen Jahrgänge** können die Unterschiede gravierend sein. Immer wieder nehmen wir Kinder bei uns auf, deren Eltern uns vorher über Auffälligkeiten informiert haben. Eine Reihe von Kindern mit erhöhtem Förderbedarf gelangt jedoch zu uns, ohne dass wir davon in Kenntnis gesetzt werden. Vor wenigen Jahren bekam ich gleich fünf Vorschulkinder in meine Gruppe, die alle nach kurzer Zeit sehr auffällige Probleme zeigten. Die Ursachen waren so unterschiedlich wie die Kinder selbst. Vor zwei Jahren hingegen zeigten alle sechs neuen Vorschulkinder überdurchschnittliche Vorkenntnisse. Dies war nicht nur meine persönliche Einschätzung, sondern auch das Ergebnis eines Tests zur Zahlbegriffsentwicklung, der im Rahmen eines Forschungsprojektes durchgeführt wurde.[25]

*Lilly* behauptet selbstbewusst, sie könne bis 100 zählen. Tatsächlich zählt sie fehlerfrei bis 15, danach gerät sie völlig durcheinander. Sie kann Plättchenmengen bis 15 durch synchrones Zählen korrekt bestimmen und weiß, dass eine Hand fünf Finger hat. Mit Fingern dargestellte Mengen bis 5 kann sie simultan erfassen und antwortet spontan. Mengen zwischen 6 und 10 bestimmt sie, indem sie immer wieder von vorn anfängt zu zählen. Rückwärts zählen kann sie nicht. Die Ziffern 1, 3 und 4 kann sie lesen und schreiben, jedoch spiegelverkehrt. Die 5 kann sie lesen, aber noch nicht aufschreiben. Weitere Ziffernsymbole kennt sie nicht. *Lilly* hat sich gemerkt, dass eins plus eins zwei ist. Für die Aufgabe 3 + 2 benutzt sie die Finger und kommt nach langem Überlegen zum richtigen Ergebnis.

25 VAN LUIT/VAN DE RIJT/HASEMANN: OTZ. Osnabrücker Test zur Zahlbegriffsentwicklung. Hogrefe Verlag 2001.

Die meisten Kinder können bis 29 oder 39 zählen. Sie können die Zahlen von 1 bis 10 notieren (oft spiegelverkehrt und kaum folgerichtig) und kennen erste Verdopplungsaufgaben auswendig. Mit Hilfe von Plättchen können sie kleine Additionen und Subtraktionen durchführen, sofern sie als Rechengeschichten präsentiert werden. Grundsätzlich habe ich den Eindruck, dass die Unterschiede zwischen den Kindern insgesamt immer größer werden.

## ⮞⮞ Auswahl der Unterrichtsmaterialien und Arbeitsmittel

Nachdem ich einen genaueren Eindruck von den Kindern gewonnen habe, werden die **Unterrichtsmaterialien** ausgewählt. Jedes Kind bekommt sein individuell angepasstes Material, denn alles, was *Tariq* restlos überfordern würde, könnte *Ludwig* nur langweilen. Im Laufe der Jahre habe ich eine breite Palette an Materialien zusammengestellt, um möglichst für jede Kompetenzstufe Angebote machen zu können. Dabei orientiere ich mich regelmäßig auf dem Schulbuchmarkt, tausche mich mit meinen Kolleginnen aus, kopiere, erstelle selbst und stelle neu zusammen, was mir brauchbar erscheint. Materialien, die Selbstkontrolle ermöglichen, erziehen zu selbstständigem Arbeiten. Je klarer die Arbeitsanweisungen sind, desto mehr Zeit bleibt mir für die schwächeren Kinder.

Für **Erst- und Zweitklässler** wird man immer schnell fündig, das Angebot ist groß. Auch für Vorschulkinder gibt es inzwischen mehr Angebote. Hier muss man jedoch genau hinsehen, denn manchmal sind diese Sachen nur schön bunt, ansonsten jedoch wenig brauchbar.
Besonders kreativ muss ich werden, wenn ich für *Tariq*, *Ayshe* oder *Lilly* etwas finden will. *Tariq* kennt den Umgang mit Stift und Papier noch nicht. Ich rege ihn zunächst zum Malen an und lasse ihn mit Legosteinen und Bauklötzen bauen.

Auch dies ist neu für ihn, es macht ihm jedoch großen Spaß. Später kommen Übungen zur visuellen Wahrnehmung, zum Vergleichen und Klassifizieren hinzu. *Lilly* und *Ayshe* malen beide gern. Wir erstellen jeweils ein eigenes Zahlenbuch, um den Zahlenraum bis 10 zunächst zu erschließen. Sie spielen Zahlendomino und das *Klappenspiel* (siehe Abb.):

Zusätzliche Arbeitsblätter mit Übungen zum Zählen und Ziffern schreiben geben ihnen das Gefühl schon *„richtige Schulkinder"* zu sein. Das **zentrale Arbeitsmittel** in meinem Unterricht ist der Rechenrahmen (siehe Abb.), zunächst mit 20 und schließlich mit 100 Perlen:

Durch die farblich markierte Fünfereinteilung erlaubt er das quasi-simultane Ablesen der dargestellten Zahlen, lässt jedoch auch das Zählen zu für die Kinder, die dies noch benötigen. Wichtig sind *klare Verabredungen* für den Gebrauch dieses Arbeitsmittels. Innerhalb einer

Lerngruppe sollte beispielsweise klar sein, ob darzustellende Zahlen rechts oder links auf dem Rechenrahmen eingestellt werden, da es sonst insbesondere für schwächere Kinder schnell zu Verwirrungen kommen kann. Im Gegensatz zur sonstigen Vielfalt in Bezug auf Unterrichtsmaterialien und Lernspiele, auf die ich noch kommen werde, halte ich mich bei der Auswahl der Arbeitsmittel an den Grundsatz: *„Weniger ist oft mehr!"* Arbeitsmittel sind keine *„Lösungsmittel"*, sie sollen Übersicht und Einsichten anschaulich vermitteln und schließlich überflüssig werden, indem sie bei Bedarf nur noch in die Vorstellung gerufen werden können. Ständig wechselnde Arbeitsmittel würden diesen Prozess vor allem bei leistungsschwachen Kindern eher behindern.

## ▶ Mathematik während der Arbeitszeit

In unserem **rhythmisierten Tagesablauf** folgt nach der morgendlichen kleinen Versammlung die Arbeitszeit, die vornehmlich dem Erlernen der Kulturtechniken gewidmet ist. Jedes Kind hat sein eigenes Fach, in dem seine persönlichen Unterrichtsmaterialien aufbewahrt werden. So weiß jedes Kind genau, was es zu tun hat. Ähnlich wie viele meiner Kollegen, arbeite ich gern mit Wochenplänen, jedoch nicht ausschließlich. Es gibt Kinder, die mit einem Wochenplan überfordert sind. Mit diesen Kindern spreche ich ein Tagespensum ab. Andere Kinder hingegen sind hoch motiviert und so fleißig, dass sie oft ein Pensum erledigen, welches ich keinem Kind von mir aus zumuten würde. Solche Kinder könnten von einem Plan gebremst werden.

Während der **Arbeitszeit** beobachte ich die Kinder, kontrolliere, erkläre, lasse mir Rechenwege erklären und ermutige sie. Disziplinprobleme sind eher die Ausnahme, jedoch müssen einzelne Kinder wegen ihres Arbeitspensums zwischendurch ermahnt und andere daran erinnert werden, dass nicht nur ein Lernbereich für längere Zeit im Vordergrund stehen kann, weil dies gerade so einen Spaß macht. Die selbstständige Arbeitsweise vieler Kinder, die wir ja von Anfang an üben, erlaubt es mir, mich immer wieder einzelnen Kindern oder Kleingruppen zuzuwenden. Auch wenn Kinder Fragen haben, kommen sie nicht in jedem Fall zu mir. Oft können die Fragen von anderen Kindern beantwortet werden. Viele Kinder können wunderbar kindgerecht erklären – auch dieses übt sich. Natürlich wird schon mal etwas falsch erklärt, doch durch die intensive Nähe zu den Kindern merke ich dies immer schnell und kann es korrigieren.

Jedes Kind hat sein **individuelles Lerntempo**. Das merken auch die Kinder. Immer wenn wir gerade wieder neue Vorschulkinder bekommen haben, taucht der Konkurrenzgedanke kurzfristig auf. *„Ludwig ist ‚Nuller‘ und arbeitet im Rechenbuch für Klasse 1 schon auf Seite 29 und Yvonne ist ‚Einer‘ und fängt gerade erst mit dem Rechenbuch an."* Wir müssen darüber sprechen. Die älteren Kinder verstehen dies schon besser. Es kommt nicht nur darauf an, auf welcher Seite im Buch jemand ist. Viel wichtiger ist, was verstanden wurde. Außerdem kann *Yvonne* besonders schnell rennen, ganz toll malen und wunderschöne Zahlen schreiben. Wäre unsere Welt nicht langweilig, wenn alle alles gleich gut könnten?

Die **Sichtweise der Kinder** wird somit eher in die Richtung gelenkt: *„Heute schaffe ich das, was ich gestern noch nicht (so gut) geschafft habe."* So lernen sie ihre eigene Leistungsfähigkeit auch im Vergleich mit anderen einzuschätzen, ohne darunter zu leiden und auch ohne sich mit herausragenden Leistungen negativ hervortun zu müssen. Die Leistungen der anderen werden meist neidlos anerkannt und gewürdigt.

Neben den persönlichen Unterrichtsmaterialien gibt es eine Fülle von **Übungsmaterialien und Lernspielen**, die allen Kindern in unserer Gruppenecke zur Verfügung stehen. Ein Teil davon befindet sich auf unserem *„Mathewagen"* (siehe Abb.), den wir uns mit der Nachbargruppe teilen.

Hier finden die Kinder das *„Handwerkszeug"*, welches sie zum Mathematiklernen
benötigen: Rechenrahmen, Maßbänder, Lineale, Zahlenkarten, Uhren, Rechenplätt-
chen, Würfel, Hundertertafeln, Schüttelkästen zur Zahlzerlegung, Spielgeld und
zahlreiche Lernspiele. Tangram, Schach, Mühle und Rechenpuzzles sind hier ebenso
zu finden wie das Zauberdreieck, Rechenpyramiden, Nikitinwürfel, das Klappenspiel und *„4-gewinnt"*. Übungsmaterialien und Lernspiele sind gleichwertige
Unterrichtsmaterialien, d.h. sie können ggf. Aufgaben im Rechenbuch ersetzen.

Gemeinsam mit der Nachbargruppe stehen uns drei ausgediente und von Eltern
gespendete **Computer** zur Verfügung, die für Übungen im Bereich Mathematik
noch ganz brauchbar sind. Besonders bewährt hat sich das Programm *„Fehler-
analysen"*[26]. Es lässt sich sehr genau auf die individuellen Stärken und Schwächen
der einzelnen Kinder einstellen. Ein am Ende jeder Übung erstelltes Protokoll
mit Fehleranalyse erlaubt jederzeit die Kontrolle des Lernfortschritts. Die Kinder
arbeiten gern mit diesem Programm, obwohl es auf optische und akustische
Effekte gänzlich verzichtet.

*Lilly* sitzt gern am Computer. Sie übt *„Schnelles Sehen"*. Dabei wird eine Anzahl
von roten und blauen Punkten für 0,2 Sekunden eingeblendet. Die Anordnung
der Punkte analog zum Rechenrahmen erlaubt die quasi-simultane Zahlerfassung.
Der Zahlenraum ist variabel bis 100 einstellbar. Begonnen habe ich mit *Lilly* mit
dem Zahlenraum von 1 bis 6. Inzwischen haben wir ihn bis 20 erweitert. Da *Lilly*
sich die Zahlen anfangs gar nicht merken konnte, hat sie zunächst die Punkte auf
dem Bildschirm gezählt und anschließend das zugehörige Zahlsymbol ermittelt,
indem sie immer wieder bei 1 beginnend auf dem Tastenblock abgezählt hat.
Nach einiger Zeit konnte sie spontan die Verbindung zwischen dargestellter
Menge und dem entsprechenden Ziffernsymbol herstellen –
ohne jedoch die Zahl benennen zu können. Als mir
dies auffiel, habe ich mich schon sehr gewundert
und die Verabredung mit *Lilly* getroffen, dargestellte Ziffern auch verbal zu benennen. Nach
einem guten halben Jahr waren die Zahlen von
6 bis 10 einigermaßen sicher. Interessanterweise
war *Lilly* über Analogiebildung wesentlich
schneller in der Lage, die Zahlen von 11 bis 19
zu lernen. Das hätte ich ihr so bald nicht
zugetraut.

---

26 Wohlrab/Wohlrab: *„Version 6"* der Firma SoWoSoft. 1989.

##  Der Mathe-Treff

Das individuelle Lernen, wie es während der Arbeitszeit stattfindet, wird ergänzt durch regelmäßig stattfindende **Mathe-Treffs**. Dies ist eine besondere Organisationsform des Unterrichts. Seit inzwischen 13 Jahren habe ich mit meiner Kollegin aus der Nachbargruppe Erfahrungen damit gesammelt. Hier wird gruppenübergreifend gelernt. Die Kinder werden je nach Bedarf gruppiert (jahrgangsweise, leistungsbezogen, erhöhter Förderbedarf ...), um gemeinsam unter meiner Anleitung neue Unterrichtsinhalte zu entdecken, bereits Gelerntes zu üben, verlässliche Rechenstrategien zu entwickeln, Kniffliges zu erarbeiten etc. Wer gerade nicht am Mathe-Treff teilnimmt, arbeitet entweder selbstständig oder wird von der Kollegin im Sprache-Treff angeleitet, die ähnliche Ziele, bezogen auf den Bereich Sprache, verfolgt. Der **gruppenübergreifende Mathe-Treff** findet phasenweise vor allem in der 2. Schuljahreshälfte ein- bis zweimal wöchentlich statt. **Kleine Mathe-Treffs** innerhalb der Gruppe finden fast täglich statt. Hier reflektieren wir über Sinn und Zweck des Mathematikunterrichts, verabreden Regeln für den Umgang mit Arbeitsmitteln, diskutieren Rechenstrategien, finden Zeit für kleine Spiele und üben Kopfrechnen.

##  Mathematik im Schulalltag

Ähnlich wie die Sprache begleitet uns die Mathematik durch unseren Schulalltag. Es beginnt schon morgens in der kleinen Versammlung mit der Frage, ob alle Kinder da sind. Wir zählen vorwärts und manchmal rückwärts. Dies übernehmen meistens die Vorschulkinder.

- ▸▸ Wie lässt sich die Arbeitszeit einteilen, damit alle Lernbereiche bearbeitet werden können?
- ▸▸ Wie viel Zeit ist es noch bis zum Frühstück?
- ▸▸ Wo steht dann der große Zeiger?
- ▸▸ Paul hat Geburtstag und einen Kuchen mitgebracht.
  Wie viele Stücke brauchen wir und wie teilen wir ihn am besten?

Dazu gibt es noch eine große Tüte Gummibärchen für alle. Wir heben sie auf für die Gruppenzeit nach der Pause. Wir schätzen zunächst den Inhalt und halten die unterschiedlichen Schätzergebnisse in einer Liste fest. *Lisa* (Jahrgang 1) und *Ludwig* können besonders gut schätzen. Sie waren schon mehrmals *„Schätzmeister"*. *Lilly* hat sich das gemerkt und schätzt jetzt immer ähnlich wie Lisa – keine schlechte Strategie! Schließlich zählen wir die Gummibärchen. Es sind 87. *Lisa* hatte *„88"* geschätzt und ich bin diesmal zweite mit der Zahl *„85"*. Jetzt schätzen wir, wie viele Bärchen jeder bekommen kann. Die leistungsstarken Kinder rechnen es aus. Über den Rest bestimmt die *„Schätzmeisterin".* Sie nimmt die übrig gebliebenen Bärchen mit nach Hause für ihre kleine Schwester.

Nicht immer können wir uns so viel Zeit nehmen, manchmal hat auch anderes Vorrang. Ich habe jedoch gute Erfahrungen damit gemacht, den Kindern möglichst oft möglichst viel Zeit für *Mathematik im Schulalltag* zu gönnen. Die zahlreichen Gelegenheiten, die sich bieten, muss ich hier nicht aufzählen, geht es doch eher um die Einstellung, die Mathematik als etwas Nützliches, Interessantes und Spannendes in den Schulalltag zu integrieren. Die Kinder sind immer sehr motiviert.

## ⮞ Lilly liebt Mathe!

*Lillys* enthusiastischer Ausruf, den ich am Anfang zitiert habe, hatte eine Vorgeschichte. *Anna* zeigte mir eine Malaufgabe: 2 x 5 = 8.

*„Ich weiß, was da rauskommt!"* ruft Lilly – *„Dann sag's mal."* – *„Ich weiß nicht, wie die Zahl heißt, aber es ist 'ne 1 und 'ne 0. Darf ich die nächste auch noch rechnen, bitte, bitte, bitte?"* Natürlich darf sie. Die Aufgabe heißt 7 x 4. *Lilly* holt sich den 100er-Rechenrahmen und schiebt. (Normalerweise benutzen wir für die Multiplikation das Hunderterfeld mit dem „Malwinkel", aber das weiß sie noch nicht.) Bei den Zwischenschritten denkt sie logisch: *„Ich habe jetzt 4 x 4, dann muss ich noch 3 x 4."*
Insgesamt verzählt sie sich jedoch ein bisschen und kommt schließlich auf drei volle Reihen und sechs einzelne Perlen. *„Bohhh, das ist so viel, die Zahl kenn' ich gar nicht."* – *„Dann zähl sie doch."* Ab 15 kommt sie durcheinander. Ich helfe ihr. Ab 20 zählt sie wieder fehlerfrei und kommt so auf 36. Sie sagt, das kann man doch auch rechnen und schreibt unaufgefordert 10 + 10 + 10 + 6.
*„Ich weiß gar nicht, wie die sechsunddreißig aussieht."*
Ich verrate es ihr. In der Schlussversammlung kommt sie noch einmal zu mir und sagt: *„Ludwig sagt, meine Rechnung ist falsch. Aber das stimmt doch: 10 + 10 + 10, also 3 x 10 + 6 ist doch 60."* – *„Nee, das ist 36".* – *„Mein ich doch!"*

Diese Situation hat mir wieder ganz deutlich gezeigt, dass *Lilly* einerseits mit Schwächen zu kämpfen hat, andererseits jedoch auch ungeahnte Stärken hat. Das genaue Hinsehen ist so entscheidend – der Rechenweg zeitweise wichtiger als die korrekte Lösung. Bei *Lilly* gibt es noch viel zu tun, doch ihre positiven Ansätze und ihre derzeitige positive Einstellung zur Mathematik machen auch viel Hoffnung.

■ *Paula G. Althoff*

# Schreiben schon von Anfang an – so wie ich es kann

Schreiben schon von Anfang an! Jeden Morgen beginnt der Schultag für die Schüler der Eingangsstufe damit, dass sie ihren Namen in das **Gruppenbuch** eintragen. Sie dokumentieren damit: *Ich bin da*. Das erste Kind, das kommt, darf auch die Tagebuchseite einrichten, d.h. den Wochentag und das Datum oben auf die Seite schreiben und natürlich sich als 1. eintragen. Diese besondere Aufgabe zu meistern ist für Schulanfänger nicht leicht. Sie holen sich unterschiedliche Hilfe, z.B. ein älteres Kind, die Lehrerin, den Kalender, die Anlauttabelle oder die Magnetkarte des Wochentages vom Tages-

plan an der Tafel. Im folgenden Beispiel hat *Vincent* sich seine Anlauttabelle zur Hilfe geholt und mich nach dem Datum gefragt.

Als *Larissa* in meine Gruppe kommt, kann sie nicht nur ihren Namen schreiben, sondern ist ganz neugierig auf alles, was mit Schrift zu tun hat. Voller Begeisterung nimmt sie meine ersten Schreibangebote wahr. Sie schreibt einfach drauf los. Ich habe den Eindruck, dass sie mit den Buchstaben spielt und experimentiert, so wie andere Kinder dies mit Baumaterialien tun. Für die Schulanfänger habe ich ein **Heft** unter dem Titel *„Ich bin in der Laborschule"* zusammengestellt, in das die Kinder zu den jeweiligen Inhalten auf den Seiten malen, die vorgegebenen Wörter abschreiben oder auch schon selber schreiben können. *Larissa* schreibt

schon eine Woche nach ihrer Einschulung mit Hilfe einer älteren Mitschülerin ihren ersten eigenen Satz.

Schon einen Monat später braucht sie die Hilfe nicht mehr. Sie hat inzwischen gelernt, wie sie mit der Anlauttabelle die Buchstaben, die sie hört, herausfinden kann. *Larissa* lautiert sehr gewissenhaft und ordnet jedem Phonem das ihrer Meinung entsprechende Graphem zu.

Jedes Kind hat sein eigenes **Geschichtenbuch**. Ein Buch von besonders schönem Aussehen, das auf den ersten Blick den inneren Schatz erahnen lässt. In dieses Buch kann jedes Kind das schreiben, was es möchte, was ihm wichtig ist. Und das von Anfang an. Die Geschichten gehören den Kindern, sie entscheiden, wer sie außer mir lesen oder hören darf. Ich korrigiere nichts an den Fassungen der Kinder, schreibe aber den Text fehlerfrei auf die vereinbarte freie Seite neben die

Geschichte. Die Kinder können und sollen ihre eigenen Ideen realisieren. Wenn sie keine Schreibidee haben, biete ich den Kindern breite Rahmenvorgaben, die viel Raum für individuelle Umsetzung lassen, für Hochbegabte genauso wie für Langsamlerner. Zum Beispiel befinden sich Dinge und Wortkarten zu einem Thema in einer Kiste, um das Verfassen eigener Texte anzuregen.

*Anna*, ein introvertiertes aber sprachbegabtes Mädchen, findet ihr Geschichtenbuch schön, traut sich aber zwei Monate nach ihrer Einschulung noch nicht, selber zu schreiben. Ich schlage ihr vor, mir den Text zu diktieren. Das möchte sie nicht, ist aber bereit, dem Kassettenrecorder ihre Geschichte anzuvertrauen:

Es war einmal ein Mädchen, das wohnte in einem Haus auf einem Berg. Das Mädchen hieß Anna. Auf dem Berg war ein Strauch mit Kirschen. So wie immer pflückte das Mädchen auch heute die Kirschen von diesem Busch. Da kam eine Wolke hergeflogen. Es war kalt. Das Mädchen kletterte hinauf, weil es da so warm war. Das Mädchen legte sich zuerst hin, dann schlief es ein und machte die Augen zu. Es stellte sich vor, dass viele Wolken im Himmel waren, die Wolkenmuster hatten, viele Schafe und ein

Bock und ein Schäfer. Als es wieder aufwachte, war es schon längst im Himmel. Es wollte sich einen Vogel schnappen. „Nein, nein", rief eine Wolke vom Himmel. „Schnapp den nicht, das ist ein Himmelsgeselle, der auch zu den Wolken gehört." Das Mädchen ließ den Vogel wieder fliegen. Jetzt ist die Geschichte von Anna und der Wolke aus.

ANNAAUFᴅERWOL
KESWAENMAL EINKLEI
NSMETCHMASWONTIN
EINMHAUSAUFEINBK
EINNSTAGSᴋKᴅASMETCHNWK

Eines Tages nimmt *Anna* ihr Geschichtenbuch und malt auf die erste Seite ein *Bild* zu ihrer Geschichte und einige Wochen später möchte *Anna* ihre Geschichte wieder hören. Sie setzt die Kopfhörer auf und lauscht gebannt ihrer Stimme. Dann spult sie zurück, nimmt sich ihr Geschichtenbuch und *„überträgt"* völlig selbstständig ihren Text.

*Lukas* ist vom Computer fasziniert und so kann er ihn auch von Anfang an mit als Schreibgerät nutzen. Nachdem ihn ein älteres Kind in die Textverarbeitung eingewiesen und er eine Weile ausprobiert hat, schreibt er seinen ersten Brief.

LB Mama
Ich bin in dr Schul
Dein Lukas

FÜR MAMA FON LUKAS

Begeistert nimmt er den Ausdruck entgegen und verlangt einen Briefumschlag. Er malt noch ein Bild zu seinem Brief und beschriftet ihn handschriftlich:

Zum Geburtstag bekommt jedes Kind ein **Geburtstagsbuch**, das sich aus vierzehn liebevoll gestalteten sehr individuellen Blättern zusammensetzt. Die DIN-A5-Blätter werden auf der einen Seite bemalt und auf der anderen Seite beschriftet. Jedes Kind so, wie es das kann. Bei *„offiziellen"* Anlässen wollen manche Kinder aber auch *„richtig"* schreiben, deshalb gibt es auch Vorlagen verschiedenster Glückwunschtexte, die abgeschrieben werden können. Außerdem können in diesem Zusammenhang verschiedenste Textsorten kennen gelernt werden. So schreiben manche Kinder Witze, andere ihr Lieblingsgedicht, Akrostichons[27] und Elfchen.

Zu ihren gemalten Bildern schreiben Kinder oft nicht nur ihren eigenen Namen, sondern sehr früh einzelne Wörter. Diese Lust habe ich aufgegriffen und für jedes Kind ein **„Haus-1-Buch"** angelegt, in dem das Leben und Lernen zu Beginn der Laborschulzeit fotodokumentarisch festgehalten wird. Zu diesen Fotos schreiben die Kinder eigene Texte. Nach drei Jahren haben sie ein dickes Buch, in dem auch ihre Schreibentwicklung dokumentiert ist.

Von Zeit zu Zeit gibt es immer mal wieder vor mir erstellte **kleine Bücher**, in denen mit Bildern Geschichten erzählt werden. Der fehlende Text und die künstlerische Ausgestaltung werden von den Kindern übernommen. Eigentlich ein motivierender Schreibanlass, der von den meisten Kindern gerne angenommen wird. Für *Jannik*, der gleich am ersten Schultag erklärte, dass er nicht schreiben könne, konnte ich mir die unterschiedlichsten Sachen ausdenken. Wenn ich ihm etwas anbot, ging er kurzfristig darauf ein, um aber rasch wieder zu seinen Zahlen zurückzukehren. Mit der Gelassenheit einer Lehrerin, die in der altersgemischten Gruppe der Eingangsstufe unterrichtet, habe ich ihm und mir die Zeit gelassen, die wir brauchten, seinen Zugang zur Schrift zu finden.

*„Machen wir heute den Briefkasten auf?"* Der **Gruppenbriefkasten** ist den Kindern wichtig. Anfragen, Verabredungen, Sympathiebekundungen, kleine Geschenke kommen so vom Absender zum Adressaten. Natürlich können auch Bilder, Kritzelbriefe, Buchstabenblätter oder Mischungen aus Buchstaben und Zahlen *„verschickt"* werden. Alles, was es den Kindern wert ist, anderen mitzuteilen, verpacken sie und bringen es auf den Weg.

Zum Wochenbeginn wird ein Buchstabe ausgewählt und zum **„Buchstaben der Woche"** ernannt. Zu diesem Buchstaben assoziieren alle Kinder Wörter, die mit diesem Buchstaben anfangen. Mal stehen diese Wörter unter einem Oberbegriff, z.B. Tiere, die mit *„B"* anfangen, mal suchen die Kinder ihre Lieblingswörter aus.

---

27 Akrostichon: *Es handelt sich um eine griechische poetische Stilform, bei der die Anfangsbuchstaben einen Namen oder Satz ergeben.*

Jedes Kind fertigt zu dem Buchstaben im Laufe der Woche ein Buchstabenblatt an. Es soll ein Blatt werden, das besonders schön gestaltet ist. Die Schulanfänger drucken den Buchstaben, stempeln ihn, schneiden ihn aus Zeitschriften aus, kleben ihn mit Wollfäden oder Sandpapier u.v.m. Manchmal können sie auch schon Wörterlisten dazu erstellen. Kinder, die schon lautgetreu schreiben können, sollen möglichst viele Wörter mit dem Anlaut finden und die Kinder des 2. Jahrgangs bemühen sich, ihre Wörter auf Rechtschreibung zu überprüfen. Zum Gestalten der Buchstabenblätter ist es erwünscht, möglichst viele Schreibgeräte auszuprobieren, z.B. auch Federn.

Zu Beginn unserer „Kleinen Versammlungen" gibt es häufiger **Fantasiereisen**, deren Texte ich aus entsprechenden Büchern entnehme oder aber auch selber entwickle, weil ich einen thematischen Bezug zu einem Projekt herstellen will. Die meisten Kinder können sich auf diese Situation einlassen, schließen die Augen und lassen sich in das Reich der Fantasie entführen. Über die verinnerlichten Situationen wird hinterher gesprochen. Manchmal sind solche Reisen auch Anreize zum Schreiben oder werden von mir bewusst als solche eingesetzt. Beispielsweise wird in Anlehnung an die Methode „Mindmapping" die geträumte Geschichte in eine Wolke auf die Blattmitte gemalt. In einem zweiten Schritt schreiben die Kinder ihnen wichtige Wörter um die Wolke herum, um dann daraus eine Geschichte schreiben zu können. Frauke hatte mehrmals Blätter in der oben beschriebenen Weise ausgefüllt. Als sie eine Geschichte über Tiere schreiben wollte, machte sie zuerst eine Stoffsammlung:

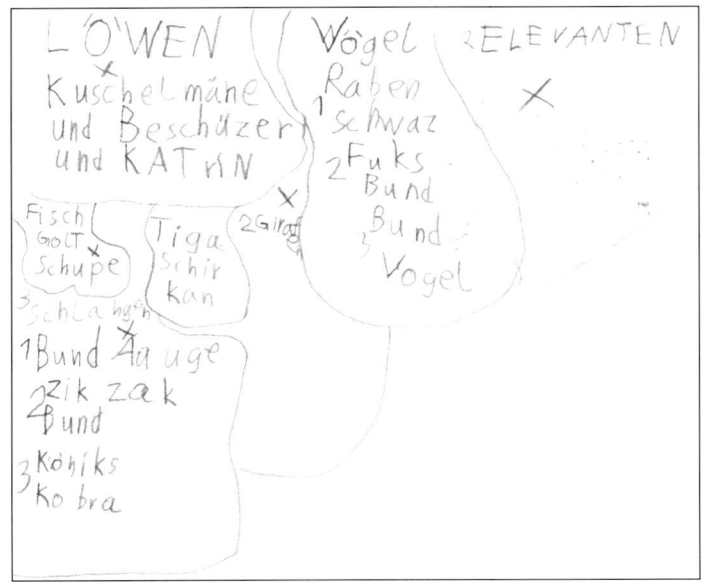

Die allererste Schreibprobe schenken mir die zukünftigen Schulkinder am **„Nuller-Kennenlern-Tag"**. An diesem Tag werden alle zukünftigen Kinder in den letzten Wochen vor den Sommerferien in die Gruppe eingeladen und nehmen einen ganzen Vormittag am Unterricht teil. Die *„alten"* Schüler begleiten sie durch den Tag und haben u.a. die Aufgabe, die Besucherkinder auf ein Blatt alles das schreiben zu lassen, was sie schon schreiben können:

Es ist schön, wenn man an solche Vorerfahrungen anknüpfen kann, aber es gibt natürlich auch die Kinder, denen das Schreibenlernen schwer fällt. Dann ist es wichtig, zu seiner Zeit, diesem Kind Zugänge zur Schrift zu ermöglichen.

■ *Gudrun Husemann*

# Die Schuldruckerei

Ein sehr geeignetes Mittel zu einem wirkungsvollen Lese-, Schreib- und Recht-
schreibunterricht in einer altersgemischten Lerngruppe der Eingangsstufe ist die
**Freinet'sche Schuldruckerei**. Sie ermöglicht *Individualisierung, Arbeitsteilung,
Zusammenarbeit* und *selbstständiges Lernen* in besonders hervorragender Weise.

*Nina* ist acht Jahre alt. Sie besucht
das 2. Schuljahr an der Bielefelder
Laborschule. Die Kinder erhalten
hier regelmäßig die Gelegenheit,
Geschichten über Erlebnisse und
Ereignisse aufzuschreiben. In der
Schuldruckerei können die Kinder
ihre selbst verfassten Texte in handwerklicher Manier setzen und drucken.
Ein- bis zweimal im Schuljahr werden
die Geschichten einer Gruppe als Heft
gebunden und innerhalb der Schule
und für die Eltern veröffentlicht.

Durch die regelmäßige Arbeit
in der Schuldruckerei kennen
die Kinder Material und Werkzeuge gut und gehen routi-
niert damit um. Nach einer
Druckvorlage, die in der
Gestaltung dem späteren
Drucktext in etwa entspricht,
beginnt *Nina* mit dem Setzen
ihrer Geschichte.

Das Schriftsetzen und Drucken von Kinder-
texten wurde von dem französischen Reform-
pädagogen Célestin Freinet bereits in den
20er Jahren für den Schulunterricht entdeckt.
Die Freinet-Druckerei hat mittlerweile Eingang in eine Vielzahl von Schulklassen gefunden. Buchstabe um Buchstabe begreifen
die Kinder ihre Texte – im wahrsten Sinne
des Wortes.

Der Zusammenhang von Greifen und Begreifen wird unmittelbar erfahren. Die Kinder
setzen sich von allen Seiten und Perspektiven mit ihren Wörtern auseinander. Wort-
aufbau und später der Wortabbau werden
beim Setzen zu einer selbstverständlichen
Angelegenheit und unterstützen so das
Erlernen von Lesen und Rechtschreibung.

Wenige zusätzliche Uten-
silien wie die kleinen
Setzrahmen aus Messing
oder der hölzerne Spie-
gelhalter erleichtern den
Schülern den Umgang
mit der handwerklichen
Ausstattung der Schul-
druckerei. Sorgfalt und
Genauigkeit, Konzentra-
tion und Ausdauer ent-
wickeln sich im Laufe
des Arbeitsprozesses –
ohne besondere zusätz-
liche pädagogische
Einflussnahme.

Korrekturen werden
nicht länger als un-
bequemes Nacharbeiten
von Fehlern aufgefasst,
sondern im Interesse
eines vorzeigbaren
Druckergebnisses
aus eigenem Antrieb
erledigt.

Der fertige Schriftsatz wird sorgfältig in der
Druckpresse befestigt. Dort wo es nötig ist,
geht der Lehrer zur Hand. An jedem Arbeitsschritt sind die Kinder beteiligt. So durch-
schauen die Schüler alle Arbeitsvorgänge.

*Eleni* hat den Druckstock mit der Druckfarbe
eingefärbt. Der arbeitsteilige Druckvorgang
kann beginnen. Ein Kind ist immer für den
Farbauftrag zuständig, während das andere
die Druckpresse bedient. *Nina* legt sorgfältig
das Papier auf. Dann bewegt sie die Druck-
walze über den Schriftsatz.

Nach dem ersten Druck findet noch einmal eine letzte Überprüfung statt. Die fertig gedruckten Blätter werden zum Trocknen abgelegt.

Bevor die Farbe antrocknet, müssen der Schriftsatz, die Gerätschaften und die Druckpresse gereinigt werden. Die Kinder verwenden hierfür ein besonders reines, haut- und umweltverträgliches Sojaöl. Nach dem Drucken und Säubern erfolgt das Ablegen des Schriftsatzes. Alle verwendeten Lettern, Hilfsmittel und Werkzeuge müssen zurückgeräumt werden. Jedes Ding hat seinen eigenen Platz. Sauberkeit, Aufräumen und Ordnung werden von der

Sache, vom Arbeitsvorgang, gefordert. Für die Kinder sind sie auf diese Weise zur Selbstverständlichkeit geworden.

Sind genügend Texte und Bilder fertig, werden sie zu einem Heft zusammen gebunden und innerhalb der Schule zum Verkauf angeboten. Die Schüler der anderen Klassen und Gruppen, aber auch Lehrer und Eltern sind interessierte Abnehmer. Die 50 Exemplare dieser Auflage sind rasch vergriffen. Die jungen Autoren sind stolz auf ihre Arbeit. Ihre große Mühe wird nun belohnt.

Für die Kinder sind die Hefte ein willkommener Leseanlass. Im Zuge dieser Arbeit haben sie eine Menge hinzugelernt. Nicht nur Lesen und Rechtschreibung, sondern auch Sorgfalt, Ordnung, Ausdauer und Kooperation wurden eingeübt. Dabei haben sie jeden einzelnen Arbeitsschritt mit vollzogen. Auf das Ergebnis können sie zu Recht stolz sein.

■ *Ulrich Bosse*

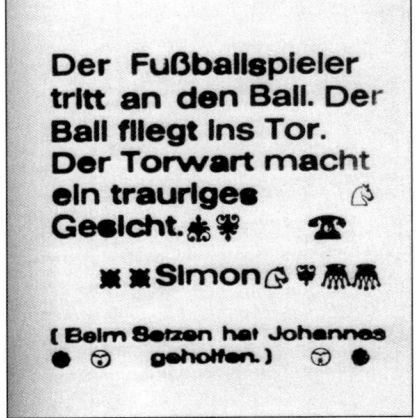

**Einige Literaturhinweise:**

▸▸ BOSSE, U.: Die Bedeutung der Schuldruckerei im Unterricht an Grundschulen. Studie über die Wirkungsweise eines Unterrichtsverfahrens. Werkstattheft Nr. 22 (Publikationsreihe der Laborschule). Bielefeld 2001.

▸▸ BOSSE, U./GÖRLICH, U.: Die Schuldruckerei. Gebt den Kindern das Wort. Anregungen zum Erstlese- und Schreibunterricht. Ein multimedialer Beitrag zur Lehrerbildung. CD-ROM. Auer Verlag 2002.

▸▸ JÖRG, H.: Schüler drucken ihre Fibel selbst. Einführung in die Schuldruckerei. Immen-Verlag Eva Honig 1991.

▸▸ KUSTNER, A.: Die Schuldruckerei. Anregungen und Hilfen für eine lebendige Schreibpraxis. Auer Verlag 1995.

# Kapitel 6

# Projekte, Vorhaben, Themen

# Kunstraum – oder Raum für die Kunst?

## ▷▷ Auseinandersetzung mit moderner Kunst in der Eingangsstufe

Kunstunterricht mit Kindern wird oft als Möglichkeit verstanden, verschiedene Techniken kennen zu lernen, nach gleichen Vorgaben umzusetzen und damit eine Anzahl gleicher Ergebnisse zu produzieren. Für einen Unterricht, der am einzelnen Kind ansetzt und gleichzeitig eine gemeinsame Kunsterfahrung in altersgemischten Gruppen ermöglicht, bietet die praktische Auseinandersetzung mit Arbeiten von Künstlern für jedes einzelne Kind gleich welchen Alters eine Fülle von Lernsituationen:

- ▸▸ Die Begegnung mit einer bekannten Persönlichkeit der Kultur wird ermöglicht.
- ▸▸ Die Akzeptanz und das Verständnis von moderner Kunst wird entwickelt.
- ▸▸ Die Kinder können einen eigenen Stil entwickeln und damit sehr persönliche Arbeiten erstellen.
- ▸▸ Die gegenseitige Akzeptanz der unterschiedlichen Produkte jenseits einer festgelegten Norm wird möglich gemacht.
- ▸▸ In einem projektorientierten Arbeitsprozess wird sowohl zur Persönlichkeitsentwicklung als auch zur Gruppenbildung beigetragen.

Dies soll im Folgenden an einem **Unterrichtsprojekt** zu dem Künstler **Paul Klee** verdeutlicht werden.

## ▶▶ Das Beispiel Paul Klee

*„Die Bilder, die ein kleiner Felix gemalt hat, sind bessere Bilder als die meinen, die oft durch das Gehirn hindurchgetropft sind."*[28]

Die Bilder des Künstlers Paul Klee sprechen in ihrer Reduktion auf mathematische Grundformen und eine organische Urform gerade Kinder direkt an. Je ungenierter Kinder sich fremde Bildvorstellungen aneignen, umso freier gehen sie damit um – sie kopieren oder imitieren nicht. Sie bauen aus den *„Vorbildern"* eigene fantastische Welten auf. So heben sie sich entschieden von den Originalen ab, sind dennoch Originale der Kinder und damit Ausdruck der eigenen Persönlichkeiten.

Wie sehr Paul Klee diese Kinderarbeiten schätzte, wird deutlich in seiner Aussage von 1911: *„Es gibt sie nämlich auch noch, Uranfänge von Kunst, wie man sie eher im ethnografischen Museum findet oder daheim in der Kinderstube (lache nicht, lieber Leser), die Kinder können es auch."*[29]

### Projektorientiertes Arbeiten zu dem Künstler Paul Klee – Vorbereitung und Planung ▶▶▶▶▶

Zu Beginn des Projektes wird den Kindern der Künstler Paul Klee durch das Zeigen von verschiedenen Abbildungen (Kalenderblätter, Plakate, Kunstbücher) vorgestellt. Die Bilder regen die Fantasie der Kinder an, sie entdecken vielerlei Figuren, Zeichen und Farbelemente. Neue Namen werden erfunden, Darstellungen nachgespielt. Die Neugier der Kinder ist geweckt. Bücher werden ausgestellt, Bilder aufgehängt, die Lebensgeschichte von Paul Klee erzählt. Eine Menge von Anschauungsmaterial wird uns während des Projektes stets zur Verfügung stehen.

### Die Schritte der Durchführung ▶▶▶▶▶

*„Alles läuft nach"*
Beim Betrachten verschiedener Bücher über Paul Klee sind die Kinder auf das Bild *„Alles läuft nach"* aufmerksam geworden. Das Nachlaufen kennen die Kinder als Spiel und so erfinden sie zu Klees Bild eine Geschichte. Passend zum Thema wählen wir nasses Papier als Malgrund. Darauf zeichnen die Kinder mit Tusche und Holzstäbchen. Sowohl die Farbe als auch die gezeichneten Gegenstände laufen einander nach. Es entstehen witzige Schwarz-Weiß-Arbeiten, jede Arbeit eine eigene Geschichte vom Nachlaufen. (Material: Aquarellpapier, Tusche, Holzstäbchen)

---

28 KLEE 1913 über die Zeichnungen seines kleinen Sohnes. In Klee: Tagebücher 1898–1918.
   Herausgegeben von Felix Klee. DuMont Literatur und Kunst Verlag 1995.
29 KLEE. In: Paul Klee. Taschen Verlag 1993, S. 17.

*„Seiltänzer"*

Alle Kinder kennen Zirkusaufführungen; den Geruch der Manege, die Lichter, die Zirkuskuppel, die Musik, die Spannung, das Können der Artisten. Darum fällt es den Kindern leicht, sich mit dem Bild „Der Seiltänzer" von Paul Klee genauer zu beschäftigen, den Bildaufbau zu beschreiben und vieles zu entdecken, z.B. die Leiter, das gespannte Netz etc. Sie wollen gerne selber einen Seiltänzer zeichnen. Aquarellpapier wird mit Aquarellfarbe nach Wahl grundiert. Danach wird eine Pappe mit Linoldruckfarbe eingewalzt, bis zur Mattigkeit angetrocknet, die Pappe mit der Druckfarbenseite auf das farbige und getrocknete Aquarell-papier gelegt, die eigene Zeichnung darüber gelegt, durchgezeichnet und schließlich die Pappe vom Aquarellpapier abgezogen. Die Kinderzeichnungen sind wunder-bar gelungen. Vor allem ist der Arbeitsvorgang sehr spannend für alle, denn Paul Klee hat eine ähnliche Technik für seine eigenen Arbeiten entwickelt.
(**Material:** Aquarellpapier, Aquarellfarben, Pappe, Zeichenpapier, Linoldruckfarbe, Bleistift, Pinsel, Walze)

*„Tanzender Schneemann"*

Vom Zirkus und den Artisten ausgehend, entdecken wir eine Abbildung von Klees „Wanderartist". Hier wird sowohl mit der Zeichnung als auch mit dem Kontrast der Farben gearbeitet. Der Jahreszeit entspre-chend, wählen die Kin-der für ihre eigenen Arbeiten das Thema *„Tanzender Schnee-mann".* Auf weiß gespachteltem Mal-grund malen die Kin-der mit Acrylfarben ein rotes Rechteck. Nach dem Trocknen

werden tanzende Schneemänner und Schneefrauen auf die Rechtecke gemalt. Die Kinder haben selber verschiedene Bewegungen ausprobiert und lassen ihre Figuren nun Arme und Beine schwingen. Zum Schluss geben sie den Tänzerinnen und Tänzern einen Rahmen mit dickem Pinsel und schwarzer Acrylfarbe. Es macht allen großen Spaß, die Bilder zu betrachten und lustige Geschichten vom Tanzfest der Schneeleute zu erfinden, zu erzählen oder auch aufzuschreiben.
(**Material:** weiße Pappe, weiße, rote, schwarze Acrylfarbe, Spachtel, Pinsel)

*„Entdeckung der Farbe"*

Eine wichtige Erfahrung für Paul Klee war seine Reise gemeinsam mit Macke und Moillet nach Tunesien. *„Die Farbe hat mich"*, notiert Paul Klee. *„Ich brauche nicht nach ihr zu haschen. Sie hat mich für immer, ich weiß das [...], ich und die Farbe sind eins."*[30] Die Tunisreise, die Entdeckungsreise Klees zur Farbe, erleben die Kinder in Geschichten und in eigenen Bildern nach. Die Ankunft am Strand, farbige Wüsten malen sie und orientalische Städte. Sie überlassen sich ganz ihrer Fantasie und ihrem Gefühl für Farben und Formen, erproben immer neue Ideen. Wir wählen für alle Arbeiten Aquarellpapier und Aquarellfarben und orientieren uns an verschiedenen Bildern Klees, z.B. an den Bildern

▸▸ **„Am Strand"** nach: Landhäuser am Strand, Tunis 1914
▸▸ **„In der Wüste"** nach: Studien nach einem greisen Dromedar, Tunis 1914
▸▸ **„Orientalische Stadt"** nach: Rote und weiße Kuppeln, Tunis 1914

Da Aquarellpapier in Blöcken recht teuer ist, verwenden wir Papier von der Rolle, das sich in unterschiedliche Formate schneiden lässt.
(**Material:** Aquarellpapier, Aquarellfarben, Pinsel, kleine Schwämme)

*„Karierter Kinderkopf"*

Beim Durchstöbern verschiedener Kunstbände haben die Kinder die Darstellung eines Kopfes entdeckt, aufgeteilt in geometrische Flächen und sehr farbig gestaltet. *„Das sieht ja witzig aus, wie ein kariertes Tuch, nur als Kopf!"*

Wir entschließen uns einen karierten Kinderkopf auf ein Tuch zu malen. Zuerst zeichnen die Kinder Porträts, immer zwei Kinder gegenübersitzend, und wir besprechen die Aufteilung eines Gesichts, die Stellung von Augen, Nase, Mund und Ohren. Beim Vergleich der eigenen Zeichnungen mit dem Bild Klees wird

deutlich, dass der Maler die Gesichtsform und die Einzelheiten auf geometrische Flächen reduziert hat. Das probieren die Kinder nun mit ihren eigenen Bildern aus.

---

30 KLEE: Tagebücher 1898–1918. Herausgegeben von Felix Klee. DuMont Literatur und Kunst Verlag 1995.

Dazu wird Nessel (DIN A3) mit weißer Acrylfarbe und Caparol grundiert. Nach dem Trocknen gestaltet jedes Kind seinen Malgrund mit selbstgewählten Acrylfarben und Spachteln. In die feuchte Farbe wird die Kopfform eingeritzt. Die getrocknete Kopfform malen oder spachteln die Kinder nach eigenen Vorstellungen aus, indem sie Quadrate, Ovale, Rauten, Dreiecke, Rechtecke, Kreise als Formen verwenden. (**Material:** Nessel (DIN A3), Acrylfarbe, Caparol, Spachtel, Pinsel)

*Skulptur – „Die Zwitschermaschine"*
Ein Bild mit ernstem Inhalt *„Die Zwitschermaschine"* ist Ausdruck der Sicht Klees zu den politischen Entwicklungen Ende der 20er Jahre mit visionärem Blick auf die Zukunft. Für die Kinder zeigt das Bild witzige Vögel auf einer Stange, vielleicht gerade versammelt zum Abflug in den Süden und lustige Lieder trällernd. Im Laufe des Projektes haben die Kinder den Lebenslauf Klees kennen gelernt und auch etwas über sein Berufsverbot erfahren.
Für die Arbeit mit dem Bild *„Die Zwitschermaschine"* werden die Kinder bei ihren eigenen Interpretationen belassen. Der Titel *„Die Zwitschermaschine"* veranlasst uns eine Skulptur zu bauen nach der Bildinterpretation durch die Kinder. Dazu entwerfen sie Vogelfiguren in Bleistiftzeichnungen und Skizzen. Beim genauen Betrachten der Zeichnungen erkennen die Kinder, dass zum Singen die Schnäbel geöffnet sein müssen und die Formen der Vogelkörper sehr einfach sein können. Aus Papier, Kleister und Pappmaschee formen die Kinder Vögel, bemalen sie in den Farbtönen von Klees Bild (schwarz, weiß, blau, rosé), verzieren sie mit Stoffresten oder Federn und befestigen sie mit Draht auf einem langen, ebenfalls farbig gestalteten Balken.
(**Material:** Papier, Kleister, Acrylfarben, Stoffreste, Federn, Draht, Balken)

*„Engel"*
Paul Klee hat eine große Anzahl verschiedener Engel gezeichnet. Gemeinsam werden die unterschiedlichen „Typen" (Böser Engel, Schellen-Engel) betrachtet und beschrieben. Die Kinder zeichnen eigene Engel mit Bleistift, stellen sie sich gegenseitig vor und lassen raten. Es entstehen Engel auf Skateboards, singende Engel, Oma Engel, Engel fürs Büro und viele mehr.
Die kleineren Zeichnungen dienen als Vorlage für Arbeiten auf dünnen Holzplatten im DIN-A4-Format. Diese werden in einer hellen Farbe nach Wahl grundiert und die Kinder zeichnen mit Tusche und Pinseln oder mit Jaxon-Kreiden Engel auf die Platten. Es entstehen sehr persönliche Arbeiten, die Aussagen der Engel spiegeln vielerlei Emotionen.
(**Material:** Holzplatten DIN-A4 (Reste), Acrylfarbe, Tusche, Pinsel, Jaxon-Kreiden)

## Die Präsentation des Gesamtproduktes ▶▶▶▶▶

Zum Abschluss des Projektes werden alle Arbeiten der Kinder in einer großen **Ausstellung** in der Schule präsentiert. Schon im Verlauf des Projektes entstand bei Eltern und Geschwistern der Wunsch, ebenfalls mit Farbe, Tusche und Kreiden experimentieren zu können. Die Ausstellungseröffnung wird gleichzeitig zu einer großen gemeinsamen Malaktion, in der Kinder sich als *„Klee-Experten"* präsentieren und den Erwachsenen Mut zu eigenen Darstellungsformen machen.

Im Kunstprojekt zu Paul Klee haben sie gelernt, ihre eigenen Produkte wertzuschätzen und mit Selbstbewusstsein ihrem eigenen Können zu vertrauen. Damit haben sie einen wichtigen Schritt zur Persönlichkeitsentwicklung getan und sich auf den Weg zur Entdeckung moderner Kunst gemacht.

■ *Brigitte Goetze-Emer*

## Weitere Literaturhinweise:

▶▶ BRANDENBURG, B.: Paul Klee für Kinder. Verlag an der Ruhr 2002.
▶▶ KLEE, P./MACKE, A./MOILLIET, L.: Die Tunisreise. Hatje Cantz Verlag 1982.
▶▶ KLEE, P.: Kunststücke der Tiere. Prestel-Verlag 2002.

# Neue Kunsträume – „Land Art" im Unterricht

## Reaktionen auf Andy Goldsworthy

**Idee** ▸▸▸▸▸

Die Idee zu diesem künstlerischen Vorhaben entsteht während eines Eltern-Kinder-Nachmittags der gelben Gruppe am *„Amazonas"*. Wir sind natürlich nicht wirklich in Brasilien, sondern feiern zum Ende des Schuljahres unser Abschiedsfest an einem idyllischen Bach, der durch den Teutoburger Wald fließt und diesen großartigen Namen trägt. Die Kinder des zweiten Jahrgangs schenken der Gruppe und der Lehrerin zum Abschied einen Bildband des Künstlers Andy Goldsworthy und beim Durchblättern des Buches sind sich alle einig, dass ein *„Land Art"*-Projekt sicherlich einen ungewöhnlichen und spannenden Kunstunterricht darstellen würde, der nicht in unserem Schulgebäude stattfinden kann und Pinsel und Papier völlig überflüssig macht. Alle Materialien sind kostenlos und in der Natur zu finden.

**Andy Goldsworthy** wird 1956 in Cheshire geboren und verbringt seine Kindheit in der eindrucksvollen Natur Yorkshires im Norden Englands. Seit seiner Zeit als Kunststudent experimentiert er fast ausschließlich mit Materialien, die in der Natur vorhanden sind. Wo immer er auch arbeitet, setzt er sich mit den Mitteln auseinander, die er an Ort und Stelle vorfindet. Das sind Steine, Holz, Sand, Blüten, Bäume, Zweige, Blätter, Eis und Schnee, ja sogar die alles verändernde Kraft des Wassers integriert er in seine Arbeit. Die meisten seiner Skulpturen zeichnen sich durch Vergänglichkeit aus, weshalb der Künstler sie unmittelbar nach der Fertigstellung farbig ablichtet. Seine Absicht ist es nicht, Spuren in der Natur zu hinterlassen, sondern seine einfühlende Beziehung zur Natur zu verstärken.

**Planung** ▸▸▸▸▸

Zu Beginn eines jeden Schuljahres sind vor allem Unternehmungen und Unterrichtsinhalte gefragt, welche die Integration der Vorschulkinder in die altersgemischte Gruppe unterstützen und die Kinder als neue Gruppe zusammenwachsen lassen. Aktivitäten in der Natur eignen sich hervorragend, um die Kommunikation der Kinder untereinander zu fördern. Aufgaben, die ein spielerisches und kreatives Miteinander verlangen, erleichtern die Kontaktaufnahme zwischen den Kindern.

Als Ergebnis dieser pädagogischen Überlegungen und angeregt durch die Werke Andy Goldsworthys sollen zu Anfang dieses neuen Schuljahres kleine „Nature Art"-Experimente sowohl auf dem Schulgelände als auch in der freien Natur durchgeführt werden.

## ▷ Durchführung des Kunstexperimentes

### Skulpturen im Sand ▸▸▸▸▸

Geplant sind drei Aktionen. Die erste soll im großen Sandkasten auf der Spielwiese hinter unserem Schulgebäude stattfinden. Zum Einstieg betrachten wir in der Gruppe Aufnahmen von Arbeiten Goldsworthys, die im Sand auf der Isle of Wight und in der Wüste von Arizona entstanden sind. Die Kinder sind sehr angetan von den gleichmäßig gestalteten Sandhügeln, den Kratern, Löchern und Linien. Ich muss als Lehrerin das Vorhaben gar nicht ankündigen, denn die Kinder regen von sich aus an, ähnliche Experimente auszuprobieren und versuchen verbal darzustellen, welche Ideen ihnen bereits im Kopf herumschwirren. Auch der Sandkasten wird als gut geeignetes Arbeitsfeld vorgeschlagen. Nun kommen die ersten Bedenken. Was passiert mit den Sandobjekten nach der Fertigstellung und wer passt auf, dass andere Kinder sie nicht zerstören? Wer achtet eigentlich auf Andy Goldsworthys Werke, damit sie bestehen bleiben?

Den Kindern wird im Gespräch deutlich, wie die Natur mit solchen Kunstwerken umgeht und sie nach geraumer Zeit wieder verschwinden lässt. Nur die Fotografie kann sie als Erinnerung erhalten. Nachdem sich alle vergewissert haben, dass ihre Lehrerin eine Kamera dabei hat, entscheiden sich die Kinder zu zweit oder zu mehreren in Kleingruppen im Sand zu arbeiten. Emsig und mit großem Spaß begeben sich alle ans Werk. Schon werden erste Ideen wieder verworfen, neue Vorschläge müssen ausgetauscht und abgesprochen werden und die Ausmaße der Objekte werden diskutiert. Aber bald weicht die anfängliche kreative Unruhe einem konzentrierten Arbeitsprozess.

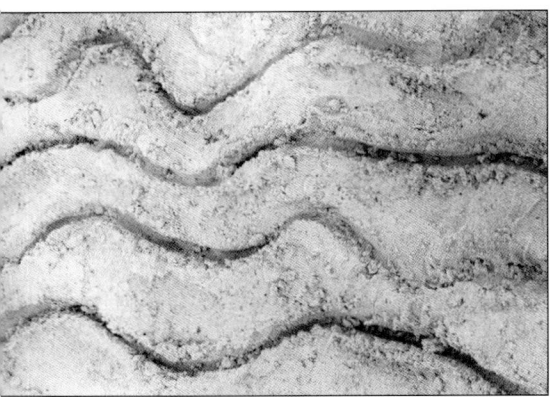

Der Sandkasten verwandelt sich nach und nach in eine Sandlandschaft mit sorgfältig gearbeiteten Wellenlinien, kleinen Hügeln, Wällen und tiefen Löchern. Die Kinder präsentieren stolz untereinander ihre Kunstwerke und erklären einige wichtige Arbeitsschritte.

Jedes Produkt wird mehrmals fotografiert, damit wir später die besten Aufnahmen auswählen können.

Am übernächsten Tag sind die Abzüge da, die Gruppe betrachtet in Ruhe die Abbildungen und ist begeistert über das interessante Ergebnis. Eine Vielzahl von Fotos liegt vor uns auf dem Boden und wirkt wie eine Aufforderung zur Weiterarbeit. In der Gruppe werden die Fotos in Reihen untereinander und nebeneinander gelegt und ergeben ein beeindruckendes Gesamtkunstwerk. Also erstellen wir eine Fotocollage, die wir in unserer Gruppenecke platzieren.

## Waldfühlungen ▶▶▶▶▶

Das Schuljahr beginnt in diesem Jahr recht spät und der Herbst kündigt sich schon mit bunt gefärbten Blättern an. Eine gute Voraussetzung für die nächste Aufgabe, bei der im Wald mit Blättern gearbeitet werden soll.

Zur Vorbereitung und zur Anregung schauen wir uns Ausschnitte aus dem Film „Rivers and Tides"[31] von Thomas Riedelsheimer an, der Andy Goldsworthy über einen langen Zeitraum bei seiner Arbeit begleitet und die einzelnen Arbeitsschritte genau dokumentiert hat. Danach beschreiben die Schüler verschiedene in Erinnerung gebliebene Filmsequenzen und probieren mit gesammelten Blättern aus, nach welchen Kriterien wie Farbe, Form oder Größe die bunten Blätter angeordnet werden können.

---

31 Rivers and Tides. Andy Goldsworthy working with time. Ein Film von Thomas Riedelsheimer 2003.

Unseren Waldtag beginnen wir mit einem stärkenden Picknick, bevor sich die Kinder im Gelände verteilen. Nach kurzer Zeit kehren einige zu unserem Sammelplatz zurück und verkünden, dass sie ganz enttäuscht darüber sind, was der Wald zu bieten hat und sie ihre ursprünglichen Vorhaben gar nicht verwirklichen können.

Daraufhin treffen sich noch einmal alle Kinder der Gruppe zur Erörterung des Problems. Im Gespräch können wir klären, dass wir nur mit den Möglichkeiten und Angeboten dieses Waldes arbeiten können und auf diesem Hintergrund neue Ideen entwickeln müssen. Ein paar Kinder sind jetzt ziemlich unzufrieden, aber andere machen konstruktive Vorschläge für die Weiterarbeit. Sie wollen außer Blättern auch Zweige, Äste, Rinde, Moos und Steine für ihre Arbeiten verwerten. Allmählich lassen sich die anderen überzeugen und überlegen, wie ihr neues Vorhaben aussehen könnte. Bei Unsicherheiten holen sie sich gern Rat bei der Lehrerin oder lassen sich bestätigen, dass sie auf dem richtigen Weg sind. Die Vielfalt des Materials macht die Gestaltungsaufgabe schwierig. Verlangt wird eine gelungene Verbindung unterschiedlicher Mittel, denn bei der Arbeit mit nur einem Stoff sind die Gestaltungsmöglichkeiten von vornherein eingeschränkt. Bald entstehen die ersten Produkte. Ein riesiger Laubhaufen wird von drei Jungen aufgetürmt, eine Blätterschlange windet sich den Waldweg entlang.

Zwischen Baumstämmen sind Girlanden aufgehängt, die aus auf Ästen aufgespießten Blättern bestehen.

Gefällte Baumstämme und große Steine sind mit Moos und Blättern in beeindruckende Objekte verwandelt worden und eine Komposition mit einer Baumwurzel und Ästen ist am Rande des Weges entstanden. Während des Fotografierens der Ergebnisse berichten die Kinder von ihrer Freude und von den Schwierigkeiten beim Entstehungsprozess ihrer Werke. Die Schüler begutachten die Arbeiten der anderen mit Interesse und sparen nicht mit anerkennenden Äußerungen. Inzwischen ist die Unzufriedenheit vom Vormittag verschwunden und nach der vollendeten Arbeit herrscht eine fröhliche Stimmung in der Gruppe.

### Farbspiele ▶▶▶▶▶

Die Erfahrung der Kinder, dass unterschiedliche Materialien für eine Gestaltungsaufgabe viele Möglichkeiten der Umsetzung schaffen können, aber auch sehr einschränkend wirken können, ist eine gute Voraussetzung für unsere letzte Aktion. Die Aufgabe lautet, eine kleine Arbeit mit den Farben Rot und Grün auf der Spielwiese am Schulgebäude zu erstellen. Bevor es losgeht, nennen die Kinder Gegenstände aus der Natur wie Beeren, Blätter, Blüten oder Gräser, die in Rot und Grün zu finden sind. In der Pause haben sich schon einige Jungen und Mädchen aufgrund des vorgestellten Tagesplanes in der Morgenversammlung etwas genauer

auf der Wiese umgesehen. Sie fragen, ob es möglich sei, eventuell auch andere Dinge wie Zweige oder Steinchen mitzuverwenden, die wahrscheinlich nicht rot oder grün sind. Die Antwort erhalten sie von Mitschülern. Sie finden, dass man sowieso zuerst einmal schauen muss, was die Wiese zu bieten hat und man selbst entscheiden kann, was man braucht. Dieses Mal ist die Unterstützung der Lehrerin überhaupt nicht gefragt. Die Kinder sammeln zunächst ihr Material, sortieren Dinge wieder aus und experimentieren. Sie suchen einen geeigneten Platz für ihr kleines Arrangement, bauen es dort auf und lassen es fotografieren. Als die Kinder ihre Werke auf den Fotos wieder entdecken sind sie von der Wirkung der Farben überrascht, denn auf den Aufnahmen ist nur sehr wenig von dem Umfeld der Arbeiten zu sehen und sie wirken durch ihre minimalistische Einfachheit und Klarheit.

## Finissage ▶▶▶▶▶

Alle Abbildungen der Kinderarbeiten werden zu einer **Ausstellung** in unserer Gruppenecke angeordnet. Dazu gibt es natürlich auch Informationen zu Andy Goldsworthy und Fotos von seinen Arbeiten, die uns inspiriert haben. Außerdem haben wir einige Naturmaterialien zum Anschauen, Vergleichen und Anfassen hinzugefügt, um unseren Besuchern eine kleine Vorstellung davon zu vermitteln, wie wir uns mit dem Material auseinander gesetzt haben. Kinder aus anderen Gruppen, Besucher der Schule und Kolleginnen zeigen viel Interesse an unseren Ergebnissen. Die Schüler geben bereitwillig Auskunft und führen besonders gern ihre Eltern durch die Fotoausstellung. Auch die Vorschulkinder präsentieren mit Stolz ihre ersten Kunstwerke, die sie gemeinsam mit den älteren Mädchen und Jungen ihrer Gruppe gestaltet haben. Nach Abschluss unserer *„Land Art-Aktion"* bitten die Kinder darum, noch einige Filmausschnitte über die Entstehung von Skulpturen Goldsworthys am Meer und in Eis und Schnee sehen zu dürfen.

Ihre Kommentare sind erfüllt mit Staunen, Begeisterung und Bewunderung für die einmaligen Kunstwerke. Außerdem ist die Motivation ungebrochen und viele planen schon interessante Vorhaben für den Winter und für die nächsten Ferien am Meer. Im Übrigen ist es offensichtlich, dass unsere Gruppe in den ersten Schulwochen schon ein bisschen zusammengewachsen ist und wir eine gute Grundlage für weitere künstlerische Aktionen geschaffen haben.

■ *Rita Deterding*

# Offene Werkstattangebote

Seit vielen Jahren werden von einem Lehrerteam der Eingangsstufe regelmäßig
**Offene Werkstattangebote**[32] organisiert. Dabei handelt es sich um handwerklich-
künstlerisch-musische Bereiche, wie z.B. Töpfern, Aquarellmalerei, Werken mit
Holz, Textiles Gestalten, Kochen und Backen, Konstruieren mit Pappe und Papier,
Darstellendes Spiel, Tanz u.v.m. Die Kinder wählen gruppenübergreifend einmal
wöchentlich zwischen acht und zehn verschiedenen Angeboten aus. Anbieter der
Kurse sind – außer den Lehrern – Eltern und Praktikanten.

Die **Werkstattangebote** sind so organisiert, dass sich die Schüler aus mehreren
Angeboten frei für eines entscheiden und dieses wiederum mit großer Freizügigkeit
bearbeiten oder gestalten können. Die Anbieter der Kurse betreuen die Kinder in
erster Linie hinsichtlich Material und Werkzeug. Sie geben ihnen technische Hilfe-
stellung und führen sie in den Umgang mit neuen Werkzeugen ein. Es nehmen
etwa vier bis zehn Kinder an jedem Angebot teil. Die Zeitdauer beträgt einmal
wöchentlich 60 Minuten.

Die **Form des Unterrichts** ist offen und trägt so dazu bei, dem Entwicklungsniveau
und den Neigungen des einzelnen Kindes sowie seinen Begabungen in hohem
Maße Rechnung zu tragen. Die kleine Lerngruppe bildet eine gute Grundlage für
den individualisierenden Unterricht in altersgemischten Gruppen, auch unter dem
Aspekt der Betreuung und Integration von Kindern mit besonderem Förderbedarf.

##  Die Idee der Werkstattangebote

Kunstunterricht, Werken, textiles Gestalten, musikalische Früherziehung etc. sind
gängige und bedeutsame Bestandteile des Grundschulunterrichts, auch an der
Bielefelder Laborschule. In der Regel finden sie in Kursen bzw. Lehrgängen statt.
Ganze Grundschülergenerationen haben ihre Topflappen und Nadelhefte und
getöpferte Schälchen erstellt. Neben der auch hierbei intendierten handwerklichen Grundlagenbildung verfolgen die Werkstattangebote noch weitergehende
Ziele und Absichten:

---

*32 Bei dem vorliegenden Text handelt es sich um einen überarbeiteten Auszug aus: BLÖMEKE/BOSSE/GÖRLICH 1999.*

- *die regelmäßige Auseinandersetzung mit elementaren, oft ursprünglichen Materialien und handwerklich-künstlerischen Tätigkeiten im Schulalltag*
- *die freie Entfaltung von Kreativität und Fantasie*
- *die Entdeckung und Entwicklung persönlicher Fähigkeiten, Fertigkeiten und Begabungen*

Materialien wie Ton, Holz, Papier, Stoff, der Umgang mit Lebensmitteln, Musizieren, Rollen- bzw. Theaterspiel und Malen gehören zu den Basiserfahrungen für die kindliche Entwicklung im Schulanfangsalter. Fünf- bis achtjährige Kinder besitzen noch die wörtlich naive Freude am elementaren Gestalten und erleben gleichzeitig auch schon Möglichkeiten der persönlichen Ausdrucksfindung zunehmend bewusster. Sie haben allgemein noch recht wenig Erfahrung im Umgang mit handwerklichen und künstlerischen Materialien und Werkzeugen, besitzen aber bereits die ersten notwendigen motorischen Fähigkeiten zum Umgang damit und erste kognitive Möglichkeiten zum Verständnis davon.

Die Werkstattangebote bieten ihnen eine in den Schulalltag eingebundene, regelmäßig stattfindende Möglichkeit zur **Werkstattarbeit**. Holz wird wirklich und mit echten Werkzeugen bearbeitet, beim Weben wird immer mehr Wert auf Sorgfalt und Ergebnis gelegt, gemalt wird mit wertvollen Aquarellstiften usw. Dies führt dazu, dass sich die Kinder in ihrer altersgemäßen Entwicklung ernst genommen fühlen und gerne die Gelegenheit ergreifen, sich in den Werkstätten auf die Materialien und auf die damit verbundenen Umgangsweisen und Anforderungen einzulassen. Pflege der Stifte, Vorsicht beim Sägen, Aufräumen der Materialien für das nächste Mal sind nun überhaupt nicht mehr erzieherische Anliegen der Lehrer, sondern ergeben sich als Notwendigkeit unmittelbar aus den sachlichen Erfordernissen des Materials und der Werkstatt. Sie werden von allen Kindern eingesehen, akzeptiert und eingehalten, ohne dass der pädagogische Zeigefinger dafür herhalten muss.

## ▷ Kinder können sich frei entfalten

Die Kinder wählen wöchentlich ihr Werkstattangebot aus einer Palette an Möglichkeiten aus. In ihrer Entscheidung richten sie sich ausschließlich nach in ihnen selber wohnenden Neigungen und Bedürfnissen. Innerhalb ihrer Angebote haben die Kinder wiederum weitgehend freie Möglichkeiten, sich für ein von ihnen selbst zu erstellendes Arbeitsergebnis zu entscheiden. Kein Thema, keine didaktische Stufung, keine Lehrerabsicht bestimmen den kindlichen Eifer. Allein die Möglichkeiten des Kindes im Umgang mit dem gewählten Material und die ihnen innewohnende Fantasie bestimmen das angestrebte **Ziel**. Jedes Kind der Töpfergruppe mag sich ein anderes Produkt vornehmen, ganz wie es den Wünschen des Einzelnen entspricht. Gleichwohl gucken Kinder voneinander ab, lassen sich inspirieren, haben gemeinsame Pläne. Mitunter ist auch der scheinbar ziellose Umgang mit dem Material Ergebnis genug. Manche Kinder finden im spontanen Formen des Tonklumpens und im anschließenden Verwerfen (wörtlich!), im erneuten Entstehenlassen und abschließenden scheinbar gleichgültigen Beiseitelegen des Materials den Ausdruck, die Erfahrung, die Erfüllung, den Ausgleich, die Befriedigung, so wie es ihnen gemäß ist. Natürlich gibt es punktuelle Ausnahmen: so kann z.B. die Kochgruppe nicht spontan entscheiden, was heute auf die Herdplatte gestellt werden soll; Rezept und Zutaten sind daher meist vorgegeben.

**Werkstattangebote** sind somit nicht Lehrgang, dienen nicht in erster Linie dem Zweck, operationalisierbare Ziele zu erreichen, wie z.B. handwerkliche Grundkenntnisse, sondern dienen vielmehr der *kindlichen Wahrnehmung*, ihrem *Ausdruck*, ihrer *Gestalt*. Der Prozess des Tuns, des Schaffens, der Arbeit selber ist wesentlicher Sinn der Werkstattangebote. Handwerkliche Fertigkeiten, künstlerische Schaffensprodukte, fleißige Resultate sind auch erwünschte und beabsichtigte Ergebnisse, jedoch nicht die Schwerpunkte der Werkstattangebote.

Gleichwohl entdecken Kinder Neigungen, Fertigkeiten und Fähigkeiten bei sich. Sie erleben ihre Stärken und Begabungen, entwickeln den Wunsch, sich weiter zu entfalten, ihr Können auszubauen, ihre Resultate zu verfeinern und zu perfektionieren. Sie erkennen bislang verborgene Seiten an sich selber, nehmen das Gefühl der Befriedigung durch Arbeit wahr und erlangen einen hohen Produzentenstolz. Sie entdecken die Möglichkeit, Schwächen und Defizite auf anderen, vielleicht sozialen oder kognitiven Gebieten auszugleichen und entwickeln häufig ein Selbstwertgefühl, das ihnen bis dahin unbekannt war. **Stärken zu entdecken, Schwächen zu kompensieren**, die **Persönlichkeit zu entwickeln** sind die eigentlichen Ziele und Absichten der Werkstattangebote.

Die Offenen Werkstattangebote sind eine **Sache der Kinder.** Wir Erwachsenen nehmen uns stark zurück. Dann kann es gelingen, dass die Sache zu dem wird, was sie für die Kinder sein soll: eine ganzheitliche und selbstbestimmte Gelegenheit zum Erlernen und Ausüben von Tätigkeiten und Verrichtungen. So verstanden, verbinden sich in der Form der Offenen Werkstattangebote die Schülerinteressen mit den Lerngelegenheiten, der Lernprozess mit dem Werkstattprodukt und dieses mit dem (oft neu zu entdeckenden) Selbstbewusstsein der Kinder über ihre Fähigkeiten und Begabungen. Dann ist auch das Lernen zur Sache der Kinder geworden, weil es aus ihnen kommt, den von ihnen selbst bestimmten Sinn erhält und es ihnen ermöglicht, sich selber und damit auch die Sache in ihrem Sinne weiterzuentwickeln.

### Was sind gute Werkstattangebote? ▶▶▶▶

Die Frage liegt nahe: Was sind geeignete Angebote im Rahmen der Offenen Werkstätten? Welche Angebote finden hier vielleicht keinen Platz? Schauen wir auf den Anspruch der Offenen Werkstattangebote, eine Lerngelegenheit der Kinder zu sein, in der sie sich und somit die ihnen eigenen Begabungen und Fähigkeiten entwickeln, so lassen sich hieraus einige Kriterien ableiten:

- *Von großer Bedeutung ist die Ernsthaftigkeit des einzelnen Werkstattangebots. Es handelt sich um eine Tätigkeit, die ein Abbild wirklicher Arbeits- und Werkstattsituationen ist. Nicht das imitierende Rollenspiel ist gemeint, wenngleich auch bei den Werkstattangeboten die Kinder Rollen spielen, sondern die Möglichkeit zur Nachahmung und Ausübung von Tätigkeiten im Haushalt, in der weiteren Arbeitswelt, in künstlerisch-gestalterischen Bereichen.*
- *Materialien und Tätigkeiten weisen elementaren Charakter auf. Das bedeutet, sie beinhalten einfache und ursprüngliche Verrichtungen, die – unter geschichtlichen Aspekten betrachtet – eher am Anfang menschlichen Tätigseins gestanden haben, aber dennoch auch heute noch von grundlegender Relevanz sind.*
- *Das zu bearbeitende Material ist den gestalterischen Möglichkeiten der Kinder dieser Altersgruppe gemäß. Das bedeutet, sie sind in der Lage, mit ihren Händen das gewählte Material zu bearbeiten oder zu verarbeiten.*
- *Sie können die zur Materialhandhabung benötigten Werkzeuge, Instrumente und Hilfsmittel bedienen. Es werden durchaus „echte" Werkzeuge benutzt, aber sie müssen für Kinder fassbar sein.*
- *Die Kinder können das Geschehen, also die einzelnen Tätigkeiten mit Material und Werkzeugen verstandesmäßig durchdringen. Profan ausgedrückt: Sie wissen, warum eine Säge geeignet ist, ins Holz zu schneiden, man hingegen zum Zerkleinern des Gemüses besser ein Messer benutzt.*

- *In jedem Werkstattangebot erhalten die Kinder die Möglichkeit zur Auswahl und Gestaltung eigener Vorstellungen und Ideen. Dem Material kommt die große Bedeutung zu, Möglichkeiten zu eröffnen und Grenzen deutlich zu machen. Daher wird, wo es eben geht, vermieden, den Kindern ein fertiges Resultat als Ziel des Werkstattangebots vorzulegen.*
- *Material, Werkzeuge und Handhabungsmöglichkeiten lassen den Kindern Spielraum zur Entfaltung eigener Vorstellungen. So ist eine Schablone nur sinnvoll, wenn sie zur ordentlichen Formfindung, z.B. beim Aufzeichnen eines Grundrisses führt, nicht wenn sie das Arbeitsresultat bereits vorgibt und damit die Fantasie der Kinder überlagert.*

Insgesamt sind wir aus unseren Überlegungen heraus zu einer Art Standardprogramm für die Offenen Werkstattangebote gelangt, das um gelegentlich wechselnde, teilweise periodisch oder saisonal bedingte Angebote ergänzt wird.

Zu diesem Standardprogramm gehören das *Aquarellmalen*, das *Töpfern*, die *Holzwerkstatt*, die Werkstätten *„Nadel und Faden"* und *„Kochen und Backen"*. Hierzu gesellen sich Werkstätten wie *„Konstruieren und Gestalten mit Pappe und Papier"*, *„Bilderdruck"*, *„Theater"*, *„Musizieren"* *„Bau von Musikinstrumenten"*, *„Lederarbeiten"*, *„Gartenarbeit"* und manche weitere.

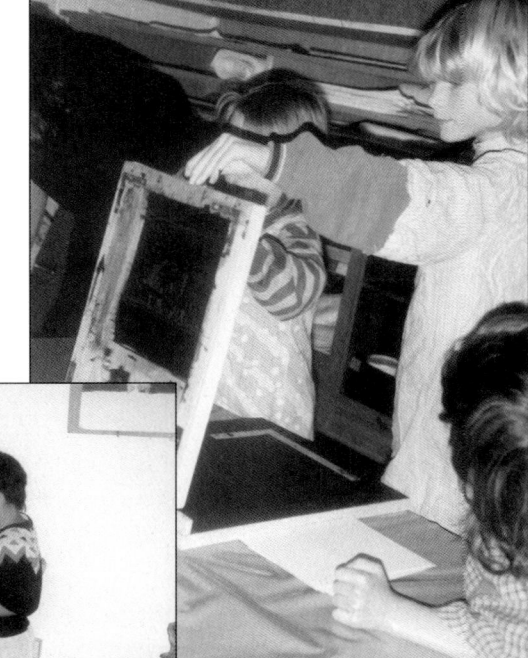

■ *Ulrich Bosse, Uta Görlich, Ines Blömeke*

# Der Blick über den Zaun –

## Schulpartnerschaft im Projektunterricht

 **Kleine Chronologie der Schulpartnerschaft**

Anfang 1986 gründet sich auf Initiative einer Kollegin, die ein Jahr zuvor Nicaragua besucht hatte, eine Partnerschaftsgruppe. Im Sommer 1986 entsteht die erste **Schulpartnerschaft** zwischen der Laborschule und einer Schule in Nicaragua. Die *„Nicaragua-Gruppe"* organisiert seitdem alle Aktionen zur Partnerschaft innerhalb der Schule, informiert über aktuelle Ereignisse und hat für die Unterrichtsarbeit eine Mediensammlung und eine Dokumentation gemeinsam mit dem Welthaus in Bielefeld erstellt. Aufgrund der Kriegssituation hat die Partnerschaft mit der Schule im Pantasmatal keinen Fortbestand.

1992 reisen drei Kolleginnen nach Nicaragua und nehmen Kontakt zu Schulen in Esteli und Miraflor auf. Nach einer kurzen Zeit der Korrespondenz werden Schulpartnerschaften zu einer Schule in Esteli und einigen kleinen Landschulen in Miraflor aufgebaut.

Einmal jährlich findet sonntags eine Matinee mit Musik, Theater und Lesungen statt. Das Programm gestalten die Kinder mit ihren Lehrern. Der Erlös der Matinee kommt den Partnerschulen zugute. Zum 20-jährigen Bestehen der Laborschule gibt es einen Sponsorenlauf für die Partnerschulen, bei dem von den Schülern 42 000 DM erlaufen werden. Der Bau von Latrinen, die Einrichtung einer Bibliothek, der Kauf neuer Stühle und Hefte können von diesem Geld bezahlt werden.

Im Winter 1998 werden bei einer Spendenaktion für die Opfer des Hurrikan *„Mitch"* 26 700 DM gesammelt. Im Juni 2001 finden die 2. Sponsorenspiele für die Schulpartnerschaft statt. Die Einnahmen belaufen sich auf 57 500 DM, von denen über 40 000 DM an unsere Partnerschulen fließen. Die Partnerschulen wollen mit dem Geld unter anderem neue Klassenräume einrichten, Lernmaterial anschaffen und eine Wasserleitung legen.

 **Voraussetzungen für das Projekt**

Das **Nicaragua-Projekt** ist fester Bestand im Jahresplan der 1. Fläche. Die Kinder bringen in jedes Projekt unterschiedliche Vorkenntnisse ein. Die älteren Kinder verfügen oft schon über ein beachtliches Wissen hinsichtlich der Lebensbedingungen der Menschen in Nicaragua. Als Experten sind sie gern bereit, es an die jüngeren Kinder weiterzugeben. Der Briefkontakt mit den Partnerschulen, Besucher aus Nicaragua sowie die enge Zusammenarbeit mit dem Welthaus machen das Thema der Schulpartnerschaft im Schulalltag immer wieder präsent. Berichte über die Verwendung der Spendengelder gehören ebenso wie die allgemeinen Informationen über Land und Leute in das Unterrichtsgeschehen. Das umfangreiche Fotomaterial, das auf den Reisen einiger Kollegen nach Nicaragua entstanden ist, wird regelmäßig ergänzt von Fotos, die Lehrer der Partnerschulen von aktuellen Ereignissen schicken, z.B. dem Bau einer Grundschule in Esteli. Eine große Foto-Text-Dokumentation über Entstehung und Verlauf der Schulpartnerschaft soll nicht nur Schüler, sondern auch Besucher bei öffentlichen Veranstaltungen informieren.

## ▶▶ Projektplanung

Jedes Nicaragua-Projekt beginnt mit einer **allgemeinen Information** zur Situation in Nicaragua. Landkarten zeigen die geografische Lage und eine Diaserie informiert über Menschen, Landschaft, Kultur und Politik. Schon bei der Auswahl der Dias werden die jeweiligen Themenschwerpunkte berücksichtigt, so dass bei den Kindern bereits Interessen geweckt werden können. Nach dieser Einführung erfolgt die konkrete **Arbeit zu den einzelnen Themenbereichen** in den Gruppen. Da die Kinder in regelmäßigen Abständen zum Thema Nicaragua arbeiten, verändern sich die Schwerpunkte und der Umfang der Projekte von Jahr zu Jahr.
In dem beschriebenen Projekt gibt es **gruppenübergreifende Angebote** zu folgenden Themen:

▶▶ Tropischer Regenwald
▶▶ Wohnen in Nicaragua
▶▶ Ernährung in Nicaragua
▶▶ Kunst aus Nicaragua
▶▶ Spiele und Spielzeug aus Nicaragua

Die Auswahl der Arbeitsschwerpunkte erfolgt im Lehrerteam. Da der Zeitpunkt des Projektes im 2. Schulhalbjahr liegt, können die vier Stammgruppen zugunsten von Interessengruppen aufgelöst werden. Die neuen Kinder haben sich in ihren Gruppen schon eingelebt und soviel Stabilität erfahren, dass ihnen die Neustrukturierung auf Zeit in der Wahlgruppe nichts ausmacht, sondern sie als spannende Abwechslung im Schulalltag empfinden.

##  Die Arbeit in den Projektgruppen

In einer *„Großen Versammlung"* werden die zur Auswahl stehenden Projektgruppen vorgestellt. Die Kinder tragen ihren Erst- und Zweitwunsch in Listen ein. Die Lehrer stellen danach die **Projektgruppen** zusammen und teilen den Kindern mit, in welcher Gruppe sie arbeiten werden und welcher Lehrer die entsprechende Gruppe betreuen wird.

##  Spiele und Spielzeug aus Nicaragua

Echtes Spielzeug aus Nicaragua, Bilder aus Büchern sowie Erzählungen von Besuchern geben den Kindern eine Vorstellung von nicaraguanischen **Spielen, Spielzeugen** und **Musikinstrumenten**. Aus der Fülle des Angebotes suchen sich die Schüler die Dinge aus, die sie am meisten interessieren. Sie entscheiden sich für Autos aus Holz- und Metallabfällen, Pusterohre aus Ton, Murmelspiele aus Ton und Karton, Astgabelrasseln aus Ästen und Kronkorken und Regenmacher aus Papprohren und Nägeln. Die Kinder arbeiten je nach Aufgabe und Geschicklichkeit allein, zu zweit oder in Kleingruppen.

Für die Herstellung der **Holzautos** benutzt die Gruppe die Holzwerkstatt der Schule. Gegenseitige Hilfe ist unerlässlich, deshalb arbeiten die Kinder in altersgemischten Kleingruppen. Die Formen der Holzstücke beeinflussen die Form des Spielzeugs erheblich. Schließlich entstehen neben Autos auch Pferdewagen, ein Karussell und eine Puppenstube. Die Kinder lernen Verbindungen mit Holzleim oder Nägeln zu schaffen.

Die Grundform der **Blechautos** liefern Gemüsedosen. Kronkorken gegeneinander geklebt dienen als Räder, Korkscheiben als Abstandhalter und Blumendraht als Achse. Das Durchbohren der Kronkorken erfordert so viel Kraft, dass dies gern den kräftigeren Kindern überlassen wird. Weitere Details der Autos werden aus anderen Metallabfällen angebracht. Die Befestigung der Metallteile ist das größte Problem und erfordert die Hilfe eines Erwachsenen. Die Ideen liefern die Kinder.

Die **Pusterohre** aus Ton werden von jedem Kind einzeln modelliert. Sie formen eine Tonkugel und durchbohren sie mit einem Stift, um dann aus der Kugel einen Tierkopf zu modellieren. Die *„Tonspezialisten"* helfen bereitwillig den weniger erfahrenen Kindern. Jetzt muss der Stift mit einer Tonplatte umwickelt und am Kopf angesetzt werden. Nach dem Brennen veranstalten die Kinder mit ihren Pusterohren einen *„Weitpustewettbewerb"* mit Papierkügelchen.

Beim Herstellen eines **Murmelspiels** können unterschiedliche Fertigkeiten geübt werden: Malen, Formen und Schneiden. In einen Schuhkarton werden an der Längsseite verschieden große Öffnungen ausgeschnitten. Anschließend wird der Karton mit Mustern und Farben nach nicaraguanischem Vorbild bemalt. Bei diesem Spiel sollen Tonkugeln in die verschieden großen Öffnungen gekullert werden. Sie bringen entsprechend ihres Schwierigkeitsgrades eine bestimmte Anzahl von Punkten.

Für die **Astgabelrasseln** brauchen die Kinder Astgabeln, Kronkorken und Blumendraht. Sie arbeiten dabei zu zweit. Die Zweige der Astgabel müssen auf eine Länge gebracht werden. Ein Kind bedient die Säge, während das andere den Ast festhält. Die Kronkorken werden mit einem Hammer platt geschlagen und mit einem Nagel durchbohrt. Sehr hilfreich ist dabei eine Teppichfliese als Unterlage. Wer nicht soviel handwerkliches Geschick zeigt, kann mit viel Geduld und ein wenig Fingerfertigkeit die Kronkorken auffädeln und den Draht an der Astgabel befestigen.

Die **Regenmacher** werden in Partnerarbeit hergestellt.

Als Material braucht man Pappröhren, Nägel, Tongranulat und Farbe. Ein Bindfaden wird oben an der Pappröhre befestigt, spiralförmig um die Röhre gelegt und mit dem Bleistift eine Linie entlang des Fadens gezogen. Abwechselnd können die Kinder in ca. 2 cm Abstand Nägel auf dieser Linie einschlagen. Die Länge der Nägel sollte $2/3$ des Rohrdurchmessers entsprechen. Aus fester Pappe werden nun 2 runde Deckel, entsprechend des Rohrdurchmessers, zugeschnitten. Zuerst wird eine Seite des Rohres verschlossen, dann 2–3 Tassen Granulat hineingeschüttet und zum Schluss die andere Seite zugeklebt. Beim Bemalen der Regenmacher können sich die Kinder von Motiven und Farben des mittelamerikanischen Kunsthandwerks inspirieren lassen.

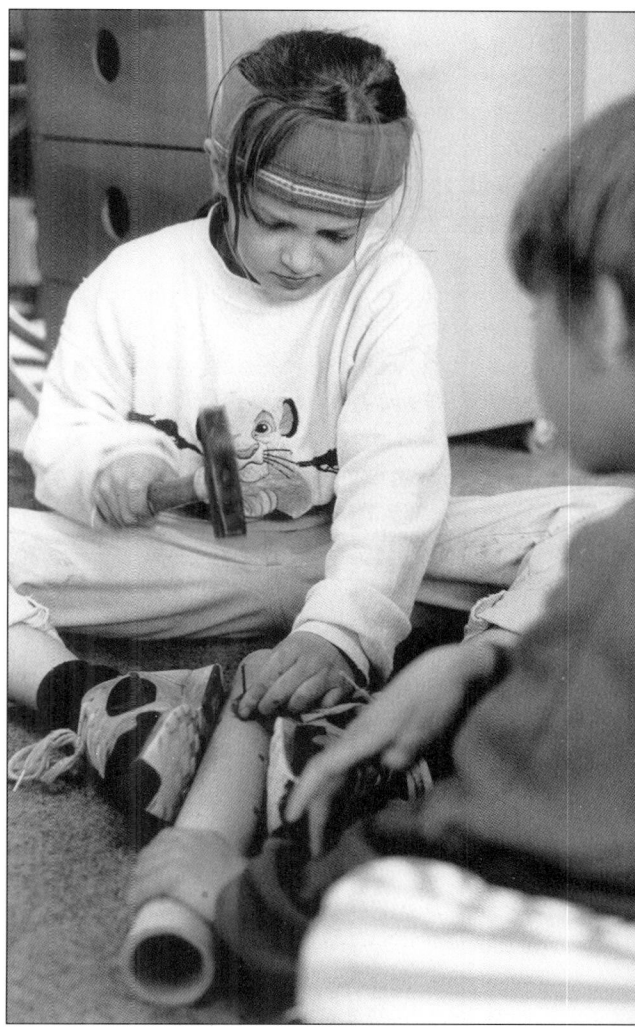

##  Wohnen und Kinderarbeit

Einblicke in die nicaraguanischen **Wohnverhältnisse** erhalten die Kinder aus Bilderbüchern, Dias und dazugehörigen Erzählungen ihrer Lehrerin. Sie hat Nicaragua besucht und ihnen die Aufnahmen mitgebracht. In den Randbezirken der Städte und auf dem Land wird die Armut der Nicaraguaner im Hinblick auf ihre Wohnsituation besonders deutlich. Ihre Häuser sind aus Holz und Wellblech oder aus Lehm und Palmblättern mühsam zusammengezimmert. Diese Hütten haben nur einen Raum, in dem alle Familienmitglieder gemeinsam leben.

In der Projektgruppe entsteht die Idee, eine **Siedlung** aus Miraflor **nachzubauen.** Dieses ländliche Gebiet in den Bergen bei Esteli kennen die Kinder von Fotos, weil dort eine unserer Partnerschulen liegt. Die Kinder sammeln Abfallmaterialien wie Pappe, Holz und Plastik, sowie Zweige und Äste. In Partnerarbeit kleben, zimmern und schnüren sie ihre Häuser zusammen. Einige nehmen Wellpappe für das Dach, andere Holzreste oder Plastikfolie. Alle Kinder geben sich große Mühe bei der Arbeit, um ihre Häuser so originalgetreu wie möglich nachzubauen. Die geschickteren Kinder gehen denen zur Hand, die noch nicht soviel Erfahrungen sammeln konnten. Mit gegenseitiger Hilfe kommen sie zu einem für alle zufriedenstellenden Ergebnis. Zum Schluss stellen sie ihre Häuser auf einen sandigen Untergrund, beleben ihre Siedlung zusätzlich mit Figuren aus ihren Spielzeugkisten sowie kleinen Palmen und Kaffeepflanzen. In der Arbeitszeit schreiben sie außerdem Geschichten über die Menschen, die in den Häusern wohnen und malen Bilder dazu. Die Kinder, die noch nicht schreiben können, diktieren ihre Geschichten entweder älteren Gruppenmitgliedern oder ihrem Lehrer.

Die enorm hohe **Arbeitslosigkeit in Nicaragua** zwingt die Kinder zur Erwerbsarbeit, um zum Überleben der Familie beizutragen. Deshalb verkaufen Kinder Getränke, selbst zubereitete Speisen, Süßigkeiten oder Zeitungen auf der Straße. Sie putzen Schuhe, suchen auf der Müllkippe nach Verwertbarem, arbeiten auf Feldern, machen Botengänge und vieles mehr.

Im Gruppengespräch überlegen die Kinder gemeinsam, welche **Kinderarbeit** sie selbst durchführen können. In der Kinderküche der Fläche sollen Plätzchen gebacken und Popcorn zubereitet werden. In der Gruppenecke wird an der Zeitung, die über Kinderarbeit berichten soll, gearbeitet. Danach wollen sie diese Dinge verkaufen und außerdem mit einer Schuhputzaktion Geld verdienen. Um einen erfolgreichen Umsatz zu sichern, werden Verkaufsplakate geschrieben und bemalt, die über die Kinderarbeit in Nicaragua informieren.

Zum Verkauf und zum Schuhe putzen gehen die Kinder in die nahegelegene Universität . Die Verkaufsplakate haben sie auf große Pappen geklebt und tragen sie nun als *„Sandwiches"*. Die Popcorn- und Kekstüten bieten sie in mehreren selbst hergestellten *„Bauchläden"* aus Kartons an. Die meisten Kinder haben keine Schwierigkeiten, den Erwachsenen in der Universität ihr Anliegen vorzutragen. Der Verkauf klappt gut. In nur einer Stunde sind alle Tüten und Zeitungen verkauft. Auch die Schuhputzgruppe hat gut verdient. Die Gruppe zählt stolz das eingenommene Geld, das für die Partnerschule in Esteli bestimmt ist.

Im abschließenden Gruppengespräch berichten die Kinder, dass ihnen die Aktion viel Spaß gemacht hat und sie den Verkauf nicht als besonders anstrengend empfunden haben. Allerdings sind alle Mädchen und Jungen der Meinung, dass es ein hartes und nicht kindgerechtes Leben sein muss, solche Arbeiten Tag für Tag unter den schwierigen Bedingungen in Nicaragua verrichten zu müssen. In dieser Diskussion wird ihnen die Notwendigkeit des Austausches mit den Kindern unserer Partnerschulen und deren Unterstützung durch unsere Aktivitäten deutlich bewusst.

**Kunst**

Zu diesem Thema gibt es Anschauungsmaterial, dass einige Lehrer von ihren Reisen nach Nicaragua mitgebracht haben. Nach diesen nicaraguanischen Vorbildern wollen die Kinder Tongefäße und Holzvögel herstellen. Im Gespräch erfahren die Kinder, dass die **Gefäße aus Ton** in Nicaragua wichtige Gebrauchsgegenstände ihres Alltagslebens sind, und nicht, wie häufig bei uns, nur Dekorationszwecken dienen. Einigen Kindern ist das Arbeiten mit Ton vertraut, andere, besonders die Vorschulkinder, müssen die Technik erst noch kennen lernen. Für diese Kinder ist das Herausdrücken aus einer Kugel die einfachste Möglichkeit, zu einem guten Ergebnis zu kommen. Dafür bekommt jedes Kind eine faustgroße Tonkugel. Die Kinder drücken von innen eine Mulde in die Kugel, die immer größer wird und schließlich, wenn die Wände gleichmäßig stark sind (nicht dicker als ihr kleiner Finger), ein Gefäß bildet. Diese Technik hat den Vorteil, dass durch das Herausdrücken keine Ansatzpunkte entstehen, die beim Brennen abplatzen könnten. Der Boden der Schale sollte abgeflacht sein, um eine gute Standfestigkeit zu erzeugen. Wenn das Gefäß fertiggestellt, der Ton aber noch feucht ist, können die Kinder mit Holzstäben Muster in den Ton ritzen.

Die nicaraguanischen **Holzvögel** bezaubern durch kräftige, klare Farben und einfache Formen. Den Kindern gefallen diese Vögel so gut, dass sie beschließen, sie nachzubauen. Aus einer großen Kiste mit Abfallholz suchen sie sich die Einzelteile für ihren Vogel zusammen. Schon beim Aussuchen der Holzstücke ist die Fantasie der Kinder gefragt. Gerne nehmen die jüngeren die Vorschläge und Ideen der älteren Kinder auf und setzen sie kreativ um. Auch beim Kleben mit Holzleim sind einige Kinder auf Hilfe angewiesen. Es entstehen witzige, in der Form sehr unterschiedliche Vögel. Zum Anmalen nehmen die Kinder nur klare, kräftige Farben, wie ihre nicaraguanischen Vorbilder. Doch die bunten Federn aus dem Bastelgeschäft für den Schwanz gibt es nur in Ostwestfalen. Sie geben den Vögeln eine eigene Note. Zur Illustration des Liedes *„Tamaro"* von Fredrik Vahle eignet sich besonders für jüngere Kinder das Styrenedruckverfahren, weil das Material im Vergleich zum Linoldruckverfahren ungefährlicher und leichter zu handhaben ist. Styrene-Folien sind japanische Schaumstoff-Folien, die als Druckplatte dienen. Diese weißen, ca. 3,5 cm starken Platten gibt es in Künstlerbedarfsläden zu kaufen. Preisgünstiger, aber qualitativ schlechter, sind Isolierplatten aus dem Baugewerbe.
Zuerst lernen die Kinder das Lied von dem Jungen *„Tamaro"* kennen. Es erzählt von seinem Leben, der Arbeit, dem Vergnügen und den Träumen. Die Kinder erzählen aus ihrem Leben und vergleichen es mit dem Tamaros. Dann überlegt jedes Kind für sich, welche Situation es gerne drucken möchte und macht dazu eine Vorzeichnung. Die Kinder übertragen diese mit Hilfe eines Bleistiftes auf eine

Styreneplatte. Die Konturen werden leicht eingedrückt, Flächen lassen sich nur mit Punkt und Linie gestalten. Strukturen machen das Bild lebendig.

In der *„Druckwerkstatt"* müssen die größeren Kinder die Verantwortung übernehmen und den kleineren beim Einfärben ihrer Druckplatte helfen. Sie verteilen mit einer Gummiwalze die Linoldruckfarbe auf einer Glasplatte, so dass die Walze gut eingefärbt wird. Dann tragen sie die Farbe mit der Walze gleichmäßig auf die Styreneplatte auf. Beim Drucken auf ein Blatt Papier können die Kinder mit Hilfe einer sauberen Gummiwalze für einen möglichst gleichmäßigen Abdruck sorgen. Die Druckplatte lässt sich beliebig oft verwenden.

## ⏩ Tropischer Regenwald

In einer ersten **Gesprächsrunde** äußern die Kinder ihre Vorstellungen vom tropischen Regenwald: *„Da regnet es immer – Sommerregen – Der ist warm – Da ist es heiß wie in der Sonne – Da gibt es tropische Tiere – Klar, da sind natürlich Palmen und Bäume – Da ist ganz viel Wasser..."*

Das Anschauen von **Bildbänden** und **Kindersachbüchern** soll bestehende Vorstellungen bestätigen, ergänzen, Gespräche initiieren und Fragen aufwerfen. In einem anschließenden Gesprächskreis sammeln wir die Fragen. Auf dem Globus reisen wir mit dem Finger von Deutschland nach Nicaragua. Auf der Karte von Nicaragua finden wir die Zone des Tropischen Regenwaldes. Fotos, Bilder und der Film *„Tropischer Regenwald in Amazonien"* lassen uns in die Atmosphäre des Regenwaldes eintauchen. Die Kinder sind so beeindruckt, dass sie sogar Fachbegriffe behalten – *„Können wir das nicht nachbauen, damit die anderen sich das auch vorstellen können?"* Julius möchte es am liebsten lebensgroß. Diese Idee bringt uns dahin, gemeinsam ein **Fensterbild** mit den Stockwerken des tropischen Regenwaldes zu gestalten.

Nach einer Einführung in die **Arbeit mit dem Maßstab** geht es an die Umrechnung der Meterangaben in Zentimeter – und deren Übertragung auf den Fotokarton. Die älteren Kinder sind bei der Maßstabsarbeit mehr gefordert. Die jüngeren sehen staunend zu und helfen dafür beim Ausschneiden und Ankleben der Bäume tatkräftig mit. Durch die praktische Arbeit wird deutlich, dass auch sie den Aufbau des Regenwaldes als Stockwerke voll verstanden haben. Als alle Bäume kleben hält Moritz die Fingerkuppe seines kleinen Fingers daneben und meint: *„Und das bin ich."* Fasziniert von den Größenverhältnissen im Tropischen Regenwald wollen die Kinder die Größe einzelner Baumblätter bzw. den Umfang einzelner Baumstämme wissen.

In Büchern entdecken wir Fotos, die Bäume mit Brett-, Stütz- und Stelzwurzeln zeigen. Dies weckt sogleich das Interesse der Kinder.
Mit einfachen Materialien (Pfeifenputzer, Bastelplüschdraht) bauen wir kleinere Modelle nach. Beim Biegen der Drähte helfen die Kinder sich gegenseitig.

Wir wenden uns dem Themenschwerpunkt *„Der Baum als Lebensraum/Aufsitzer-Pflanzen"* zu. Fotos, Buchabbildungen und mitgebrachte Pflanzen sind unser Ausgangspunkt. Die Kinder staunen sehr, als sie erfahren, dass viele unserer Topfpflanzen ursprünglich Aufsitzer-Pflanzen im Tropischen Regenwald sind.
Eine gemeinsame Malaufgabe vertieft das neu gewonnene Wissen. Die Ausstellung *„Tropischer Regenwald"* wird mit Fotos und Pflanzen erweitert. Der Film *„Pflanzen und Tiere am Amazonas"* dehnt die Thematik *„Der Baum als Lebensraum"* um den Aspekt der Tiere aus. Die begonnene Malaufgabe wird um Abbildungen der Tiere ergänzt. In der Gymnastikhalle imitieren wir die Bewegungsabläufe der im Film gezeigten Tiere. Es macht den Kindern Riesenspaß, zunächst das Tier zu erraten und sich dann selbst als Schlange, Schildkröte, Ameise, Neuweltaffe, Faultier und Leopard zu bewegen. Es entsteht die Idee, ein eigenes Tierbuch über unsere Lieblingstiere des Regenwaldes zu machen. Konzentriert arbeiten die Kinder zu zweit oder zu dritt zu der von ihnen gewählten Tiergruppe.

Den Kindern sollen die weit greifenden Auswirkungen der **Zerstörung des Regenwaldes** deutlich gemacht werden. Gezeigt werden Dias vom intakten Tropischen Regenwald sowie von den Folgen der Zerstörung seiner industriellen Nutzung durch den Menschen. Die Bilder verfehlen ihre Wirkung nicht. Die Kinder sind darüber aufgebracht, dass durch den massiven Holzabbau Tiere ihren Lebensraum verlieren. Auch die Verödung der Landschaft ist ihnen sogleich einsichtig.
Auf dem Globus sehen wir uns noch einmal die Verbreitung der Regenwälder über den gesamten Erdball an, ihre eigentliche Ausbreitung und ihr jetziger Bestand. Die Drehung des Globusses analog zur Erddrehung verdeutlicht im Ansatz den Luftaustausch in der Erdatmosphäre. Die Betroffenheit der Kinder nimmt zu. Sie erkennen, dass die weltweite Zerstörung der Regenwälder auch unsere Lebensqualität mindert.

Zum Abschluss des Projektes lesen wir das **Kinderbuch „Der Kapukbaum".** Einzelne Passagen des Buches bieten immer wieder Anlass zu Gesprächen und belegen den Wissenszuwachs der Kinder. Das 1-2- oder 3-Spiel mit Fragen zum Tropischen Regenwald auf dem Schulhof ist der spielerische Abschluss. Laute Jubelschreie begleiten jede richtige Lösung. Die Wahlgruppe *„Tropischer Regenwald"* bestehend aus Kindern der vier Stammgruppen der Fläche ist nun endgültig zur *„Regenwaldgruppe"* zusammengewachsen.

# ⮞ Ernährung in Nicaragua

Durch die intensive Auseinandersetzung mit dem Leben der Kinder aus Nicaragua stellt sich die Frage nach der Ernährung der Menschen dort. Ein Großteil *unserer* täglichen Nahrung stammt aus vielen Ländern der Erde. Als Einstieg in die Arbeit unserer Projektgruppe bietet sich darum ein **Besuch auf dem Wochenmarkt** an. Dort können wir an den Schildern und Kästen erkennen, aus welchem Land die einzelnen Früchte stammen. Die größeren Kinder legen eine Liste an, auf der Sorten und Herkunftsland festgehalten werden. Zur Stärkung kaufen wir Bananen ein – nun wissend, dass sie aus einem weit entfernten Land kommen und einen langen Transportweg haben.

Angeregt durch unseren Marktbesuch wollen wir mehr über die Vegetation in Nicaragua wissen. Wir schreiben in der Schule Fragen auf und erstellen daraus einen Projektplan. Den Besuch des Wochenmarktes lassen wir ausklingen mit der Betrachtung eines Bildes von Oskar Koller, das auf einer Perureise entstanden ist. Das Bild zeigt in vielen Aquarellfarben die abstrakte Darstellung von Marktständen. Die Kinder der Projektgruppe sind sehr angetan und experimentieren mit Aquarellfarben zum gleichen Thema. Es entstehen wunderschöne, farbenfrohe Bilder.

Danach beschäftigen wir uns mit **topografischen Karten** und entdecken, dass es in Nicaragua große Regenwälder gibt. Einige Informationen und ein Film zu den klimatischen Bedingungen und den Reichtümern des Regenwaldes zeigen, welche Pflanzen in Nicaragua wachsen. Nun wollen wir uns näher mit einigen Pflanzen beschäftigen und dazu typische Rezepte aus Nicaragua ausprobieren.

Alle Kinder kennen Kaffee und Kakao als **Getränke**. Wir informieren uns über die entsprechenden Pflanzen und sehen einen Film über den Kakaobaum. Er ist eine typische Pflanze des Regenwaldes und wird heute – wie die Kaffeepflanze – auf großen Plantagen angebaut. Gemeinsam kochen wir einen *„echten"* Kakao mit Rohzucker, Kakaopulver und Milch. Ein weiteres Getränk, das wir ausprobieren heißt *„chingue de maiz"* und ist in Nicaragua sehr beliebt. Es besteht aus Milch, Maismehl, Rohzucker, Zimtpulver und Gewürznelken. Der Geschmack der verwendeten Gewürze ist für viele Kinder fremd. Es erstaunt sie außerdem, dass Mais für ein Getränk verwendet wird. Verständlicher wird es für sie, nachdem sie aus zusätzlichem Informationsmaterial erfahren, dass Mais einen hohen Gehalt an Nährstoffen hat.

Mais ist ein **Getreide**, das aus Amerika nach Europa gelangte. Alle Kinder kennen die großen Maisfelder bei uns und viele haben schon frischen Zuckermais gegessen. In Nicaragua kennt man verschiedene Maissorten, z.B. wird der rote Mais für viele Gerichte genutzt. Um die Maiskörner genauer zu betrachten, stellen wir

Popcorn her. Beim Aufplatzen der Körner können wir das weiße Stärkemehl deutlich erkennen. Alle Kinder mögen gern Popcorn, sind aber erstaunt, dass die Nicaraguaner es auch gern gesalzen essen. Ein Hauptgericht in Nicaragua sind die „tortillas de maiz". Die Kinder erfahren, dass die Maispfannkuchen oft das Einzige sind, was sich viele Familien leisten können. Wir wollen dieses Gericht ausprobieren und stellen dabei fest, wie aufwendig die Zubereitung mit dem Mahlen der Körner, der Teigherstellung und dem Ausbacken der kleinen Fladen ist. Außer dem Mais wird in Nicaragua auch Berg- und Trockenreis angebaut – ebenfalls ein Hauptnahrungsmittel in diesem Land. Durch einen Film erfahren wir, dass es außer den süßen Obstbananen in Nicaragua auch Gemüse- und Kochbananen gibt. Sie werden dort gekocht oder frittiert gegessen. Im Welt-Haus können wir diese Bananen kaufen und ein Menü daraus kochen. Es besteht aus „platanos fritos" und „platanos al horno", also frittierte Bananen und mit Honig überbackene Bananen. Der Duft lockt auch Kinder und Erwachsene aus anderen Projektgruppen an. Sie probieren und alle finden das Essen sehr lecker.

Die Kinder fragen nach verschiedenen **tropischen Früchten**, die wir bei unserem Marktbesuch kennen gelernt haben und wollen wissen, ob die Menschen in Nicaragua auch Obst und Gemüse zu den Tortillas und dem Reis essen. Die Ananas wurde von Kolumbus in Amerika entdeckt und wird dort schon sehr lange auf Feldern kultiviert. Ein typischer Tropenbaum ist der Mangobaum. Die Früchte können bis zu zwei Kilogramm wiegen. Schon die Azteken pflanzten Avocadobäume. Diese Frucht zählt ebenfalls zu den ältesten Kulturpflanzen Amerikas. Auf einer großen Schale liegen Bananen, Ananas, Mangos und Avocados. Gemeinsam betrachten wir die Größe und Färbung der Früchte. Bei einem Spiel mit verbundenen Augen raten die Kinder durch Fühlen und Riechen die Namen der Früchte. Mit Buntstiften zeichnet jedes Kind ein Stillleben der Früchteschale. Die Bilder werden sehr schön und bilden neben unserem Informationsmaterial eine künstlerische Ergänzung für unsere geplante Ausstellung. Aus der Ananas, der Mango und den Bananen bereiten wir einen „Tropischen Obstsalat" – „ensalada de fruta", der allen wunderbar schmeckt. Außerdem gibt es eine leckere Avocadocreme. Die Kerne der Avocados stellen wir in Wasser, um daraus kleine Avocadopflanzen zu ziehen. Inzwischen sind daraus kleine Bäumchen gewachsen. Sie erinnern die älteren Kinder noch immer an unser Projekt.

## ⮞⮞ Ausstellung, Matinee, Aktionen

Zum Abschluss des Projektes werden alle Eltern eingeladen, um sich die Ergebnisse der Wahlgruppen in einer großen **Ausstellung** anzuschauen. Zeitweise wird sie begleitet von Aktionen einzelner Kinder. Die jährlich stattfindende **Nicaragua-Matinee** ist bereits ein Stück Schulkultur. Das Festprogramm wird von Lehrern und Schülern vorbereitet. Die Eltern beteiligen sich an der Organisation des Cafés und spenden Kuchen, der in den Pausen verkauft wird. Produkte der Projektwoche, wie z.B. ein entstandenes Projektheft zu den einzelnen Themenschwerpunkten, Holzvögel oder Regenmacher werden ebenfalls zum Verkauf angeboten. Ausgestellt werden die in den Arbeitsgruppen entstandenen Objekte wie Wohnsiedlungen, Spielzeuge oder Tonschalen. An den Pinnwänden finden die Besucher allgemeine Informationen über Nicaragua sowie die Arbeitsergebnisse der Projektgruppen. Das Programm der Matinee ist vielseitig und abwechslungsreich. Schüler aller Jahrgänge trommeln, tanzen, rappen, singen oder tragen Gedichte vor.

Auf fast jeder Matinee tritt ein *„special guest"* auf, der uns durch seinen musikalischen Beitrag Nicaragua näher bringt und einen der Höhepunkte des Festes darstellt. Mehrmals konnten wir Frederik Vahle, der selbst eng mit Nicaragua verbunden ist, für unsere Matineen gewinnen, eine Tanzgruppe aus Esteli zeigte ihre Künste und bei der letzten Matinee trat ein begnadeter Trompeter aus Granada auf, der mit Hilfe eines Stipendiums an einer Musikhochschule in Deutschland studiert.

Eine weitere, sehr effektive Aktion zur kontinuierlichen finanziellen Unterstützung der Partnerschulen ist der Verkauf von **„Engelkarten"**. Vor sechs Jahren ist in der gelben Gruppe die Idee entstanden, Engelkarten zu zeichnen und sie zu Weihnachten auf dem Basar der Schule zu verkaufen. Die Karten werden auf folgende Weise hergestellt:

Jedes Kind zeichnet mit einem schwarzen Fineliner einen sehr individuell gestalteten Engel, der auf weiße Karteikarten kopiert wird. Anschließend kolorieren die Schüler die Engelsflügel mit goldener Aquarellfarbe. So wird jede Engelkarte zum Unikat. Die Idee kommt auch in zwei weiteren Gruppen der Fläche gut an und schon produzieren auch sie für den Weihnachtsbasar. Seitdem reißen sich in jedem Jahr die Eltern und das Kollegium um die neu erschienenen Weihnachtskarten und sorgen für gute Umsatzergebnisse. Die kleinen Künstler haben außerdem große Freude daran, ihre eigenen Werke in der Universität an die Studenten zu verkaufen und ihnen zu erklären, dass der Erlös für unsere Partnerschulen bestimmt ist. Weihnachten 2003 können wir 850 Euro nach Nicaragua schicken.

Außerdem werden regelmäßig Informationsstände auf der Schulstraße eingerichtet, wo man die neuesten Nachrichten aus Nicaragua und unseren Partnerschulen erfahren kann. Zusätzlich werden käufliche Produkte wie T-Shirts und Aufkleber zur Schulpartnerschaft oder frisch gebackene Waffeln und Bananenmilch angeboten. Schüler aller Altersstufen beteiligen sich an diesen Arbeiten. Das gemeinsame Ziel ist die Hilfe für unsere Partnerschulen und verbindet Groß und Klein.

■ *Rita Deterding, Brigitte Goetze-Emer, Eva Klaus, Dagmar Walluks,*
*Christiane Ziebell*

## Literaturhinweise:

▸▸ ARA (Arbeitsgemeinschaft Regenwald und Artenschutz):
Pfoten weg vom Regenwald. Konkret 3. 1995.

▸▸ ARLT, M. u.a.: Mein Regenwald-Malbuch.
Arbeitskreis Umweltschutz Bochum. 1992.

▸▸ DEIMER, P.: Papageien und Sittiche. Was ist was? Bd. 92. Tessloff Verlag 1992.

▸▸ DEUTSCHES KOMITEE FÜR UNICEF (Hrsg.): Spiele rund um die Welt. 1994.

▸▸ GROSSE-OETRINGHAUS, H.-M.: United Kids.
Elefanten Press 2002 (4. überarb. Aufl.).

▸▸ HAMPEL, H.: Barriadas. Beispiele aus der Dritten Welt.
Von Bodelschwinghsche Anstalten 1980.

▸▸ HÖHN, M.: Lust auf Nicaragua. Kulinarische Reiseskizzen.
Gronenberg Verlag 2003.

▸▸ KLOPFER, A. und K.: Ingwer, Reis und Mahagoni. Kinderbuchverlag 1990.

▸▸ LEGG, G.: Tropische Vögel. Fotos von Jerry Young. Gerstenberg Verlag 1992.

▸▸ MC CARTHY, C.: Die Welt der Schlangen, Echsen und Schildkröten.
Gerstenberg Verlag 1991.

▸▸ MERTINY, A.: Was ist was. Der Regenwald. Bd. 90. Tessloff Verlag 1999.

▸▸ NICARAGUA-GRUPPE DER LABORSCHULE BIELEFELD/Dritte Welt Haus Bielefeld:
Schulpartnerschaft.

▸▸ Eine Dokumentation. Bielefeld 1988.

▸▸ PARSONS, A.: Sehen, Staunen, Wissen. Schlangen. Gerstenberg Verlag 1991.

▸▸ REDMOND, I u.a.: Affen. Sehen, Staunen, Wissen. Gerstenberg Verlag 1996.

▸▸ SAIRIGNE, C., de: Wo die Schokolade wächst. Ravensburger Buchverlag 1996.

▸▸ STEIN, C. (Hrsg.): Guck mal übern Tellerrand, lies mal wie die anderen leben.
1992 Hammer Verlag.

▸▸ WHALLEY, P.: Schmetterlinge. Sehen, Staunen, Wissen.
Gerstenberg Verlag 1994 (2. Auflage).

▸▸ ZIMMER, B.: Eine Schule für Las Praderas. Kinder in Nicaragua.
Laborschule Bielefeld 1985.

# Leben im Mittelalter

Heterogene, jahrgangsübergreifende Lerngruppen brauchen bei gemeinsamen Unterrichtsthemen Inhalte, die jedem Kind der Gruppe ermöglichen, unabhängig von seinem Alter und seinen Fähigkeiten, etwas dazu beizutragen. Das Projektthema *„Mittelalter"* ist ein solches. Zudem bietet es zahlreiche Möglichkeiten, Kindern Geschichte erfahrungsbezogen, alltagsnah und handlungsorientiert näher zu bringen.

Selbst wenn das Thema von Kindern der Gruppe vorgeschlagen wird, stimmen wir die Kinder zunächst über ausgelegte **Bild- und Spielmaterialien** sowie Bücher in die mögliche Gesamtbreite des Themas ein. Wir lassen sie neugierig werden und geben ihnen Zeit, Fragen zu entwickeln. Der eigentliche Einstieg ins Projekt beginnt mit einer *„Reise"* in Form einer imaginären Busfahrt entlang einer **Zeitleiste**.

Anschließend stellen die Kinder ihre Fragen, die hinsichtlich des Lebens im Mittelalter erfahrungsgemäß stets alltagsbezogen sind. Aufgrund ihrer Äußerungen und Interessen, die wir mitschreiben, formulieren wir die **Themenbereiche des Projektes:** vom Leben auf einer Burg, Lernen im Mittelalter, Kleidung im Mittelalter, Essen und Trinken, Berufe, Spielen und Feiern im Mittelalter.

Bereiten wir das Thema gleich für mehrere Gruppen vor, entscheiden wir Erwachsenen, welche Themen alle Gruppen gleichzeitig bearbeiten und welches Wahlthemen sind. Danach können sich zeitlich begrenzte, gruppenübergreifende Interessensgemeinschaften bilden, die jeweils von einem Lehrer betreut werden.

Das **Leben in der Burg** mit all seinen Facetten findet in der Regel großes Interesse bei allen Kindern. Anhand mehrerer Abbildungen verschiedener Burgen informieren wir uns über den Aufbau einer Burganlage und bauen sie in Teilen nach. Bauklötze, Steckwürfel, Legosteine, Tonpapier, Pappen, kleine Kartons und der Sandkasten auf dem Spielplatz stehen dabei den Kindern als Baumaterial zur freien Verfügung. In Kleingruppen entstehen nun unterschiedliche Modelle, die doch Gemeinsamkeiten aufweisen. Parallel zu den Bauphasen besprechen wir die Dreiteiligkeit der Mauer, den Aufbau des Turmes, die Funktionsweise der Zugbrücke, den Aufbau des Palas (Deutschland) bzw. Bergfrieds (Frankreich), die Wasserversorgung in der Burganlage, die Burgküche und die Toiletten in der Burg sowie generell die Handhabung damaliger Hygieneprobleme. Verschiedene Filme wie z.B. *„Auf einer Burg"*, *„Leben in einer mittelalterlichen Stadt"*, *„Ein Markttag in der Stadt"*, *„Fürstenhochzeit in einer mittelalterlichen Stadt"* (ausleihbar über Bildstellen) veranschaulichen den Kindern das Leben im Mittelalter und animieren sie zu vielfältigen Rollenspielen.

Beim Themenbereich Lernen im Mittelalter erfahren die Kinder verwundert, dass lediglich Angehörige der gehobenen Stände im Lesen, Schreiben und Rechnen unterrichtet wurden, während die Kinder der armen Bevölkerungsschichten schon früh

mitarbeiten mussten, um den Lebensunterhalt ihrer Familie zu sichern. Damalige Schreib- und Rechenunterweisungen spielen wir nach. Wir benutzen dabei Stearinplatten (Kneteplatten) als Schreibunterlagen und Holzspieße als Schreibgeräte. Wir schreiben unsere eigenen Namen und gestalten Monogramme und Initialen. Letzteres oblag damals den Mönchen in den Klosterbibliotheken.

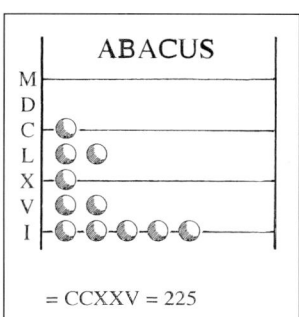

Mit Hilfe von Memory®- und Dominospielen lernen die Kinder die römischen Zahlen kennen und steigen damit in den *„Mathematikunterricht"* des Mittelalters ein. Die *„Rechenmaschine des Mittelalters"*, der **Abakus**, fasziniert die Kinder. Schnell ist er aus Pappe nachgebaut. Papp- oder Holzplättchen bzw. Knöpfe dienen als Rechenmarken.

Dass die **Kleidung im Mittelalter** Ausdruck des jeweiligen Standes war und strengen Reglements unterlag, die bei Strafandrohung befolgt werden mussten, beeindruckt die Kinder sehr. Schon allein eine kleine Stoffkunde lässt Standesunterschiede fühlbar werden und gesellschaftskritische Fragen zur damaligen Zeit bei den Kindern aufkommen. Großen Anklang in diesem Themenbereich findet die praktische Arbeit.

Entsprechend der Fertigkeiten und Wünsche der Kinder werden einzelne Kleidungsstücke wie z.B. *Gugel, Schapel, Spitzhut* oder *Haube* nachgestaltet.

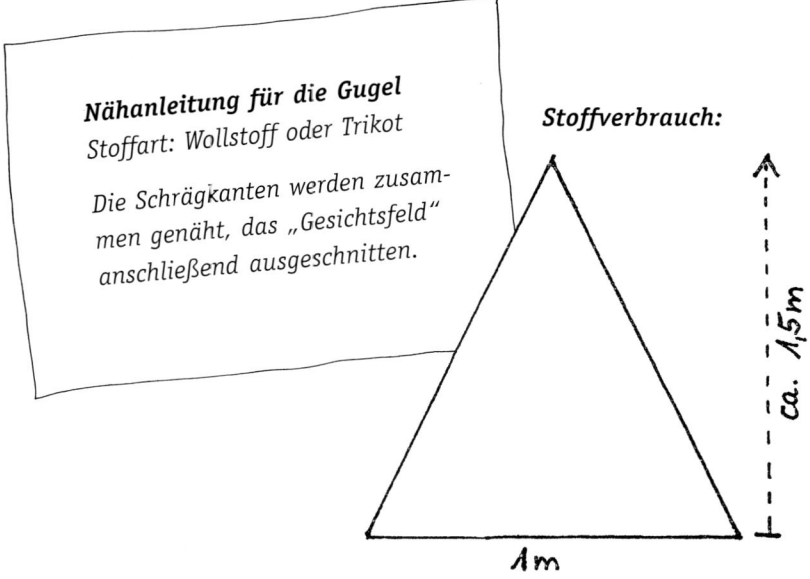

*Nähanleitung für die Gugel*
*Stoffart: Wollstoff oder Trikot*

*Die Schrägkanten werden zusammen genäht, das „Gesichtsfeld" anschließend ausgeschnitten.*

**Stoffverbrauch:**

ca. 1,5m

1m

## Nähanleitung für das Schapel

Fülle das Beinteil eins Nylon-strumpfes mit Rohwolle oder Füllwatte. Verknote den Strumpf zu einem Kreis.

Lege dir einen festlichen Stoff (ca. 70 x 70 cm) auf den Kopf und wickele die Stoffbänder um den Stoffwulst.
Fertig ist das Schapel.

## Nähanleitung für die Haube für Mädchen

(weißer Leinenstoff, z.B. ein Bettlaken etc.)
Und so (siehe Pfeil) wird die Haube gebunden:
Das Band wird geknotet und an irgendeiner Stelle wieder unter die Haube gesteckt.

120 cm

60 cm

60 cm

## Bastelanleitung für den Hennin

Drehe einen Bogen Fotokarton zu einer „Schultüte". Verziere den Spitzhut mit Borten, Litzen, Glitzersteinen. Dünner Gardinen-stoff kann als Schleier dienen.

Ist hinreichend Zeit, wird auch die **Ritterrüstung** mit Helm, Ritterhemd, Rüstung und Schwert nachgebaut. Als Material nutzen wir dabei Fotokarton für die Helme, alte weiße Kopfkissenbezüge als *„Kettenhemden"*, stabile Pappe für die Schilde und Vierkanthölzer für die Schwerter. Die Wappen entwerfen wir selber.

Wir gehen auch auf die Stellung der Frau und ihre Aufgabenbereiche ein. Die Symbole ihrer **Schlüsselgewalt im Hause** gestalten wir nach: Wir flechten Gürtel, nähen Geldbeutel aus Leder oder Stoff und besorgen alte Schlüssel beim Schlosser.

Die Unterschiede zwischen Arm und Reich im Mittelalter werden auch in dem Themenbereich Essen und Trinken von den Kindern geradezu sinnlich erlebt. Über verschiedene Abbildungen eingestimmt, welche Nahrungsmittel im Mittelalter (nur) geläufig waren, bereiten wir einzelne Speisen, wie z.B. den Frischkornbrei nach. Dazu wird Getreide grob gemahlen und mit Obst, Nüssen und Milch verfeinert. Wir lernen die Getreidesorten des Mittelalters und ihre Nutzung kennen, wir backen einfache Fladenbrote auf heißen Steinen (vom Korn bis zum Brot), wir vergleichen die Küchengeräte der Armen mit denen der Reichen (z.B. Holzlöffel – Hornlöffel, Tonbecher – Silberbecher, Holzbrett – Zinnteller ) und töpfern eigene Trinkbecher. Weitere Themenbereiche sind *„Markt und Handel"*, *„Gemüse-, Kräuter- und Obstgärten"*, *„Fleisch- und Wurstsorten"*, *„Vorratshaltung"*, *„Getränke"* und *„Tischsitten"*. Die Unterschiede zwischen Arm und Reich werden von den Kindern dabei stets handelnd mit allen Sinnen erlebt: sehend, fühlend, schmeckend, riechend.

Dass auch im Mittelalter die Mehrheit der Menschen durch **Berufe** ihr Einkommen für den Lebensunterhalt verdienen musste, ist den Kindern durchaus klar. Allein durch den Burgbau und das Leben in den Burgen sind schnell viele Berufe des Mittelalters gefunden. Nachgespielt werden die Berufe des Steinmetz, des Maurers, des Korb- und Weidenflechters, des Webers und des Bauern. Mit Hammer und Meißel werden im nahe gelegenen Steinbruch kleine Bruchsteine besorgt, aus denen im Ansatz eine Modellburg gemauert wird. Weidenflechter flechten *„Hauswände"* und kleine Körbe. Die Weber erstellen einfache Webrahmen und weben kleine Teppiche. Mit Sense und Sichel ausgestattet, mähen die Kinder als Bauern das

hoch gewachsene Gras hinter unserem Schulgebäude. Alle Aktionen machen den Kindern enormen Spaß. Sie erfahren dabei auch, wie körperlich anstrengend damalige Berufe waren. Welche Berufe in den mittelalterlichen Städten angesagt waren, darüber informieren frühere Zunftwappen, die zudem Anlass geben, in der eigenen Stadt nach solchen Emblemen Ausschau zu halten und für heutige Berufe solche zu entwerfen.

War **Spielen und Feiern** im höfischen Bereich ein Zeitvertreib, diente es in den niederen Ständen eher der Vorbereitung für das spätere Leben. Spielsachen mussten aus einfachen Materialien selbst hergestellt werden. Auch hier sind die historischen Standesunterschiede unübersehbar und lösen bei den Kindern lebhafte Gespräche aus. Einfache Spielsachen des Mittelalters stellen wir selber her: Filzball, Lumpenpuppe, Ton-Murmeln, Steckenpferde, Holzschwerter und Schilde.

### Filzball

1. Du wickelst ein Knäuel aus Wollresten.
2. Um das Knäuel legst du eine dicke Schicht aus Rohwolle (ungefärbt).
3. Darüber kommt eine dünne Schicht aus gefärbter Rohwolle.
4. Jetzt brauchst du einen Eimer mit heißem Wasser, einen Becher und ein Sieb. Den Ball legst du in das Sieb, gießt das Wasser darüber und bewegst dabei das Sieb.
5. Du nimmst etwas Schmierseife in deine Hände und formst den Ball wie einen Kloß. Zwischendurch wird immer wieder Wasser darüber gegossen.
6. Zum Schluss spülst du den nun geschrumpften Ball in kaltem Wasser aus, bis keine Seife im Ball mehr enthalten ist.
7. Wenn der Ball trocken ist, kannst du damit spielen.

Dame, Mühle, Schach, Kreiselschlagen, Reifen-
spiele, Stelzenlauf, Plumpsack, Blinde Kuh und
Ritterspiele (die im Mittelalter der Vorbereitung
auf Turniere dienten) lernen die Kinder als weitere Spiele damaliger Zeiten kennen. Dabei ist
den Kindern die Einhaltung der Regeln –
insbesondere bei den Ritterspielen – besonders
wichtig. Des Weiteren üben sie sich als Minne-
sänger, Jongleure, Gaukler, Seiltänzer, Dompteu-
re und Tänzer entsprechend den Festen im Mittelalter.

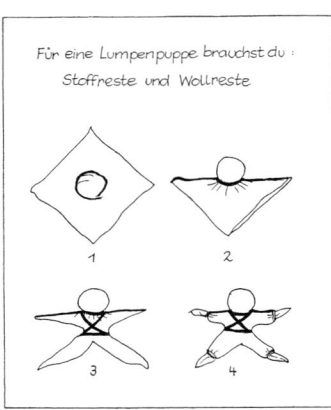

Für eine Lumpenpuppe brauchst du: Stoffreste und Wollreste

Und zum Ende eines solchen Projektes feiern wir mit den Kindern und Eltern solch
ein **mittelalterliches Fest** in Jahrmarktsatmosphäre, bei dem die eingeladenen
Eltern erfahren, wie es gelingen kann, Kindern über praktisches Handeln historische Zusammenhänge näher zu bringen und sie zu Experten hinsichtlich bestimmter Sachfragen werden zu lassen. Ausstellungen und Lernmappen der Kinder dokumentieren dabei die Lern- und Arbeitsprozesse während des Projektes.

■ *Dagmar Walluks, Rita Deterding, Antonia Fuentes, Brigitte Goetze-Emer,*
  *Eva Klaus, Andrea Ortkemper, Christiane Ziebell*

### Literaturhinweise:

▸▸ BRANDENBURG, B.: So war es im Mittelalter. Eine Werkstatt.
Verlag an der Ruhr 2004.
▸▸ DETERDING, R./GOETZE-EMER, B./WALLUKS, D.: Leben im Mittelalter.
Ein Flächenprojekt in der Eingangsstufe. In: HÄNSEL, D. (Hrsg.):
Projektunterricht. Beltz Verlag 1999.
▸▸ DETERDING, R. u.a.: Die Fächergrenzen überwinden. Projektunterricht im
Schulalltag. In: THURN/TILLMANN: Laborschule – Modell für die Schule
für Zukunft. Klinkhardt Verlag 2005.
▸▸ GOETZE-EMER, B./KLAUS, E./WALLUKS, D./ZIEBELL-SCHRANK, C.:
Projektunterricht in altersgemischten Lern-Gruppen. Schneider Verlag 2000.
▸▸ HOFFMANN-PIEPER, K./PIEPER, H.-J./SCHÖN, B.:
Das große Spectaculum. Kinder spielen Mittelalter. Ökotopia Verlag 1995.
▸▸ JACKWERTH, C./RÜGER, E.: I like Geschichte: Bd. 1 Mittelalter.
Die etwas andere Geschichtswerkstatt. AOL Verlag 2002.
▸▸ STEPHAN-KÜHN, F.: Viel Spaß im Mittelalter! Arena Verlag 2002.

# Theaterspielen mit Kindern aus jahrgangsgemischten Gruppen

Während meines Anerkennungsjahres als Sozialpädagogin erhielt ich in der Eingangsstufe der Laborschule die Gelegenheit, über einen längeren Zeitraum hinweg mit Kindern unterschiedlichen Alters Theater zu spielen. Dieses Angebot machte ich den Kindern der drei Gruppen einer Fläche. Es haben sich Kinder aller drei Jahrgänge beteiligt. Das Interesse der Kinder war sehr groß; waren einige am Anfang auch etwas verhalten, so überwog doch ihre Neugier, und sie gingen gerne mit mir mit.

 ## Am Anfang standen Spiele zum Kennenlernen und Auflockern

In der ersten Zeit überwogen *„Tobespiele"*, Lockerungs-, Kennenlern- und Vertrauensspiele. Schon sehr früh war den Kindern diese Arbeit vertraut, so dass ich immer mehr die szenische Arbeit mit einfließen lassen konnte. Eines der ersten Spiele war das Darstellen bestimmter zusammengesetzter Begriffe: Die Kinder wurden in Zweiergruppen eingeteilt und spielten dann den Zuschauern ihren Begriff pantomimisch vor. Es gab z.B. Begriffe wie *„Baum-Krone"*, *„Hunde-Hütte"*, *„Zahn-Lücke"*, usw. Schon gleich am Anfang fiel mir die Spielfreude der Kinder, ihre Ausdrucksfähigkeit und Spontaneität auf. Es machte mir großen Spaß, mit den Kindern *„spielend"* zu arbeiten. Auch das Improvisieren bereitete keine Schwierigkeiten, so dass schon sehr bald die Idee für unser erstes Theaterstück entstand. Wichtig fand ich am Anfang der szenischen Arbeit das Weglassen der Sprache, damit sich nicht alles auf den Kopf konzentriert und der Rest des Körpers steif bleibt. So förderte ich sehr den Körperausdruck der Kinder durch viele pantomimische und tänzerische Übungen.

## „Das verrückte Kaufhaus" – Unser erstes Theaterstück

Die **Geschichte** handelt von Schaufensterpuppen, die jahrelang hinter Glas in einem Schaufenster stehen und das ewige An- und Ausziehen satt haben: In der Mittagspause, als keiner der Dekorateure im Geschäft ist, fangen sie auf einmal an, sich zu bewegen. Erst ganz klein, kaum wahrnehmbar, mit einem kleinen

Finger oder einem Wimpernzucken, dann immer mutiger, größer werdend. Sie begrüßen sich gegenseitig, seit Jahren das erste Mal mit Handschlag und fangen dann an, mit Einsätzen der Musik zu tanzen. Zunächst noch etwas steif, aber schließlich freier und größer werdend, bis im ganzen Kaufhaus ein großes Chaos entsteht. Von diesem *„Lärm"* angelockt, kommen die Dekorateure wieder, sehen ihre *„Puppen"* tanzen, und erstarren vor Schreck. Jetzt sind die Dekorateure steif, wie die *„Puppen"* am Anfang. Diese nutzen die Gelegenheit, werfen den erstarrten Menschen ihre Kostüme über und laufen in die neu gewonnene Freiheit.

Kurz vor den Osterferien kam es im Rahmen eines Eltern-Kind-Nachmittages zur ersten **Aufführung.** Alle Kinder wuchsen über sich hinaus. Junge und ältere spielten mit ihrer ganzen Energie. Da das Stück rein pantomimisch war, konnte jedes Kind seinen individuellen Körperausdruck zur Geltung bringen. Wir ernteten viel Applaus und Anerkennung. Die Kinder und ich bekamen große Freude und Lust die Theaterarbeit auch nach den Ferien fortzusetzen.

# ▷ „Der Vogel singt, der König springt!" – Das zweite Theaterstück

Die Auswahl für ein neues Theaterstück war recht bald geschehen. Wir hatten auf unserer Fläche ein zauberhaftes Märchenbuch mit dem Titel *„Der Vogel singt, der König springt"*[33]. Immer wieder griff ich nach diesem Buch, wenn es darum ging, einigen Kindern etwas vorzulesen. Oder aber die Kinder kamen schon alleine mit diesem Buch an, um es vorgelesen zu bekommen:

*„Die Geschichte spielt in einer Wüste. Dort ist es sehr, sehr heiß. In dieser Wüste wohnt ein König, der ist sehr faul. Den ganzen Tag sitzt er auf seinem Thron und lässt sich bedienen. Er braucht auch gar nicht mehr zu laufen, denn alles wird ihm gebracht. Den einzigen Weg, den er noch geht, ist der zu seinem Bett und zum Klo. Und das fällt ihm ganz schön schwer, denn vor lauter Sitzen kann er kaum noch gehen. Ich habe noch etwas vergessen, er ist nicht nur faul, sondern auch unfreundlich: Wenn er einen Wunsch hat, dann fragt er nicht, sondern schreit wild herum. Und alle anderen springen, denn der König kann sehr gemein werden, wenn ihm ein Wunsch nicht erfüllt wird. Es kam schon vor, dass er denjenigen in der prallen Sonne kopfüber an den Füßen aufgehängt hat und seine Lieblingsschlangen und Spinnen an ihm herumkrabbeln ließ – einen ganzen Tag. Davor haben alle in seinem Palast Angst, denn sie sind so schrecklich kitzelig – deshalb gehorchen sie lieber sofort, wenn der König schreit. Aber eines Tages wird alles anders: Als der König wieder einmal seinen Diener anschreit, er solle ihm Wasser holen und dieser sofort aufspringt und losläuft, sieht er an der Wasserstelle einen wunderbaren Vogel. Der Vogel singt und tanzt und ist so schön, dass der Diener nichts anderes machen kann, als mitzutanzen. Er lässt den König warten. Auch als die Königsfrau und der Königssohn an die Wasserstelle kommen, um den Diener und den Wasserkrug zu suchen, können sie nur noch tanzen, als sie den wunderschönen Vogel erblicken und gar nicht mehr aufhören. Der König ist nun ganz alleine in seinem Palast, er hat niemanden mehr, dem er was befehlen und nach Wasser ausschicken kann, also macht er sich selbst auf den Weg zur Wasserstelle – und was da passiert – das wird jetzt noch nicht verraten."* (Originalzitat aus der Conférence für unser Theaterstück)

---

33 RESCH/HARRANTH: Der Vogel singt, der König springt. Jugend und Volk 1992.

Diese Geschichte wollte ich mit den Kindern spielen und schrieb sie zu einem **Theaterstück** um. Dann ging alles sehr schnell. Mittlerweile wollten so viele Kinder zum Theaterspielen mitkommen, dass ich auswählen musste. Ich nahm zehn Kinder mit, die von da an zwei- bis dreimal wöchentlich mit mir probten. Gleich zu Beginn brachte ich einen Koffer voller Kostüme mit, um den Kindern den Einstieg in die Rollen zu erleichtern. Es machte ihnen viel Spaß, durch die Kostüme in andere Rollen zu schlüpfen. Anfangs las ich die Geschichte vor und ließ die Kinder dazu spielen. Sie konnten immer wieder die Rollen wechseln. So überschauten die Kinder die ganze Geschichte und bekamen ein Gefühl für die einzelnen Personen und Rollen. Schon bald hatte jedes Kind seine Lieblingsrolle. Einige Rollen, u.a. die der Königin, wurden zweimal besetzt, da jeweils zwei Kinder sie so gerne spielen wollten. Beide erhielten später die Gelegenheit zum Auftritt. Es gab noch viel mehr spielbegeisterte Kinder als Rollen in dem Theaterstück, so dass wir einige Dschungeltiere dazu erfanden.

Auch ein Kind im Rollstuhl, ein Vorschulmädchen, war mit in unserer Theatergruppe. Ich habe mich lange mit der Frage beschäftigt, wie man sie gut in das Stück integrieren könne. Kurzerhand erfanden wir für sie die Rolle des Fischleins in der Wasserstelle. An diesem Ort bewegte sich ein Großteil des Theatergeschehens. Michelle saß auf diese Weise immer mit im Mittelpunkt und verzauberte die Atmosphäre, immer wenn der Wunderbare Vogel tanzte, durch ihre Seifenblasen.

Damit sich auch die im Lesen noch nicht so bewanderten Kinder auf ihre Rollen vorbereiten konnten, habe ich den Text für jedes Kind auf **Kassette** gesprochen. Sie konnten sich nun ihren Part so häufig anhören, wie sie wollten, bis sie ihn auswendig beherrschten. Wir probten dann sehr viel an jeder einzelnen Rolle, was manchmal anstrengend für die Kinder war, aber sie hielten durch. Ab und zu ließ ich dann die schon geprobter, bearbeiteten Rollen in das Gesamtstück mit einfließen. Etwas Sorge machten mir die **Dschungeltiere** bei dem Stück, die Schwierigkeiten hatten, sich zu konzentrieren, zumal es vorwiegend die *„Kleinsten"* der Gruppe, also die Vorschulkinder, waren. Manchmal dachte ich, die ganze Szene des Dschungels wegzulassen, um nicht die Gefahr einzugehen, dass sie das ganze Stück bzw. die Mitspielenden stören. Die folgende Idee brachte die Lösung: Erstens ging ich bei den Proben noch viel intensiver auf die Dschungeltiere ein und wir besprachen die Gang- und Bewegungsarten einzelner Tiere und zweitens *„bestachen"* wir sie ein wenig mit Erdnüssen, die sie im Dschungel während der Aufführung als Tiere essen durften.

*Marina* wollte so gerne die Königin spielen, traute sich aber bei keiner Probe, einen Satz zu sagen. Ohne ihr Druck zu machen, ließ ich sie regelmäßig dabei sein, während *Veronika* die Königin spielte. Von *Marinas* Vater erfuhr ich, dass ihr Wunsch, auch auf der Bühne zu stehen, so groß war, dass sie zu Hause täglich für die Rolle geübt hat. Eines Tages kam sie mit der Nachricht zu mir, dass sie nun die Rolle spielen wolle. Sie konnte es! Ich freute mich sehr, dass sie von da an dabei war und sich später auch traute, ihre Rolle vor Publikum zu spielen.

Wichtig für das Gelingen der Aufführung waren die **Entspannungsübungen**, die wir vor jeder Probe gemeinsam gemacht haben. Durch die Regelmäßigkeit dieser Übungen erlangten die Kinder eine große Routine, die ihnen selbst unmittelbar vor der ersten Aufführung half, ihr Lampenfieber in erträglichen Grenzen zu halten. Kurz vor der **Premiere** ereilte mich noch ein großer Schock: Die Hauptdarstellerin, der *„Wunderbare Vogel"*, war plötzlich erkrankt. Ausgerechnet diese Rolle hatten wir nicht doppelt besetzt. Als ich mich bereits mit dem Gedanken befasste, die Aufführung an diesem Tag spontan abzusetzen, kamen die Kinder mit ihrer Lösung. *Judith* meinte: *„Lass mich doch den Vogel spielen!"* Sie kannte das Stück sehr genau, weil sie bei jeder Probe während der gesamten Zeit anwesend war, da sie mit mir gemeinsam die *„Conférence"* machen sollte.
Ich hatte nicht damit gerechnet, dass sie hierdurch die komplette Rolle des Wunderbaren Vogels auswendig gelernt hatte. Aber so war es. Ohne nochmalige Gesamtprobe meisterte *Judith*, wie auch die anderen Schauspieler, ihren Auftritt mit großer Bravour.

Die Aufführung war ein solcher Erfolg, so dass wir mit dem Theaterstück noch
mehrmals auftraten. Teilweise nahmen im folgenden Schuljahr neue Kinder
daran teil, die sich erstaunlich schnell in ihren Rollen zurechtfanden.

■ *Kerstin Bosse*

# Kapitel 7

# Bewegung und Sport

# Im Wasser, auf Rollen und über der Erde
## Wie Bewegungserziehung für Schulanfänger aussehen kann

In dem **Ganztagskonzept** der Eingangsstufe spielt Bewegung eine große Rolle. Die körperlichen Bedürfnisse sind so wichtig wie alle anderen, Bewegung ist so wichtig wie Ruhe und am wichtigsten ist ein ausgewogener Rhythmus zwischen beidem. Nur wenn der Körper zu seinem Recht kommt, kann es dem Kind gut gehen.

In unserer Zusammenarbeit mit den Lehrerinnen unserer Fläche war ich vor allem für den Nachmittag zuständig. Nach draußen gehen, Schwimmen, Fahrradfahren – diese und andere Draußen-Tätigkeiten fanden nachmittags statt. Aber auch am Nachmittag gab es ruhige Tätigkeiten und Zeiten im Haus und auch am Vormittag gab es die Pause, in der Bewegung und frische Luft dran waren. Eigentlich gehört also der ganze Tag zusammen. Und auch wenn man den Nachmittag beschreibt, gehört alles dazu, was die Kinder dann tun.

In diesem Beitrag beschreibe ich, wie während meiner fast 30-jährigen Tätigkeit Kinder unserer Fläche am Nachmittag Sport getrieben haben, ohne dass dieses Wort überhaupt vorkam. Bewegungserziehung ist ein Teil **ganzheitlicher Pädagogik**. Wie das Nachmittagskonzept für diese Kinder aussieht und wie diese Bewegungserziehung sich in das Gesamtkonzept einfügt, wird in dem Beitrag *„In der Schule zu Hause sein"* (S. 190) beschrieben.

# ⏩ Jeder Tag ist ein bewegter Tag

Wenn die Kinder den langen Vormittag hinter sich haben, brauchen sie unbedingt **Bewegung und frische Luft**. Jeden Tag nach dem Mittagessen gehen sie nach draußen.

Für die *„Nuller"* sind es anfangs kleine Spaziergänge. Nach und nach erkunden sie das Gelände und die nähere Umgebung bis zum Ententeich oder zum Spielplatz oder zum Teutoburger Wald. Begleitet werden sie immer von größeren, bereits erfahreneren Kindern – und selbstverständlich von Erwachsenen.

In den drei Jahren, die sie im Haus 1 verbringen, lernen alle Kinder Fahrradfahren und Schwimmen, Rollschuh- und Schlittschuhlaufen und Klettern. Jedes Kind macht sein *„Seepferdchen"*. Dazu kommen Spiele in der Turnhalle und besondere Lieblingstätigkeiten wie Balancieren, Jonglieren und Fußballspielen.

Diese **Sport- und Bewegungsarten** werden nicht nach und nach eingeführt und auch nicht systematisch geübt. Die Kinder sollen sie *„wie von selbst"* lernen, also möglichst natürlich, denn sie haben von sich aus ein großes Bewegungsbedürfnis. Sie wollen sich und ihre Kräfte erproben. Sie lernen von anderen Kindern, die etwas können, was sie selbst auch wollen. So trauen sie sich immer mehr zu und schätzen doch ihre Kräfte meistens richtig ein. Sie sollen nichts *„müssen"*, aber vieles dürfen und immer wieder ermutigt werden, Neues zu erproben.

Nach dem Mittagessen können sie sich frei auf dem **Schulgelände** bewegen. Dort gibt es den **Spielplatz** mit der großen Betonröhre, den Klettergeräten und Schaukeln. Die Kinder können Ball spielen oder ihre Hüpfkastenspiele machen. Sie können zum Bauspielplatz gehen oder Fahrrad fahren.

Das **Fahrradfahren** bringen sich die Kinder gegenseitig bei. Später, wenn sie es einigermaßen sicher können, lernen sie, wie man sich auf Rädern außerhalb der Schule bewegt. Dass man zum Fahrradfahren einen Sturzhelm trägt, gehört zu den Selbstverständlichkeiten. Auch Rollschuh- und Schlittschuhlaufen lernen sie *„einfach so"*, sie probieren so lange, bis sie es können.

Der Teutoburger Wald ist von der Schule aus in wenigen Minuten erreichbar. Für die Kinder aber ist er ein Stück *„große weite Welt"*, ähnlich wie die Universität. Während sie in der Uni das Gewimmel der vielen Menschen und das oft hektische Treiben erfahren, ist der Wald für sie die große Natur, wo sie Abenteuer erleben und waghalsige Dinge unternehmen können. Kinder erproben gern ihren Mut, indem sie auf Bäume klettern. Wir haben sie immer gelassen und es ist nie etwas passiert. Alle Kinder bauen gern Buden. Oft sind im *„Teuto"* Laubhütten oder sogar kleine Baumhütten entstanden, in die die Kinder sich dann immer wieder zurückziehen konnten. Die meisten Kinder lieben es auch, in der *„Schlucht"* zu klettern. Dazu wird das mitgebrachte Seil oben befestigt und dann heruntergelassen. Natürlich muss es bis auf den Boden reichen und ist darum so lang wie die *„Schlucht"* tief ist (30 m). Dann klettern die Kinder an dem Seil rauf und runter. Das ist sehr anstrengend, weil die *„Schlucht"* aus ihrer Sicht steil abfällt (die örtlichen Umstände sind in Wirklichkeit selbstverständlich völlig ungefährlich); es erfordert Mut und eine gute Bewegungskoordination, weil man die Balance halten und Felsvorsprüngen ausweichen muss.

Einmal in der Woche gehen wir in die **Sporthalle**. Die Kinder ziehen ihr Sportzeug an und dürfen dann allein losgehen. Wie immer heißt der Leitspruch im Gebäude: *„Wir gehen gemütlich plaudernd"*, also ruhig. Treffpunkt ist die Sporthalle. Im Geräteraum gibt es Rollwagen, Bälle, Reifen, Trapeze, Springseile. Die Kinder suchen sich die Geräte aus, mit denen sie spielen wollen, und können sich dann frei in der Halle bewegen. Einige spielen Fußball oder Basketball, einige klettern an den Trapezen, viele sind beim Seilspringen, andere ziehen sich gegenseitig mit Rollwagen durch die Halle. Ich stehe an den Trapezen, um beim Klettern zu helfen. Zwischendurch gibt es *„Springseil-Festivals"*: Ich schlage das Seil, und die Kinder springen, so lange sie können, oder zeigen die Kunststücke, die sie eingeübt haben: Sie hüpfen in der Hocke durch das Seil, manchmal schafft es jemand sogar mit Handstand. Besonders beliebt sind Geschichten zum Seilspringen. Ein Kind fängt an und ich erzähle dazu eine Fantasie-Geschichte, die von ihm handelt. Das Kind will möglichst lange springen, damit die Geschichte möglichst lang wird, und die anderen wollen wissen, wie es weitergeht und feuern das Kind an.

Wenn unsere Zeit herum ist, gehen alle zum Duschen. Hierfür nehmen wir uns viel Zeit, die Kinder sollen es als lustvoll und nicht als lästige Pflicht erleben. Dann geht es zurück ins Haus 1, wieder in Grüppchen und wieder *„gemütlich plaudernd"*.

## ➼ Schwimmen wie ein Fisch im Wasser

Während ihrer Zeit in der Eingangsstufe lernen alle Kinder bei mir das **Schwimmen** und machen ihr *„Seepferdchen"*. Viele (über die Hälfte) schaffen sogar das Jugendschwimmabzeichen *„Silber"*.

Alle Sport- und Bewegungsarten, die am Nachmittag vorkommen, sollen die Kinder lustvoll erfahren. Das gilt ganz besonders für das Schwimmen. Nie sollen sie Angst haben, nie zu etwas gezwungen oder überredet werden, was sie nicht wollen, nie das Gefühl haben, sie seien feige, wenn sie sich etwas noch nicht zutrauen. Schwimmen soll für sie kein *„Schulpensum"* sein und schon gar nicht bedrohlich oder Angst erregend. Sie sollen von sich aus Schwimmen lernen wollen, sollen es als Herausforderung und als Bereicherung ihrer körperlichen Möglichkeiten erfahren. Sie sollen nicht ins Wasser gezwungen werden, sondern hineingelockt, -gelobt, -geschmeichelt.

Es beginnt mit den allerersten Vorformen, dem **Spielen im Nichtschwimmerbecken**. Das dauert oft sehr lange. Für manche Kinder ist es schon eine Mutprobe, nur mit einem Fuß ins Wasser zu gehen. Bei einigen geht es sehr schnell, bis sie mit den anderen herumtollen. Andere brauchen liebevoll begleitete erste Wasserbewegungsübungen, bis sie die Scheu verlieren. Wichtig sind die Hilfsmittel: Bretter, Flossen, Taucherbrillen, Reifen. Ein erster Durchbruch ist geschafft, wenn ein Kind sich traut, etwas vom Grund aufzuheben, also mit dem Kopf unter Wasser zu gehen. Das ist der Beginn des **Tauchens** und dann ist der **Übergang zum Schwimmen** fließend. Tauchen, springen, hüpfen, spielen – wenn die Kinder sich dabei wohl und sicher fühlen, probieren sie von selbst, sich über Wasser zu halten, wie sie es bei den Größeren sehen.

Der nächste Schritt ist das **Schwimmen mit Brett und Flossen** und irgendwann, wenn das Kind sich dabei ganz sicher fühlt, darf es ein kurzes Stück mit einem Erwachsenen oder mit einem größeren, erfahrenen Kind ins Tiefe. Bis sie ohne Brett ein paar Züge schwimmen und sich im Tiefen erproben können, dauert es oft ein Jahr.

Ein Durchbruch kann der erste **Sprung vom Ein-Meter-Brett** sein. Alle wollen es schaffen, weil sie erleben, wie die Größeren springen, und es ihnen unbedingt nachtun wollen. Außerdem gibt es jedes Mal, wenn ein Kind zum ersten Mal springt oder sein *„Seepferdchen"* geschafft hat, einen Riesenapplaus; ich mache eine Ansage durch die Lautsprecheranlage und das Kind wird wie ein Star gefeiert. Das ist ein zusätzlicher Ansporn. Viele Kinder springen schon, wenn sie noch nicht ihr *„Seepferdchen"* haben, also noch nicht wirklich schwimmen können. Sie werden dabei von mir oder einem anderen Erwachsenen im Wasser begleitet, und das, sooft sie wollen. Wenn sie etwas mehr Mut haben, springen sie allein; ich bin in der Nähe und helfe ihnen, zum Rand zu kommen. Meist ist das nicht nötig, sie paddeln *„irgendwie"* zurück. Von ihrem Erfolg und dem Beifall der anderen berauscht, wollen sie in der Regel gleich noch einmal springen, paddeln zum Rand, springen danach immer und immer wieder und sind damit so beschäftigt, dass sie gar nicht merken, wie sie schwimmen. Irgendwann wird es ihnen bewusst: Ich kann es! Danach schaffen sie meistens schnell ihr *„Seepferdchen"*.

Für die *„Seepferdchen"*-**Prüfung** müssen die Kinder eine Strecke von 25 Metern schwimmen, schultertief tauchen und vom Rand springen (bei mir: vom Ein-Meter-Brett). Dann folgt eine theoretische Prüfung in der Schule, die sehr ernst genommen wird. Auch wenn die Kinder die amtliche Prüfungssprache gar nicht verstehen (Kostprobe: *„Fremde Ufer bergen Gefahren"*), müssen sie wissen, dass man beim Schwimmen bestimmte Regeln absolut strikt befolgen muss.

Möglichst am gleichen Tag nähe ich den Kindern, die die Prüfung geschafft haben, das Abzeichen an die Badehose oder den Badeanzug. Am nächsten Tag können sie dann ihren Ausweis bei der Schulsekretärin abholen und werden von ihr mit Handschlag beglückwünscht. Ab jetzt dürfen sie allein ins Tiefe.

Alle Kinder empfinden es als großen Schritt in ihrem Leben, wenn sie das **„Seepferdchen"** geschafft haben. Sie fühlen sich groß und sind sich der Verantwortung bewusst, die sie zugleich übernommen haben – für sich selbst und andere. Alle Kinder wissen, wie aufregend es ist, zum ersten Mal ins Tiefe zu gehen, und dass die Anfänger dabei absolut verlässliche, sichere, verantwortungsbewusste Begleiter brauchen. Es ist eine hohe Ehre, diesen Auftrag übernehmen zu dürfen.

> *Die Kinder sollen bei uns lernen, sich frei, ohne Angst, mit Lust und Selbstvertrauen im Wasser zu bewegen, wie der sprichwörtliche Fisch im Wasser. Die Schule will ihnen dabei helfen, dass sie sich später auch in ihrem gesamten Leben so bewegen können. Ein **guter Umgang mit dem eigenen Körper** ist die Grundlage dafür. Das gemeinsame Üben älterer, bereits schwimmerfahrener Kinder mit jungen Schulanfängern hilft sehr dabei.*

■ *Gisela Glasenapp*

# Die Großen gestalten den Sportunterricht der Kleinen

Die Laborschule mit ihren Jahrgängen von 0 bis 10 bietet eine Vielfalt an Möglichkeiten pädagogischen Handelns. Besondere Lern- und Erfahrungsmöglichkeiten ergeben sich, wenn **Kinder aus der Eingangsstufe** mit **älteren Schülern** zusammenkommen. Vage Ideen, gemeinsame Projekte mit Kleinen und Großen durchzuführen, waren bei einzelnen Kolleginnen und Kollegen schon früh vorhanden, es fehlte jedoch zunächst an konkreten Vorstellungen, diese umzusetzen.

Die Initialzündung ergab sich eher zufällig. Vor einigen Jahren kam ein Kollege mit mehreren Schülern des Jahrgangs 7 in die Eingangsstufe, um etwas abzuholen. Die Kleinen arbeiteten gerade in der Weihnachtswerkstatt und bastelten in Kleingruppen unterschiedliche weihnachtliche Dinge. Fasziniert von dem bunten Treiben verweilten die Großen mit ihrem Lehrer länger als geplant. *„Wie geht denn das?"* – *„Ihr könnt ja tolle Sachen machen!"* So und ähnlich würdigten die Großen die entstehenden Produkte. *„Wir könnten eure Unterstützung hier eigentlich gut gebrauchen"*, fiel den Lehrerinnen der jüngeren Kinder spontan dazu ein.

Damit war der **Grundstein für eine Zusammenarbeit** gelegt. Große aus dem Jahrgang 7 und Kleine aus den altersgemischten Jahrgängen 0, 1 und 2 sollten gemeinsam basteln. Dieser Gedanke löste Begeisterung aus, so dass auch die organisatorische Hürde schnell genommen wurde. Für die älteren Schüler wurde ein Angebot im Wahlkursbereich eingerichtet, für die Jüngeren fand Werkstattlernen statt. Miteinander und voneinander lernen sollte jedoch nicht nur auf diese Idee beschränkt bleiben. Es kamen Maltechniken und Musik hinzu, sowie *„Spielen und Denken"* im Mathematikunterricht. Das ganze Projekt nannten wir *„Minimax"*.

Die guten Erfahrungen, die wir mit dieser Form der Zusammenarbeit sammeln konnten, machten uns Mut, neue Ideen und Projekte zu entwickeln und zu erproben.

Seit einigen Jahren gibt es jetzt eine Kooperation zwischen der Eingangsstufe und dem **Erfahrungsbereich Körpererziehung, Sport und Spiel** [34]. Diese Kooperation ist an dem Leitziel orientiert, ein soziales integratives Lernen von kleinen Kindern und Jugendlichen über Bewegung, Sport und Spiel zu ermöglichen.

---

34 An der Laborschule sind in der Sekundarstufe mehrere traditionelle Schulfächer
zu so genannten Erfahrungsbereichen zusammengefasst.

Für die Umsetzung dieser Idee ist das Konzept des Leistungskurses Sport (es handelt sich um ein jahrgangsübergreifendes Angebot für Schüler der Jahrgänge 8 bis 10) verändert worden. Die Jugendlichen dieses Kurses sollen die **Planung und Durchführung des Sportunterrichts** von Kindern der Eingangsstufe verantwortlich und selbstständig übernehmen.

Für die Kleinen bedeutet dies, dass sie sich immer wieder auf wechselnde *„Lehrer"* einstellen müssen. Der ganz große Profit für sie besteht darin, dass sechs Jugendliche einen wesentlich größeren Geräteaufbau bewältigen können als dies eine einzige Lehrerin zu tun vermag. So werden denn auch kleine organisatorische Ungeschicklichkeiten und Unsicherheiten der Großen in ihrer neuen Rolle großzügig übersehen. Die *„echten"* Lehrerinnen behalten die Sicherheit im Auge und haben Gelegenheit, ihre Schüler – große wie kleine – sehr genau zu beobachten.

Eine Stunde in der Woche gestalten die Großen den Sportunterricht der Kleinen. Neben dem regulären Sportunterricht werden besondere Anlässe wie Karneval, gruppenübergreifende Aktivitäten und Spielfeste arrangiert, um über Bewegung, Spiel und Sport gemeinsame sinnstiftende Erlebnisse zwischen Kleinen und Großen aber auch innerhalb altersgemischter Gruppen zu intensivieren. Im Folgenden wird ein **kleiner Ausschnitt** aus der Praxis des Sportunterrichts wiedergegeben, der an einem Unterrichtsthema verdeutlichen soll, wie die Schüler des Leistungskurses den Unterricht mit Kindern aus der Eingangsstufe durchgeführt haben.

## ▶▶ Ausschnitt aus der Praxis

*Lina, Jana, Tim* und die übrigen Kinder der drei beteiligten Gruppen sind mit ihren Lehrerinnen auf dem Weg zur Sporthalle. Freitags in der zweiten Stunde haben sie Sportunterricht bei Schülern des Leistungskurses Sport. Jeder Gruppe steht eine Drittelhalle zur Verfügung. Betreut werden sie jeweils von sechs Großen aus dem Leistungskurs Sport. *„Ob Olaf und Sebastian heute die Stunde mit uns machen?"* möchte *Jana* wissen. *„Vielleicht machen sie mit uns heute wieder einen Vergnügungspark (verschiedene Gerätestationen)"*, äußert sich *Tim* erwartungsvoll.

Die Großen empfangen die Kleinen in der Turnhalle. In der Tat sind *Olaf* und *Sebastian* für diese Stunde der rosa Gruppe verantwortlich, die sie sehr sorgfältig nach festgelegten Grundsätzen geplant und mit ihrem Lehrer abgesprochen haben. Die jüngeren Kinder können zunächst ihrem Bewegungsbedürfnis freien Lauf lassen, sie rennen durch die Halle, fangen sich gegenseitig und freuen sich, die inzwischen vertrauten Gesichter der Großen zu sehen. *Tim* hat ein besonders enges Verhältnis zu *Olaf* aufgebaut. Sobald er ihn in der Sporthalle sieht, fällt er *Olaf* um den Hals, der sich dieser liebevollen Umarmung nur schwer entziehen kann.

Die Stunde beginnt mit einer gemeinsamen Versammlung. Die sechs Großen, die der rosa Gruppe für dieses Schuljahr zugeordnet sind, fassen die Kleinen an die Hand und bilden einen Versammlungskreis. Alle gemeinsam setzen sich auf den Hallenboden. Es ist ein einstudiertes Ritual. *Olaf* und *Sebastian* begrüßen alle Kinder und geben bekannt, was sie für diese Stunde vorbereitet haben. *„Wir wollen heute mit euch zunächst Feuer, Wasser, Blitz und den Stopptanz nach Musik machen"*, beschreibt *Olaf* den ersten Teil der Stunde. *„Danach bauen wir dann verschiedene Stationen auf, an denen man balancieren kann und darauf achten muss, dass man das Gleichgewicht nicht verliert"*, macht *Sebastian* auf den Hauptteil der Stunde aufmerksam. Bei den Kindern lösen die beiden bereits bekannten Bewegungsspiele große Begeisterung aus. *Jana* und *Tim*, die aus anderen Stunden einige Balancierübungen kennen, erzählen, was man da so alles machen kann.

Obwohl Feuer, Wasser, Blitz den meisten Kindern bekannt ist, macht *Olaf* Spielidee und Regeln noch einmal deutlich. Mittlerweile hat er gelernt, sich auf die jüngeren Kinder einzustellen. Er spricht deutlich und in Worten, die auch die Kleinsten gut verstehen können. *Lilly*, die manchmal etwas vorlaut ist und gern dazwischenredet, wird von ihm freundlich aber bestimmt ermahnt. *Olaf* war als Kind selbst in der rosa Gruppe – anfangs ein auffallend stiller und zurückhaltender Junge, der einige Zeit brauchte, um sich etwas zuzutrauen. Ihn jetzt so souverän im Umgang mit den Kleinen, die ihn zutiefst bewundern, zu sehen, ist schon ein besonderes Erlebnis.

Große Matten und drei kleine Kästen werden in der Halle verteilt. Dann laufen die Kinder bei lauter Musik von den *„Schlümpfen"* durch die Halle, bewegen sich frei und achten auf Anweisungen von *Olaf* und *Sebastian*. Die Musik stoppt, *Olaf* ruft laut *„Wasser"* und alle Kinder versuchen so schnell wie möglich sich auf eine Matte zu „retten". Danach geht es mit den *„Schlümpfen"* weiter, bei Musikstopp müssen sich die Kinder dann entweder bei *„Blitz"* auf den Boden oder bei *„Feuer"* auf die kleinen Kästen stellen, ohne dabei herunterzufallen.

Der anschließende Stopptanz erfordert von den Kindern Reaktionsvermögen und Koordination. Die Aufgabe besteht darin, sich nach der Musik frei zu bewegen und bei Musikstopp in der augenblicklichen Bewegung zu verharren. *Olaf* beobachtet, dass *Jana* und *Tim* noch kleine Probleme haben, ihre Bewegungen mit dem Musikstopp „einzufrieren".

*Sebastian* hebt nach ungefähr zehn Minuten die Hand und ruft lauthals zur Versammlung. Die Kinder kommen zusammen und setzen sich in einen Kreis. Mit Hilfe eines Tafelbildes erklärt *Olaf* den Aufbau und die verschiedenen Bewegungsmöglichkeiten an den Balancierstationen. Auch *Sebastian* war früher ein „rosa" Kind – mit seinem Temperament und seinem Eigensinn oft eine pädagogische Herausforderung. Seine Impulsivität lässt sich auch heute nicht leugnen, die Kleinen mögen aber seine Art, zeigt er doch viel Einfühlungsvermögen und Geduld mit ihnen.

Vier Gruppen werden eingeteilt, wobei jede mit dem Aufbau einer Station beschäftigt wird. Anschließend zeigen *Olaf* und *Sebastian* verschiedene Bewegungsmöglichkeiten an der jeweiligen Station. Unterstützt werden die Kinder von den anderen Jugendlichen, die – obwohl sie nicht die Stunde durchführen – für die Betreuung und für die Initiierung von Bewegungsimpulsen an diesen Stationen verantwortlich sind. *Tim* und *Lina* sind zusammen mit zwei weiteren Kindern in einer Gruppe und balancieren auf einem langen Rundholz (Lüneburger Stegel). Für *Tim* eine große Herausforderung an sein Gleichgewichtsgefühl. *Olaf*, der leichte Unsicherheiten bei ihm feststellt, reicht ihm die Hand. *Rebecca* verbindet *Lina* die Augen und ermutigt sie mit Handunterstützung und Hinweisen auf den Rundhölzern zu balancieren.

*Jana* ist mit ihren Freundinnen an einer Station, an der eine umgedrehte Bank auf einem kleinen Kasten liegt und als Wippe fungiert. Die Aufgabe für die Kinder dieser Gruppe besteht darin, auf der Bank von einer Seite zur anderen zu balancieren und besonders Acht zu geben, wenn die Wippe von einer zur anderen Seite kippt. Auch diese Bewegungsaufgabe lässt sich mit Unterstützung der Großen sogar mit verbundenen Augen bewältigen. Immer wieder werden die Kinder aufgefordert, eigene Balanciermöglichkeiten zu erfinden und auszuprobieren. *Jana* ist mit ihrer Freundin *Lea* auf die Idee gekommen, jeweils von den beiden Enden gleichzeitig zur Mitte der Wippe zu balancieren und sie dabei im Gleichgewicht zu halten.

An einer weiteren Station wurde eine Leiter in Ringe eingehängt. Die Kinder sollen die instabile Leiter hochklettern, sich an den Tauen der Ringe festhalten und aus einer geringen Höhe von der Leiter auf einen Mattenberg springen. Vielen Kindern gelingt diese Aufgabe, die Mut und Risikobereitschaft voraussetzt, nur mit tatkräftiger Hilfe der Großen.

Nachdem alle Kinder im Laufe der Stunde die unterschiedlichen Gleichgewichtserfahrungen an den einzelnen Stationen gemacht haben, rufen *Olaf* und *Sebastian* die Kinder zur Abschlussversammlung zusammen. Sie gibt dem Einzelnen die Gelegenheit, Eindrücke, besondere Erlebnisse oder persönliche Empfindungen zur Sprache zu bringen. *Jana* und *Tim* fanden die Stunde super. Auch den übrigen Kindern hat es wieder sehr viel Spaß gemacht. Sie fanden es toll, dass die Großen ihnen bei schwierigen Aufgaben geholfen haben.

##  Reflexion der durchgeführten Stunden im Leistungskurs

Dass trotz guter und sorgfältiger **Vorbereitung** teilweise noch kleinere und größere **Probleme** und **Pannen** bei der Durchführung der Stunden auftreten, ist selbstverständlich und liegt in der Natur der Sache. Die Auseinandersetzung mit Unterricht, die Vermittlung von Inhalten und Themen, die Bewältigung des Unterrichtsgeschehens, die Herstellung einer einigermaßen reibungslosen Organisation und vor allem die notwendige Beziehungsarbeit mit den Kindern stellt hohe Anforderungen, denen die Leistungskursschüler erst allmählich und nach einem längeren Zeitraum einigermaßen gewachsen sind. Um sie zunehmend für die **selbstständige und eigenverantwortliche Gestaltung von Sportunterricht** zu befähigen, ist es außerordentlich wichtig, dass sie ihre konkreten Erfahrungen, die sie im Umgang mit den Kleinen gewonnen haben, reflektieren. So haben auch Sebastian und Olaf zunächst Gelegenheit gehabt, sich selbst über den Verlauf ihrer Stunde Rechenschaft abzulegen, darüber nachzudenken, was positiv war bzw. was nicht so gut verlaufen ist. Aus dem Verhalten der Kinder und deren Einschätzung der Sportstunde lassen sich erste Rückschlüsse ziehen.

Von ihren Mitschülern und von den beteiligten Lehrern, die sie beobachtet haben, erhalten sie ebenfalls hilfreiche **Rückmeldungen.** Aus den Gesprächen über die abgelaufenen Stunden ergeben sich wichtige **Unterrichtsprinzipien**, die sinnvolle Orientierungen für das unterrichtliche Handeln der Jugendlichen schaffen.

## ➡ Was können Große und Kleine lernen, erfahren und begreifen?

Zunächst sollen Schüler des Leistungskurses begreifen, dass der Sportunterricht nach bestimmten **Prinzipien** geplant werden muss. Sie erkennen, dass die Zufriedenheit der Kinder und der Verlauf der Stunde auch von ihren Planungen abhängig sind. Sie müssen die einzelnen Phasen der Stunde intensiv vorbereiten, die schriftliche Planung mit ihrem Lehrer durchsprechen und innerhalb ihres Teams klare Absprachen treffen. Bei der **Durchführung der Stunden** erleben sie, ob Ziele und Inhalte den Voraussetzungen und Bedürfnissen der Kinder angemessen waren und inwieweit sie das, was sie vorgesehen hatten, auch tatsächlich umsetzen konnten.

In der Begegnung mit den Kindern nehmen sie sich in ungewohnten **Bewährungssituationen** wahr. Den Kinderschuhen selbst kaum entwachsen, nehmen sie trotz ihres Schülerstatus vorübergehend die Rolle des Lehrers, Betreuers, Ansprechpartners ein: Sie werden für kurze Zeit zu emotionalen Bezugspersonen und Vorbildern für die Kinder. Die Betreuungslehrerin der Kleinen ist dadurch entlastet, kann aus der Distanz die Gruppe und einzelne Kinder besser beobachten und sich zwischendurch mit den Großen über deren Verhalten in der neuen Rolle austauschen. Im Umgang mit den Kleinen werden die älteren Schüler mit unterschiedlichen **Anforderungen** konfrontiert: Sie müssen vor einer Gruppe frei sprechen und die notwendigen Erklärungen und Anweisungen verständlich formulieren. Sie sind verantwortlich für den Ablauf der Stunde und versuchen allen Kindern befriedigende Spiel- und Bewegungserlebnisse zu vermitteln. Dabei müssen sie überzeugen und sich auch gegen kleinere Widerstände der Kinder durchsetzen. Sie achten auf einzelne Kinder und wenden sich ihnen zu.

Für die Kleinen sind in diesen Stunden phasenweise die Großen primäre Bezugspersonen und nicht ihre Betreuungslehrerin. Sie profitieren von der intensiven Unterstützung und dem besonders reichhaltigen Bewegungsangebot, das in dieser Aufwändigkeit nur durch den Einsatz mehrerer älterer Schüler möglich wird und genießen die individuelle und liebevolle Betreuung. Sie fühlen sich ernst genommen und akzeptiert und danken es den Großen durch deutliche Sympathiebekundungen. Über kleine Pannen, die hin und wieder passieren, sehen sie großzügig hinweg. Insbesondere die Zweitklässler bekommen schon eine vage Vorstellung davon, wie sie sich selbst in den kommenden Jahren entwickeln könnten, wenn sie erfahren, dass *Olaf* und *Sebastian* vor wenigen Jahren ebenfalls zur rosa Gruppe gehörten.

Wenn **Große und Kleine** sich außerhalb des Unterrichts in der Schule begegnen, gibt es häufig eine freundliche bis liebevoll stürmische Begrüßung. Dies zeigt, wie nachhaltig die positive Wirkung des gemeinsamen Unterrichts ist. Dass manches *„Rauhbein"* sich dann ausgerechnet als besonders liebenswürdig im Umgang mit den Kleinen erweist, macht Mut, dieses Projekt auch künftig fortzusetzen und eventuell weiter auszudehnen.

■ *Paula G. Althoff, Wolfgang Seidensticker*

# Kapitel 8

# Ganztagsschule

# Den ganzen Tag in der Schule – und das mit Spaß

Hallo, ich heiße *Lisa* und möchte euch erzählen, was bei uns nachmittags in der Schule los ist.

**Mittags**, wenn die Gruppenzeit mit den Lehrern zu Ende geht, treffen wir uns alle draußen beim Bänkchen. Als ich das erste Mal am Nachmittag in der Schule war, haben mich alle Kinder und Antonia und Andrea (unsere Sozialpädagoginnen) begrüßt. Ich bekam einen Glücksstein geschenkt. Zwei Mädchen haben sich gemeldet, um mir zu zeigen, wie das mit dem Nachmittag so geht. Wir gehen dann zusammen in die Mensa, wo Antonia und Andrea schon die Tische für uns gedeckt haben. Wer mit dem Essen fertig ist, stellt den Teller auf den Wagen und meldet sich bei einem Erwachsenen ab. Jetzt ist nämlich **Draußen-Spielzeit**.

Meistens hole ich mit meinen Freundinnen zusammen den Bollerwagen, Decken und Seile. Wir bauen uns damit gemütliche Buden und der Bollerwagen ist unsere Kutsche, natürlich haben wir auch Pferde. Manchmal sind wir auch Tiere, z.B. Affen, die auf Bäumen leben, oder arme Kinder. Das macht so viel Spaß, dass wir das oft den ganzen Nachmittag spielen. Wenn die Nestschaukel frei ist, rennen wir schnell hin. Weil das zusammen mit meinen Freundinnen so gemütlich und auch aufregend ist, wenn wir ganz wild schaukeln.

Im **Sandkasten** spielen wir nicht so viel, aber manche Kinder bauen da riesige Burgen. Wenn wir Lust haben, fahren wir Inliner, meine Freundin *Ayse* kann das noch nicht so gut, aber wir helfen ihr, damit sie auch einen Inlinerführerschein machen kann. Die Aufgaben hierfür haben wir selbst ausgedacht. Im **Frühling und Sommer** melden wir uns gerne für die „Große Wiese" ab, denn da blühen viele Blumen und wir pflücken große Sträuße. Dieses Jahr haben wir dort mit Andrea Löwenzahnblüten gesammelt und daraus Sirup gekocht – lecker!

Wenn wir schöne **Schnecken** finden, nehmen wir sie manchmal mit in die Schule. Dann bekommen wir von den Erwachsenen ein Terrarium, das wir für die Schnecken einrichten. Wir gehen in die Bibliothek und holen uns ein Buch über Schnecken, damit wir wissen, wie sie heißen und wie wir sie pflegen müssen. Jeden Tag gucken wir, ob sie schon Eier gelegt haben, wie die Eier aussehen und ob schon Kleine geschlüpft sind. Nach einiger Zeit lassen wir die Schnecken natürlich wieder frei.

Einige Jungen spielen den ganzen Nachmittag **Fußball**. Einmal im Jahr gibt es sogar ein großes Turnier mit echten Pokalen. Manchmal, wenn wir keine Lust haben draußen zu spielen, trödeln wir in der Mensa und beim Anziehen und hoffen, dass es schnell **Drinnen-Spielzeit** wird.

**Ab 13.00 Uhr** dürfen wir nämlich auch **im Haus** spielen. Es gibt ganz viele Spiele auf unserer Fläche. Mit meinen Freundinnen spiele ich am liebsten *„Halli Galli"* oder *„Schnapp Land Fluss"*. Wir sitzen auch gerne zusammen und malen Mandalas, dabei kann man so gut quatschen. In der **Werkstatt** habe ich im letzten Jahr Handschmeichler aus Holz hergestellt:
Da muss man vielleicht lange schmirgeln … Sogar ein Häuschen für mein Meerschweinchen konnte ich bauen. Bei schweren Arbeiten helfen einem immer die Erwachsenen. *Paul* hat mit seinem Freund ein tolles Schachspiel gebaut. Wenn wir müde sind, gehen wir in die **Ruheecke**. Hier gibt es eine Hängematte, Polster und Kissen, das ist sehr gemütlich. Am schönsten ist es, wenn ich mit meinen Freundinnen einen Platz in der **Hängematte** habe und wir unsere Lieblingskassetten hören können. Wenn die Jungen zuerst da sind, hören wir meistens *„Herkules"* oder *„Griechische Sagen"*.

Ich mag lieber *„Mulan"* oder *„Bibi Blocksberg"*. Wir liegen gemütlich in die Hänge-matte gekuschelt und schaukeln etwas, knüpfen Freundschaftsbändchen oder flechten bunte Zöpfe in die Haare.

Mittwochs fragt Antonia oft: *„Wer hat Lust zum Tanzen?"* Es macht Spaß mit ihr in der **Gymnastikhalle** zu tanzen, dabei dürfen wir so schöne Röcke anziehen. Wir haben schon Tänze aus Südamerika und Flamenco gelernt, die wurden bei der Nicaragua-Matinee für unsere Partnerschule, bei unserer Abschiedsfeier für die *„Zweier"* und bei der Einschulung der neuen *„Nuller"* aufgeführt. Vor der Ab-schiedsfeier haben wir ganz viel geübt, weil wir eine Talentshow für die Eltern gemacht haben. Wir hatten verschiedene Aufführungen: Jongleure, Hula-Hoop, Clowns, Fußballtricks, Seilspringen, ein Theaterstück und unseren Tanz.

Spaß macht es auch, sich schöne Sachen aus der **Verkleidungskiste** anzuziehen, dann bin ich eine vornehme Prinzessin oder ein wilder Leopard. Wir denken uns ein Theaterstück aus und spielen es am Ende des Nachmittags für die anderen Kinder. In der **Bauecke** bin ich fast nie, aber einige Jungen bauen echt tolle Sachen dort. Da spiele ich lieber Kaufladen oder Post. Post ist besonders gut, da verkaufen wir Postkarten und Briefmarken, einige Kinder schreiben jemandem, die Karten kommen in unseren Briefkasten und der Briefträger des Tages verteilt die Post beim Imbiss.

An manchen Tagen habe ich auch Lust, am Nachmittag an meinem **Wochenplan** weiterzuarbeiten. Dazu gehe ich in meine Gruppenecke, hole mein Arbeitsfach und rechne oder schreibe.

Zum Ende des Nachmittags gibt es noch einen **Imbiss**. Den bereite ich manchmal mit vor, z.B. Obst für einen Obstsalat schneiden, Waffeln backen, am liebsten knete ich Teig und rolle „Würste", aus denen dann Brezeln werden. Bevor es Imbiss gibt, müssen wir aufräumen und die Stühle hochstellen, das macht am wenigsten Spaß am Nachmittag.

In der **Zeit vor Weihnachten** gibt es noch etwas Besonderes vor dem Imbiss. Da treffen sich alle Kinder beim *Tio*. Das ist ein verzauberter Baumstamm. Ein Brauch aus Katalonien. Wir singen Weihnnachtslieder und lesen Gedichte aus unseren schön bemalten Weihnachtsmappen. Alle sind gespannt, wenn aus einer Schachtel die Namen der Kinder gezogen werden, die an diesem Tag schlagen dür-fen. Jedes von ihnen bekommt einen Stock. Während sie zum Waschbecken ge-hen, um ihre Stöcke nass zu machen, singen wir alle ein bestimmtes spanisches Lied. Die Kinder kommen zurück, stellen sich um den *Tio*, der unter einer warmen Decke liegt und jeden Tag etwas zu essen bekommt.

Zum „Tio-Spruch" schlagen sie den *Tio* vorsichtig mit ihren Stöcken, anschließend schauen sie unter die Decke, um zu sehen, ob der *Tio* etwas für sie „gekackt" hat. Alle Kinder bekommen bis Weihnachten ein kleines Geschenk vom *Tio*. Am letzten Tag vor den Ferien gibt es große Geschenke wie Spiele, Schaufeln und Hörbücher für die ganze Gruppe. Zum Abschied bringen wir ihn mit Wunderkerzen in den Wald zurück.

Anschließend feiern wir auf unserer Fläche mit ganz viel Essen und Trinken. Hoffentlich finden wir dieses Jahr auch wieder einen *Tio* im Wald.

Meistens ist der Imbiss viel zu früh, da habe ich gerade erst richtig angefangen zu spielen. Der Nachmittag geht immer so schnell zu Ende. Damit ich noch länger mit meinen Freundinnen spielen kann, versuche ich oft mich zu verabreden.

Ach ja, **am Montag** ist alles ganz anders, dann haben wir nämlich **Ausflugstag** und gehen in den Wald oder zu einem Spielplatz. Den Bollerwagen, vollgepackt mit Kletterseil, Schaufeln, Hämmern, Decken und Imbiss, nehmen wir auch mit.

Ich hoffe, ihr könnt euch jetzt vorstellen, was bei uns so los ist.

Von Püfferchen, Ljussekattern, dem schwedischen Luciafest, Osternester-bauen und dem Bauspielplatz erzähle ich ein anderes Mal.

Eure *Lisa*

■ *Andrea Ortkemper*

# In der Schule zu Hause sein

## Wie Schulanfänger den Ganztag erleben können

In diesem Kapitel wird die Betreuung der Kinder am Nachmittag beschrieben, so wie Johanna Harder sie für Haus-1-Kinder *„erfunden"* und zusammen mit Gisela Glasenapp (genannt Peggy) entwickelt hat. Vormittag und Nachmittag waren als ein Ganzes im Sinne einer ganzheitlichen Pädagogik konzipiert. Später hat Peggy in Zusammenarbeit mit Andrea Ortkemper, Gerlinde Riepe und den Lehrerinnen der 3. Fläche der Eingangsstufe diesen Nachmittag fortgeführt.

*„In den Jahren nach 1974, als die Schule aufgebaut wurde, habe ich eng mit Johanna Harder, der Mitbegründerin der Laborschule und maßgeblichen Gestalterin der Eingangsstufe[35] zusammengearbeitet. Sie war als Lehrerin für den Vormittag zuständig, ich als Erzieherin für den Nachmittag. Unser Ziel war, dass die Kinder sich den ganzen Tag über rundum wohl fühlen sollten. Vormittag und Nachmittag sollten eine pädagogische Einheit bilden. Jede von uns hatte einen eigenen Part, aber der ganze Tag war gemeinsam geplant. Oft blieb Johanna am Nachmittag noch in der Schule und ich kam jeden Morgen vor der offiziellen Zeit.*

*Unser Konzept in Kürze: Das Leben und das Lernen der Kinder sind eng miteinander verbunden. Dieses Prinzip bestimmt den ganzen Tagesablauf. Die Kinder sollen eine gute Kindheit haben und alle Erfahrungen machen können, die dazugehören. Darum werden alle Tätigkeiten als gleich wichtig angesehen. Der Tag wird in einem guten Rhythmus geplant, er muss „stimmen", so dass Ruhe und Bewegung, Konzentration und Entspannung im Gleichgewicht sind. Die Kinder erfahren, dass es in der Schule schön ist, dass alles da ist, was sie brauchen, dass sie einen festen Halt an den Erwachsenen haben und zugleich ganz frei sind.*

*Nachdem Johanna Harder die Laborschule verlassen hatte, habe ich diese Zusammenarbeit mit den Lehrerinnen unserer Fläche fortgesetzt. Ich habe den Nachmittag jahrelang mit Jahrespraktikanten durchgeführt, später mit Andrea Ortkemper und in den letzten Jahren mit Gerlinde Riepe.*

---

35 HARDER/CALLIES 1973.

*Im folgenden Abschnitt beschreiben wir den Nachmittag so, wie wir ihn gemein-
sam durchgeführt haben. Die Kolleginnen und Kollegen auf den anderen Flächen
haben teilweise andere Schwerpunkte, deshalb ist unsere Darstellung nicht
typisch für die ganze Eingangsstufe.*"[36]

## Was Kinder an vier Nachmittagen tun und erleben können

Es ist **Montag, 11.30 Uhr**. Peggy geht auf ihrer Fläche von Tisch zu Tisch und
begrüßt die Lehrer und die Kinder. Sie wissen, dass gleich die Essenszeit beginnt.
Peggy wird sie anschließend in der Mensa, die sich im Großen Haus der Laborschule befindet, erwarten.

Die Kinder machen in Ruhe ihre **Arbeit zu Ende**. Wer fertig ist, geht in die **Mensa**. So kommen die Kinder langsam, nach und nach. Wir essen und unterhalten
uns dabei. Die ersten Kinder, die schneller gegessen haben, melden sich ab und
gehen zurück auf ihre Fläche. Sie haben dann Zeit, bis alle fertig sind, und können so lange etwas anderes tun. *„Zwischenzeit"* nennen wir das. **Zwischenzeit**
heißt für die Kinder: Sie sagen, was sie machen möchten und dürfen das in Ruhe
tun. Aber eine Regel gilt für alle: Sie müssen nach draußen, bei jedem Wetter.
Sie spielen um das Haus herum, wenn nötig mit Regenzeug, oder sie nehmen die
Tiere mit nach draußen. Sie spielen *„Hüpfkasten"*, fahren Rad oder laufen Rollschuh, sind im Sandkasten oder auf dem Bauspielplatz. Diese Zeit dauert, bis die
letzten mit dem Essen fertig sind. **Um 13.00 Uhr** sind alle wieder da.

Dann beginnt das eigentliche **Nachmittagsprogramm** für den Montag. Alle vier
Nachmittage haben eine feste, gleich bleibende Struktur. So wissen die Kinder
genau, was heute zur Wahl steht: Peggy bleibt im Haus und macht *„Haushaltstag"*, Gerlinde oder Andrea gehen in den Wald.

Der Haushaltstag ist sehr beliebt, bei Mädchen und Jungen. Jungen machen
besonders gern *„richtige"*, harte Arbeit: Sie putzen die Fenster, polieren die
Tische und Stühle, entrümpeln den Nassraum, reparieren Räder oder arbeiten
im Garten.

Die meisten Kinder sind mit im Wald. Montag ist der *„große Waldtag"*. Bevor sie
aufbrechen, ziehen alle Kinder sich um. Sie wissen, wo ihre *„Zweitsachen"* liegen:

---

*36 Peggy Glasenapp*

Hosen, Pullover, Anoraks, Gummistiefel … So ziehen sie los, mitsamt ihrem Bollerwagen. Darin sind Sägen und Hammer, Kletterseile, die 30 Meter lang sein müssen,
damit man in der *„Schlucht"* damit klettern kann, ein Imbiss (Knäckebrot), etwas
zu trinken (Apfelsaft, Mineralwasser oder im Winter heißer Tee), ein Erste-Hilfe-
Rucksack.

**Gegen 14.30 Uhr** kommen die Waldkinder mit Gerlinde oder Andrea zurück. Dann
gibt es den Imbiss, den Peggy mit den Haushaltskindern gemacht hat. Die Waldkinder ziehen sich um, und danach gehen alle in die Ruhezeit.

Die Ruhezeit gehört zu den festen Einrichtungen. Sie hat auf der Fläche einen besonderen Platz. Dort gibt es Stellwände, die vor Beginn der Ruhezeit aufgebaut
werden, und für jedes Kind Polster, Decken und Kissen, die in einer Hängematte
aufbewahrt werden. Nach dem Imbiss gehen die Kinder, genau wie nach dem Mittagessen, nach und nach in die Ruhezeit, suchen sich ihren Platz, kuscheln sich
in Decken und Kissen. Das erste Kind hat eine Kassette ausgesucht, die dann
läuft. Wenn alle Kinder da sind, geht eine Dose mit Gummibärchen oder Keksen
herum. Das ist zugleich ein Signal: In der Ruhezeit darf nur geflüstert werden.
Jedes Kind soll für sich die beste Form der Entspannung finden und ganz unabhängig sein. Einige schlafen, andere hören der Kassette zu, viele malen dabei
(bei Ausmalbildern und Mandalas kommen die Kinder am besten zur Ruhe),
andere kuscheln einfach nur. So bleiben die Kinder, bis es Zeit ist, sich für
den Heimweg mit dem Bus fertig zu machen.

Die **festen Einrichtungen** (Zwischenzeit, Imbiss, Ruhezeit) sind an allen vier
Nachmittagen gleich. Aber jeder Tag hat ein eigenes **besonderes Programm**.
Da am **Dienstag** der Konferenztag für die Erwachsenen ist, gehen dann alle
Kinder bereits mittags nach Hause.

Am **Mittwoch** können die Kinder entweder mit Peggy in die Turnhalle gehen
oder mit Gerlinde bzw. Andrea eine Radtour machen. Danach treffen sich alle
zum Imbiss und zur Ruhezeit.

Am **Donnerstag** fällt die Zwischenzeit für einige Kinder aus: Sie gehen nach dem
Essen gleich zurück und backen mit einer Erwachsenen einen Kuchen für den Frei-
tag. Je vier Kinder im Wechsel sind für diesen Dienst eingeteilt. Wenn sie fertig
sind, beginnt das Nachmittagsprogramm für alle: Einige machen mit Gerlinde oder
Andrea einen großen Ausflug in die Umgebung, sie gehen in den Wald oder zum
*„Wellensiek"*, wo es einen beliebten Spielplatz gibt, oder zum Ententeich oder zu
einem anderen Spielplatz. Die Übrigen bleiben bei Peggy, deren Programm heute
*„Grüner Tisch"* heißt:

Ursprünglich war es nur ein ganz normaler Imbiss, den diese Gruppe vorbereitete, mit Weißbrot und Marmelade. Mit der Zeit wurde daraus eine anspruchsvolle Alternative. Es gibt mehrere Sorten Vollkornbrot, auch so besondere Sorten wie Kartoffel- oder Müsli- oder Zwiebelbrot. Dazu gibt es Eier, als Aufstrich Butter oder Frischkäse und vor allem Gemüse, das die Kinder schnippeln: Zwiebeln, Lauch, Petersilie, Radieschen, Rettich, Tomaten, Avocado usw. Dann wird der Tisch besonders schön gedeckt, mit Kerzen oder Teelichtern, Blumen aus dem Garten und Servietten. Alles wird mundgerecht auf kleinen Schälchen angerichtet.

Wenn die anderen Kinder zurückkommen, ziehen sie sich um, und dann gehen alle an den *„grünen Tisch"*. Dieser Imbiss dauert ca. 45 Minuten. Zu trinken gibt es Saft. Oft kommen Eltern dazu und bringen Spenden mit. Auch ältere Kinder, die früher auf der Fläche waren, kommen und essen mit.

Danach gehen die Kinder allein in die Ruhezeit und die Erwachsenen waschen ab.

Am **Freitag** steht für alle Schwimmen auf dem Programm. Nach der Zwischenzeit packen die Kinder ihr Schwimmzeug und gehen zum Schwimmbad in der benachbarten Universität. Wenn sie zurück sind, gibt es zum Imbiss den Kuchen, den die *„Back-Kinder"* am Vortag gebacken haben, bevor die Kinder zum Bus gehen.

##  Was alles zur „Kuschelpädagogik" gehört

Am Vormittag haben die Kinder viel gesessen und konzentriert gearbeitet. Darum brauchen sie danach erst einmal **Bewegung und frische Luft**. Nach dem Essen gehen alle raus, bei Wind und Wetter, das ist ein Muss. *„Wir sind doch nicht aus Zucker"*, pflegte Johanna Harder zu sagen.

**Wenn es regnet**, ziehen die Kinder sich vorher um. Die *„Zweitsachen"* sind in Plastikkörben aufbewahrt. Wir haben sie im Lauf der Zeit aus Spenden zusammengestellt und sie werden immer wieder ergänzt. Es gibt für jedes Kind passende Sachen: Unterwäsche, Socken, Hosen, Pullover, Anoraks, Gummistiefel. Die Gummistiefel stehen im Eingang und sind gekennzeichnet. Die Zweitsachen werden in Plastikkörben aufbewahrt. Die schmutzigen Sachen werden in der Schule gewaschen.

Früher hat Peggy die Wäsche jeden Tag mit nach Hause genommen und gewaschen. Irgendwann schenkten Eltern uns eine Waschmaschine. Es gab ein Riesentheater mit der Universitätsverwaltung, unserem Schulträger, weil so etwas aus rechtlichen

Gründen angeblich *„nicht geht"*. Erich Heine[37] hat die Geschichte in einem Aufsatz beschrieben. Später wurde aus Geldmitteln der Schule eine Waschmaschine angeschafft.

Die Wäsche wird im Nassraum getrocknet. Dort sind auch die Fahrräder und Schutzhelme, die Schwimmsachen und Schlitten, der Bollerwagen und anderes. Alle diese *„Schätze"* sind geschenkt, gespendet, zusammengebettelt, weil die Schule für solche Anschaffungen kein Geld hat. Der Nassraum muss immer wieder entrümpelt und aufgeräumt werden, die Räder brauchen viel Pflege. Für Schlittschuhe und Rollschuhe gibt es einen eigenen Schrank.

**Wir leben mit den Jahreszeiten.** An warmen **Sommertagen** stellen die Kinder Tische nach draußen und bauen die Sonnenschirme auf, damit es für sie und die Tiere nicht zu heiß wird. Die Tiere kommen mit nach draußen. Für sie gibt es auf dem Rasen ein Gehege und der Rasen ist eingezäunt. So können auch die Tiere *„entscheiden"*, ob sie drinnen (im Gehege) oder draußen sein wollen. Die Kinder spielen mit den Tieren oder malen, schreiben, arbeiten oder fahren Rollschuh oder Fahrrad oder kümmern sich um unser Gärtchen.

**Im Herbst** sind die Radtouren und Waldtouren besonders beliebt. Die Kinder bauen Hütten, sammeln unterwegs Pilze und Beeren, machen waghalsige Kletterpartien in einer Schlucht im nahe gelegenen Teutoburger Wald. Wenn im Winter Schnee liegt, nehmen sie Schlitten und Plastiktüten mit und rodeln auf einem Hang am Teutoburger Wald oder sie laufen Schlittschuh auf dem zugefrorenen Ententeich.

Wenn die Kinder von solchen Touren zurückkommen, freuen sie sich auf ein warmes, gemütliches *„Zuhause"*. Das soll die Schule ja für sie sein, und darum haben wir sie auch so eingerichtet, mit allem *„Drum und Dran"*: den Zweitsachen und der Ruhezeit, der Bauecke, den Spielen und der Tierecke. Das sind sozusagen die festen Einrichtungen. Dazu kommen die beweglichen Dinge. Die Kinder sollen tun dürfen, wonach ihnen gerade das Herz steht. Es gibt wechselnde Moden, die manchmal geradezu wie ein Fieber ausbrechen. Dann machen alle bunte Bommel oder bringen sich gegenseitig Bändchenspiele bei oder arbeiten mit der Strickliesel oder basteln mit Perlen.

---

37 HEINE 1984.

Alle Sachen, die man dafür braucht, müssen auf der Fläche vorhanden sein, damit die Kinder wählen können. Wenn dann so eine Modewelle kommt, wird das Material unauffällig aufgestockt; wir besorgen Wollreste oder Perlen oder bringen ein neues Bändchenbuch mit. In der **Adventszeit** hängen die Erwachsenen einen großen Kranz auf und bauen auf der Fensterbank die Krippe auf. Da gibt es jedes Jahr „Zuwachs", Kinder und Erwachsene bringen Tiere oder Figuren mit oder eine Lichterkette für den Stall oder kleine Puppen, die mit dabei sein wollen. Auf der Fensterbank stehen auch die Kinderbücher, immer solche, die zur Jahreszeit passen, und andere, die besonders beliebt sind.

Manche Kinder sind Bau-Spezialisten, gehen am liebsten in die Bauecke und arbeiten dort oft tagelang an komplizierten Kunstwerken. Andere sind Tier-Spezialisten und verbringen ihre Zeit besonders gern in der Tierecke. Oft nehmen die Kinder Tiere oder Bommel oder Bändchen oder was auch immer mit in die Ruhezeit. Die ist bei allen Kindern besonders beliebt. Schon oft haben wir den Wunsch gehört: *„Können wir nicht mal den ganzen Nachmittag Ruhezeit machen?"* Wir Erwachsenen fänden das natürlich gar nicht gut, aber wir wissen, dass Kinder solche Ruhe und Gemütlichkeit brauchen. Viele von ihnen haben sie zu Hause vielleicht nicht und vermissen sie darum besonders. Auch für die Ruhezeit gibt es die festen Einrichtungen (Hängematte, Polster, Kissen, Decken) und die beweglichen, zum Beispiel Körbe mit sortierter Wolle, Stifte und Ausmalbilder (Tiere, Blumen, Mandalas ...). Die Kombination von Malen und Zuhören ist besonders beliebt.

**Umgangsformen und Rituale** spielen eine große Rolle. Die Ruhezeit beginnt mit einer kleinen Süßigkeit. Für die Kinder ist sie auch ein Signal: Sie haben etwas im Mund und dürfen danach nicht mehr laut reden. Flüstern ist erlaubt. Natürlich halten sich auch die Erwachsenen daran. Manchmal kommen Gäste oder Kinder aus dem *„Großen Haus"*, wo die älteren Schüler sind, die die Ruhezeit mitmachen wollen, und alle flüstern. Bevor die Kinder in die Ruhezeit gehen, ziehen sie ihre Schuhe aus. Die fliegen dann oft unordentlich herum. Daraus ist ein Spiel entstanden. Peggy sagt: *„Ob heute wohl die Heinzelmännchen kommen?"* Die Kinder wissen: Heinzelmännchen sind für Erwachsene unsichtbar. Peggy kann also nicht sehen, wie ein oder zwei *„Heinzelmännchen"* sich leise aus der Ruhezeit schleichen, draußen die Schuhe ordentlich hinstellen und wieder zurück unter ihre Decke kriechen. Alle Kinder freuen sich auf ihr erstauntes Gesicht, wenn sie merkt, dass die Heinzelmännchen doch wieder da waren.

Dass man freundlich und höflich miteinander umgeht, erfahren die Kinder täglich. Dass man nicht laut herumschreien darf, lernen sie schon als *„Nuller"*. *„Schule ohne Wände"* war Johanna Harders Stichwort dafür. Weil es keine Wände gibt, muss man zu den Menschen hingehen, denen man etwas sagen möchte, und man muss leise sein. Wer das nicht aushält, darf nach draußen und sich dort austoben. Manchmal wird der *„gute Ton"* von den Kindern wie ein Spiel eingeübt. Der *„grüne Tisch"*, das Schmücken und Decken und die vielen Vorbereitungen, die dazu gehören, wecken in ihnen den Wunsch nach besonderen Umgangsformen. *„Wir sind heute vornehm"*, nennen sie das und geben sich schrecklich viel Mühe entsprechend zu reden. *„Würdest du mir bitte die Butter reichen?"* oder auch: *„Würden Sie so gut sein, das Salz herüberzugeben?"* Manche erfinden abenteuerlich vornehme Anreden, von *„Meine Dame"* oder *„Mein Herr"* bis zu *„Majestät"*.

Die Kinder erleben täglich, dass die Erwachsenen viel arbeiten müssen, damit es in der Schule schön ist. Sie wachsen mit in diese **Verantwortung** hinein. Jeder hilft: beim Backen oder beim Haushaltstag oder beim Tierdienst. Alle sollen die Erfahrung echter, ernsthafter Arbeit

machen. Die Tiere beispielsweise machen viel Arbeit. Einmal in der Woche werden die Ställe der Meerschweinchen und Kaninchen gründlich gesäubert.

Die „*Tierdienst*"-Kinder holen die alte Spreu heraus, saugen die Reste ab, schrubben und seifen die Ställe aus, desinfizieren sie und schütten neue Spreu hinein.

Dann wird jedes Tier untersucht. Müssen die Nägel geschnitten werden oder sind bei den Kaninchen die Zähne zu lang geworden? Sind die Ohren in Ordnung, die Augen klar? Ist das Fell glänzend, der Po nicht verklebt? Wenn alles in Ordnung ist, werden die Tiere in die Ställe zurückgesetzt. Vorher wurde das Futter liebevoll angerichtet. Es gibt auch ein Terrarium mit Echsen, Berberskinken, die besonders zutraulich sind und sich streicheln lassen. Einmal in der Woche ist „*Echsentag*"; die Kinder holen die Echsen heraus, spielen mit ihnen, lassen sie auf sich herumkrabbeln. Die Echsen brauchen Lebendfutter, deshalb werden auf der Fläche Heimchen gezüchtet und verfüttert.

Der **Tierdienst** ist ein besonders verantwortliches Amt, deshalb ist immer ein älteres Kind Tierchefin oder -chef. Die größeren Kinder weisen die kleineren ein, bis die alles allein können und dann wieder jüngere einweisen. So ähnlich ist es auch mit dem **Fahrraddienst**. Die Fahrräder müssen regelmäßig durchgecheckt und bei Bedarf repariert werden. Das können Kinder nicht allein, aber sie helfen mit. Auch hier weisen die Größeren die Kleineren ein.

Es gibt bei uns nur ganz wenige **Regeln** und alle sind so „*selbstverständlich*", dass jedes Kind ihre Notwendigkeit einsieht. Eine heißt „*Schule ohne Wände*".

Eine andere: Man muss sich an- und abmelden, z.B. wenn man zur Zwischenzeit geht. Beim Fahrradfahren muss man einen Sturzhelm tragen, die Verkehrsregeln beachten, die Haltepunkte einhalten und man darf die Räder nicht zu Schrott fahren. Man muss richtig über die Straße gehen und sich beim Schwimmen an die Regeln halten. Und: Alle Kinder kommen sofort, wenn sie den *„Indianerruf"* hören. Zum Schwimmen im Uni-Bad gehen alle gemeinsam los und versammeln sich am Seiteneingang. Dann kommt ein den Kindern sehr vertrauter Spruch: *„Wir gehen jetzt gemütlich plaudernd durch die Uni."* Das tun sie, in kleinen Grüppchen.

*So hat der ganze Tag einen festen Rahmen. Die Nachmittage sind immer gleich und doch immer verschieden. So haben die Kinder einen festen Halt, der ihnen erlaubt, selbstständig und unabhängig zu werden. Wenn sie sich sicher fühlen, werden sie selbst zuverlässig, und wenn sie „gehalten" sind (Johanna Harder), können sie frei sein.*

■ *Gisela Glasenapp, Andrea Ortkemper, Gerlinde Riepe*

# Kapitel 9

# Aus Sicht der Eltern

# Mit Kind und Kegel
## Eltern-Kind-Nachmittage im Haus 1

*„Gefangen"*, jubelt es hinter mir und ich verspüre einen kräftigen Schubs in den Rücken. Eigentlich bin ich ganz froh, denn nun kann ich mich einen Moment ausruhen. Während ich auf die *„Befreiung"* warte, geht mir durch den Kopf, dass dies einer der letzten **Eltern-Kind-Nachmittage** im Haus 1 für meine Kinder und mich sein wird. Bei 6 Jahren, so rechne ich, habe ich ca. 24 Eltern-Kind-Nachmittage mitgemacht und die meisten haben nicht nur den Kindern Spaß gemacht. Auf den ersten Blick mögen die Eltern-Kind-Nachmittage weitere lästige Termine sein, doch der Gewinn für alle Teilnehmenden ist erstaunlich.

Am besten beschreibe ich einmal einen der **durchschnittlich vier Nachmittage** pro Schuljahr.

Nach Terminabsprache auf dem Elternabend trafen sich Kinder, ihre Geschwister, Lehrerin und Eltern an einem trüben Dezembernachmittag auf der 4. Fläche im Haus 1. Alle Eltern hatten den bewährten Picknickkorb dabei (enthält Geschirr, Besteck für den persönlichen Bedarf) und packten nun die mitgebrachten Speisen auf einen langen Tisch. Bedauernswert, wer nun nicht auch Schüsselchen eingepackt hatte. In Vorbereitung für den Nachmittag war daheim gekocht, gebacken, gerührt und geschnippelt worden. Neben Fingerfood gab es die leckersten Cremespeisen, Salate, Pasteten, Kuchen usw.

Doch erst einmal hatten die Kinder eine Überraschung vorbereitet. Auf der Bühne erwartete uns ein wunderschönes Theaterstück. Der König schien etwas groß geraten und wir erkannten *Rebeccas* Vater. Nach viel Applaus für die schauspielerische Leistung, die selbstgefertigten Kostüme und Dekoration ging es nun um das leibliche Wohl. An gemütlichen kleinen Tischen saßen wir geduldig und warteten auf unsere kleinen Kellner. Die Kinder, mit Block und Stift versehen, nahmen Bestellungen auf und lieferten uns all die Köstlichkeiten an unseren Platz. Musikalisch untermalt wurde der *„Restaurantbesuch"* durch ein Elterntrio, das uns mit Akkordeon, Geige und Querflöte viel Freude bereitete. Wir alle mussten viel mehr essen als wir wollten, da den Kindern das Kellnern so viel Freude bereitete. Seither ist das Restaurant OLIV eine feste Institution geworden.

Natürlich wird uns Eltern nicht immer soviel passives Genießen zugestanden. Zu anderen Zeiten sind wir gewandert, über das Außengelände gejagt, haben Ponys geführt, Hexensuppen auf dem Lagerfeuer gekocht, Kartoffeln geschält, Papier geschöpft, gehämmert, gebastelt, geklebt und gespielt.

Auch Planung und Organisation übernehmen häufig einige Eltern in Zusammenarbeit mit der Lehrerin. Die Eltern-Kind-Nachmittage finden an unterschiedlichsten Plätzen statt. Wir alle haben einen gemütlichen Grillnachmittag bei Eltern verbracht, die idyllisch im Grünen wohnen. Das Archäologische Freilichtmuseum war ebenso unser Ziel wie auch Abenteuerspielplatz, Bauernhausmuseum, Naturfreundehaus, Ponyhof und Tiergarten.

Neben **freien Spielnachmittagen** werden regelmäßig **themenorientierte Nachmittage** veranstaltet, die sich an die Projekte des Unterrichts anlehnen. Mit Staunen erfuhren wir Eltern beim Kartoffelfest, was unsere Kinder alles über die tolle Knolle wissen. Beim Zauberfest bewunderten wir, wie mutig sie in selbstgestalteten Kostümen auf einer Bühne Zauberkunststücke zeigten. Natürlich durften auch wir Eltern unsere Fertigkeiten vorführen. So verblüffte eine Mutter, die einen geheimnisvollen Koffer öffnete und die Zuschauer mit ihren Tricks verzauberte. Theatervorführungen machen allen besonders viel Spaß. Ich erinnere mich an die Geschichte des Indianers Saynday. Phantasievoll geschminkt und in selbstbemalten T-Shirts gaben die Kinder eine tollen Auftritt. Mit selbstgebauten Trommeln wurde das Theaterstück musikalisch untermalt. Hierfür hatten sie lange geübt und nun konnten sie ihre Arbeit vor den begeisterten Eltern aufführen. Im Anschluss an das Projekt *„Kinder der Welt"* erwartete uns ein multikultureller Nachmittag, bei dem uns drei Eltern Sprache, Schrift und Küche ihrer Herkunftsländer vorstellten.

Den Eltern eröffnen die zwanglosen Treffen einen **Einblick in das Schulleben.** Beruhigt stellen sie fest, wie sehr sich ihre Kinder in der Schule wohlfühlen und sich mit ihr identifizieren. Doch nicht nur die Kinder, auch die Eltern fühlen sich einer Schule verbunden, die sich so sehr um ihre Einbeziehung bemüht. So verwundert es nicht, dass sich die Eltern für die Schule engagieren und sich entsprechend ihrer Fähigkeiten und Erfahrungen in das Schulleben einbringen. Auf Eltern-Kind-Nachmittagen werden die erstaunlichsten Ideen entwickelt, Initiativen geplant und Verabredungen getroffen. Zwei Väter stellten z.B. im Gespräch fest, dass beide Freude am Inliner fahren haben. Was lag näher, als der Lehrerin anzubieten, mit den Kindern einmal einen Vormittag lang zu trainieren. Dass diese beiden sich künftig häufiger zum sportlichen Training trafen, war ein positiver Nebeneffekt. Als gelernte Buchbinderin stellte eine Mutter ihr Fachwissen beim Papierprojekt der Gruppe zur Verfügung und gestaltete den abschließenden Eltern-Kind-Nachmittag zu diesem Thema.

**Schule und Elternhaus**, sonst strikt getrennte Lebensbereiche des Kindes, nähern sich an. Eltern und Lehrerin lernen sich in diesem Rahmen besser kennen und die Eltern haben das sichere Gefühl, dass sie nicht gegeneinander, sondern miteinander zum Wohl des Kindes wirken. Wie wir Eltern den vertrauensvollen Umgang zwischen unseren Kindern und ihrer Lehrerin beobachten, so vermittelt das gemeinsame Erleben der Lehrerin einen Einblick in den familiären Umgang miteinander und sie erhält – um diesen arg strapazierten Begriff zu nutzen – ein ganzheitliches Bild der Kinder.

Natürlich geht es bei Gesprächen zwischen den Eltern nicht nur um die Möglichkeiten des Engagements für die Schule. Großen Raum nimmt der **Austausch über Lebenssituationen** und **familiäres Miteinander** ein. Mit Schmunzeln werden gelegentliche Ungereimtheiten entdeckt. So darf beispielsweise Franz nicht, wie das eigene Kind behauptet, täglich bis 21 Uhr fernsehen und Lisa bekommt auch nicht 10 € Taschengeld pro Woche. Von verstorbenen Meerschweinchen bis zum Lieblingsbrotaufstrich, von Kinderkrankheiten bis zu unerwarteten Trennungen – die Eltern-Kind-Nachmittage sind eine außerordentliche Informationsbörse.
So fuhr ich eines späten Abends nach telefonischer Rücksprache quer durch die Stadt, um bei Eltern unserer Gruppe ein Hustenmittel abzuholen, da mein Sohn unter den gleichen Symptomen litt, die sie mir einige Wochen zuvor beschrieben hatten. **Anteilnahme und Hilfsbereitschaft** haben sich nicht nur unter den Kindern sondern auch zwischen den Eltern entwickelt. Ob es dabei um kurzfristige Betreuung eines Mitschülers geht, dessen alleinerziehende Mutter beruflich verreisen muss oder um Hilfe beim nächsten Umzug – es fällt nicht schwer, andere Eltern anzusprechen. Uns eine immerzu harmonische Elterngemeinschaft zu nennen, würde ich dennoch nicht wagen. Wie immer, wenn Menschen zusammentreffen, stimmt zwischen einigen die Chemie, bei anderen wird auf zu große Nähe verzichtet. Die Option, sich kennen zu lernen, wird jedoch von den meisten Eltern genutzt. Da die Kinder sich häufig miteinander verabreden, war es sicher nicht nur mir stets eine Beruhigung, die Kinder und deren Eltern zu kennen und einschätzen zu können.

Immer wieder höchst spannend ist die **Beobachtung des eigenen Kindes**. Mit Erstaunen erlebte ich, wie mein zu Hause so fauler Sohn fröhlich aufsprang als die Lehrerin sagte *„Mein Großer, kannst du da vorn für Ordnung sorgen"*. Wie viel wird ihm zugetraut und wie selbstverständlich regelt er alles. Vielleicht sollte auch ich ihn nicht mehr *„mein Kleiner"* sondern *„mein Großer"* nennen. Bisweilen kann man Fähigkeiten seines Kindes registrieren, die einen in Erstaunen versetzen. Klappt daheim das Schleifenbinden so wenig, dass stets die Eltern zur Hilfe gerufen werden, mag man wenige Stunden später beim Eltern-Kind-Nachmittag dieses Kind beim beharrlichen und erfolgreichen Nesteln am Schnürsenkel ertappen.

Die Beobachtung der Kinder zeigt uns, wie **vertrauensvoll und verantwortungsbewusst** sie miteinander umgehen. Ich denke zurück an unseren ersten Eltern-Kind-Nachmittag auf einem Ponyhof. Meine Tochter war gerade erst eingeschult worden und mein 3-jähriger Sohn hielt mich wahrhaft in Atem. Als rechter Wirbelwind verschwand er schneller, als man schauen konnte. Daran gewöhnt, ihm stets sofort nachzulaufen, hatte ich kaum Zeit für Gespräche mit den anderen Eltern. Schließlich sagte mir eine Mutter *„Nun entspann dich doch mal. Alle passen hier aufeinander auf."* Die größeren Kinder achteten auf die Kleineren, ohne dass sie das besondere Mühe kostete. Das freundliche und verantwortungsvolle Miteinander praktizieren sie tagtäglich in der Schule und da nie Gravierendes passierte, muss dieses System wohl gut funktionieren.

Für die kleineren Geschwisterkinder bieten die Eltern-Kind-Nachmittage wunderbare Gelegenheit, sich schon **vor der Einschulung** mit der Lehrerin, den Klassenkameraden und der Schule vertraut zu machen. Wenn dann der große Tag der Einschulung kommt, gibt es kein Bauchweh, weil sie auf vertraute Gesichter treffen und sich auch in dem Gebäude schon auskennen. Gut auch für die künftigen Paten, die genügend Gelegenheiten hatten zu ergründen, auf welches Kind sie sich da einlassen.

Anders als bei den Großen, wo bisweilen gezischelt wird: *„Mama, bitte, das ist peinlich"*, dürfen wir Eltern in der Eingangsstufe noch ausgelassen mitmachen.

Die enthusiastischen Kleinen schauen großmütig über manche Mittelmäßigkeit hinweg. Beim Singen den falschen Ton zu treffen, beim Laufen sich ächzend hinter den anderen herzuschleppen – das alles zählt in ihren Augen nicht. Wichtig für sie ist, dass ihre Eltern sich von dem fröhlichen Miteinander anstecken lassen. Das macht den Zauber der Eltern-Kind-Nachmittage in Haus 1 aus. Wir müssen hier keine Angst vor Blamagen haben. Darin steckt ein erstaunliches Aktionspotential, trauen sich die Eltern doch, ihr Mitmachen anzubieten ohne die Sicherheit der Perfektion zu haben. *Rebeccas* Vater hätte sich wohl nie träumen lassen, dass er auf der Bühne, umgeben von wuseligen Kindern, mit einem goldenen Pappkrönchen auf dem Kopf einen würdevollen König darstellt. Und mir wäre es nie in den Sinn gekommen, zu allen möglichen Gelegenheiten Kinder mittels Schminke in Tiere oder Indianer zu verwandeln. Es gibt so ein nettes Mut-Mach-Lied, das im Haus 1 häufig gesungen wird, dessen erste Zeile lautet: *„Trau dich, trau dich, auch wenn was daneben geht, trau dich, trau dich, es ist nie zu spät."* Und mir scheint, dass auch wir Eltern von dem Prinzip des Mutmachens profitieren.

*„Mama, du bist frei!"* Strahlend krabbelt mein Großer unter mir her. Ach, was werde ich dieses Spiel vermissen!

■ *Annette Wölker-Backhaus*

# Mein Kind an der Laborschule

**Wieso eigentlich Laborschule?** Was hat uns bewogen, unser erstes Kind an diese doch so andere Schule zu geben? Ehrlich gesagt, es war nicht unser großer pädagogischer Anspruch oder gar spezielles Wissen um das besondere Konzept der Schule. Nein, unsere Tochter sollte möglichst mit ihrer Krabbelgruppen- und Kindergartenfreundin zusammenbleiben, der Schulweg sollte nicht zu weit sein, sie sollte sich wohl fühlen können in einer hoffentlich freien Atmosphäre ohne unsinnige Autoritäten.

*Mona* war ein zurückhaltendes Kind, gehörte im Kindergarten zu den unauffälligen, ruhigen, benötigte wegen einer Koordinations- und Sprachstörung zusätzliche Hilfen. Eine Einschulung an einer Regelschule wäre bei den eher leicht ausgeprägten Symptomen problemlos möglich gewesen. Über Freunde kam dann die Idee: Diese Schule, ganz in eurer Nähe, wäre sie nicht etwas für *Mona*? Ein Informationsabend macht neugierig, vieles ist uns sympathisch: mir, weil ich selbst eine frühe Reformschule besucht habe, meinem Mann, weil seine Erfahrungen an einer streng konfessionell geprägten Schule eher negativ waren. Spürbar ist schon an diesem ersten Abend eine Atmosphäre der Geborgenheit, Freundlichkeit und Vielfalt. Dazu eine Prise Normalität durch wild durcheinander liegende Gummistiefel und Puschen, ja – hier können wir uns unser Kind gut vorstellen.

Die **Einschulung** rückt näher, langsam kommen unsere Ängste. Ist unser Kind wirklich schon soweit? Wie wird es mit dem Neuen fertig werden? Wir hatten es aus der Sorge heraus, es mit einem so frühen Schulbesuch zu überfordern, ein Jahr länger im Kindergarten gelassen.

Der große Tag ist da, *Mona* hat Fieber, eine Mandelentzündung! Dennoch möchte sie unbedingt zu ihrer Feier, sie freut sich auf die Schule, die sie inzwischen schon kennen gelernt hat. Ihr zukünftiger Lehrer hat ihr bei einem Besuch bei uns zu Hause viele Sorgen genommen, ihre Freundin hat ebenfalls einen Platz an der Schule bekommen, allerdings in einer anderen Gruppe. Dies ist für beide Kinder kein Problem, sie wissen bereits, wo sie sich in dem für uns Eltern eher unübersichtlichen Gebäude finden können.

*Mona* ist stolz, jetzt ein Schulkind zu sein. In einer **großen Feier** werden die Neuen einzeln mit einer Sonnenblume begrüßt, ein anrührender Moment für alle.

Die Kinder werden in eine Gemeinschaft aufgenommen, die ganze Schule nimmt Anteil. Am nächsten Tag ist *Mona* traurig, dass sie wegen ihrer Erkrankung nicht in die Schule darf.

Schnell findet sie sich in der Gruppe und der Schule zurecht, wird dabei intensiv von ihren Paten, die ihre Aufgabe sehr ernst nehmen, unterstützt. Nie hat sie dabei das Gefühl, die *„dumme"* Neue zu sein. Die Großen fühlen sich verantwortlich, zeigen und erklären, wie ihre Schule funktioniert. Im nächsten Schuljahr übernimmt *Mona* diese Rolle, wird dadurch wieder ein kleines Stückchen erwachsener.

Nach kurzer Zeit werden die ersten **Freundschaften** geschlossen, intensive Besuchsaktivitäten beginnen. Auch nach der Schule und am Wochenende möchte *Mona* ihre neuen Freundinnen treffen. Zum schnellen Vertrautwerden tragen auch die vielen **Eltern-Kind-Unternehmungen** bei. Geschwisterkinder und manchmal auch Großeltern gehören selbstverständlich dazu. *Mona* lernt Menschen kennen, die unter anderen sozialen Bedingungen leben als sie, lernt, dass es viele Möglichkeiten des Zusammenlebens gibt, lernt, dass vieles für sie selbstverständlich für andere aber nicht so ist. So erlebt sie irritiert und verwundert, dass Lotti oft ohne Schulbrot zur Schule kommt und alleine vom Wecker geweckt aufstehen muss, weil ihre Mama schon arbeitet. Für die gesamte Gruppe ist es klar, dass *Lotti* beim gemeinsamen Frühstück mit versorgt wird. *Mona* lernt, dass ein eigenes Zimmer keine Selbstverständlichkeit ist, erlebt, dass aus dem Wohnzimmer ein Schlafzimmer gemacht werden muss, jeden Tag, nicht nur bei Besuchen.

Fast nebenher, so scheint es, lernt sie auch Lesen, Schreiben, Rechnen. Am Ende des ersten Schuljahres kann sie bereits ihre Beurteilung lesen und verstehen! Beim **Lernen** orientiert sie sich oft an den Großen, entwickelt zunehmend den Ehrgeiz, auch zu können, was diese schon können. Dabei hat sie Schwerpunkte, Lesen und Schreiben machen ihr besonders viel Spaß. Die vielen Bücher auf ihrer Fläche laden ein zum Blättern, Schauen und natürlich auch zum Lesen. Ein besonderes Highlight sind die selbst gedruckten eigenen Geschichten, die sie voller Stolz nach Hause bringt. (Zunächst werden die erzählten Geschichten noch von ihrem Lehrer in eine lesbare Form gebracht, später dann von ihr selbst und in der Handdruckerei der Schule gesetzt und gedruckt.) – Wir sind begeistert!

Nach kurzer Zeit ist für uns klar, dass Mona mit ihrem **individuellen Lehrplan** gut zurechtkommt. Sie hat fast immer ihren eigenen passenden Zeitrahmen finden können, ihre Motivation zum Lernen wuchs aus dem Umgang mit den anderen Kindern und durch die vielen Angebote der Schule. Ansporn durch uns Eltern war nicht nötig. Unterstützung hat sie allenfalls (und wir ebenfalls) im Umgang mit der Außenwelt gebraucht. Der Vergleich mit anderen Schulen und klassischen Lernstandards war bis zum Ende der Laborschulzeit immer wieder ein Problem, hat viel Energie gekostet und uns manchmal durchaus auch verunsichert. *„Wie, Mona kann noch nicht Malnehmen? Suse hat das aber schon lange gelernt".* Der intensive Austausch mit Lehrern und auch die aktive **Elternarbeit** hat mir geholfen, die Schule besser zu verstehen und nach außen darzustellen, manchmal auch gar verteidigen zu können.

Zurück zu *Mona*: In den ersten Schulwochen gibt es weitere Abenteuer zu erleben: Schulbusfahren! Am Anfang hat *Mona* noch ein Schild umhängen mit ihrer Haltestelle, damit sie von der Busbegleitung auch an der richtigen herausgelassen wird. Bald verschwindet das Schild im Tornister, sie ist ja schon groß, und es kommt wie es kommen muss: Sie verpasst ihre Haltestelle, steigt mitten in der Stadt mit einem fremden Laborschulkind aus. Zu Hause wartend male ich mir die schrecklichsten Möglichkeiten aus. Nach einer Stunde kommt der erlösende Anruf: Heißt ihre Tochter *Mona*? Sie möchte jetzt abgeholt werden. Unsere Aufregung versteht sie nicht, sie hat ein nettes Mädchen kennen gelernt, das ein gaaaanz niedliches Meerschweinchen hat. Wir Eltern haben gelernt, dass unsere Tochter durchaus in der Lage ist, schwierige Situationen zu meistern und sind stolz auf sie.

Die erste **Gruppenfahrt** steht an, wieder etwas Neues, Aufregendes. Sie hat zwar schon oft bei ihrer Freundin übernachtet, dies ist jetzt schon etwas anderes. Wird es ohne Heimweh abgehen? Müssen wir sie gar abholen? Nichts dergleichen: Ihre Gruppe und der Lehrer sind ihr schon so vertraut, dass sie gerne länger geblieben wäre.

Im neuen Schuljahr bekommt *Mona* einen **Nachmittagsplatz**. War sie bisher von 8.00 bis 12.00 Uhr in der Schule, dauert ihr Schultag jetzt bis 16.00 Uhr. Klassisches Lernen ist am Nachmittag nicht angesagt, wohl aber Lernen in vielen anderen Bereichen: Basteln, Kochen, in den Wald ziehen, Zirkusprojekte ..., viel Bewegung, viele Aktivitäten im Freien. Die Gruppenzusammensetzung ist eine andere als am Vormittag, die Kinder kennen sich aber bereits aus gemeinsamen Unternehmungen der Stammgruppen. Neu für *Mona* sind die Betreuerinnen, sie hat jetzt mit recht vielen Erwachsenen zu tun.

Gemeinsam mit der gleichaltrigen *Lina* hat *Mona* zweimal in der Woche eine psychomotorische Übungsstunde zur Behandlung ihrer Koordinationsstörung, dazu kommt einmal in der Woche Elementarunterricht der Kunst- und Musikschule, beides wird durch externe Institutionen angeboten und in den Schulalltag integriert. Zusätzliche Termine mit den sonst erforderlichen Hol- und Bringediensten entfallen somit.

Dieser nun lange und anstrengende **Schultag** ist für *Mona* kein Problem, wir sind begeistert, wie viel Energie unser Kind besitzt. Dabei wird sie immer unabhängiger von uns, wir können zusehen, wie sie ihr eigenes Leben in die Hand nimmt. Bei einer etwas überfürsorglichen Mutter ist dies eine besonders tolle Entwicklung.

*Mona* geht weiterhin (fast) jeden Tag mit Freude und völlig selbstverständlich zur Schule. Sie freut sich auf ihre Freundinnen und die vielen attraktiven Angebote. Leistungsdruck oder gar Angst vor Noten oder Lehrern hat sie nicht kennen lernen müssen. Wir bedauern inzwischen, *Mona* ein Jahr länger im Kindergarten gelassen zu haben. Die Schule mit den vielen Anregungen in so vielen Bereichen hätte ihr auch in diesem Jahr bereits gut getan. Sie ist zwar immer noch ein ruhiges und zurückhaltendes Kind, aber viel aktiver und neugieriger. Ihr Sprachfehler wird von den anderen Kindern akzeptiert, nicht einmal wird sie gehänselt – und das bleibt bis zum Ende der Laborschulzeit so. Das Anderssein eines jeden Kindes empfinden die meisten Kinder der Schule als normal. *Mona* wird dadurch sicherer und traut sich zunehmend mehr zu.

Im Laufe des **zweiten Schuljahres** wird deutlich, dass sich *Mona* in allen Bereichen altersgemäß entwickelt hat und sie zu den *„Großen"* der Gruppe gehört. Gemeinsam mit ihrem Lehrer überlegen wir, sie bereits nach zwei (und nicht wie normalerweise nach drei) Jahren in die nächste Stufe der Laborschule wechseln zu lassen. Wir denken, dass sie sicher genug ist, diesen großen Schritt zu machen, glauben auch, dass sie nun anderes *„Futter"* braucht. Sie selbst kann es sich gut vorstellen, einige ihrer engsten Freundinnen werden ebenfalls wechseln, das ist Anreiz genug. *Monas* Beziehung zu ihrer Krabbelgruppenfreundin hat sich verändert, beide gehen nun auch andere Freundschaften ein; das Band zwischen den beiden ist zwar dünner geworden, aber immer noch fest und verlässlich.

Gut vorbereitet meistert *Mona* den Wechsel in das **dritte Schuljahr**, ein neues Schulgebäude, eine neue Gruppe mit weniger bekannten Kindern, viele neue Lehrer, für unser Kind kein Problem.

*Mona* bleibt weiterhin eine ruhige Schülerin, beteiligt sich wenig am mündlichen Unterricht, zeigt dafür in anderen Bereichen, was sie kann (und es wird auch von den anderen anerkannt!), beendet die Schule mit einem guten **Abschluss** einschließlich der Qualifikation zum Besuch der gymnasialen Oberstufe. Dort, an einem klassischen Gymnasium, erlebt sie erstmalig eine Benachteiligung durch ihr Stottern. Unsichere, nicht wissende Lehrer machen sehr deutlich, dass sie dieses Handicap einer Lernbehinderung gleichsetzen. *Mona* lässt sich nicht entmutigen, bewältigt diese Kränkungen und entwickelt eine bewundernswerte Stärke. Unsere Hilfe ist dabei nicht gewünscht, sie möchte es alleine schaffen und tut es auch.

Ich bin überzeugt, dass die Grundlagen dieser Kraft und Beharrlichkeit in den Laborschuljahren gelegt wurden, hier hat sie positive Verstärkung und Zutrauen in ihre eigene Leistungsfähigkeit erfahren. Heute, vier Monate nach dem bestandenen Abitur, arbeitet *Mona* auf einer Farm in Australien mitten im Outback. Ein Jahr möchte sie dort bleiben und anschließend mit einer Ausbildung beginnen.

*Mona* hat einen drei Jahre jüngeren Bruder. Für ihn und für uns war es selbstverständlich, dass auch er die Laborschule besuchen wird. Dies ist aber eine andere Geschichte.

■ *Irene Hemfler*

# Kapitel 10

# Der Blick auf das Kind

# Kinder brauchen ihre Zeit

Kinder lernen nicht alle dasselbe zum selben **Zeitpunkt**. Erwachsene auch nicht. Menschen sind nicht so. Es gibt Kinder, die sehr früh das Laufen erlernen. Die Eltern sind oft stolz auf ihre 10 Monate alten Aufrechtgeher. Es gibt Bedenken, ob dieses gut für den Rücken ist. Mütter machen sich größere Sorgen, wenn ihr Kind mit 16 Monaten noch immer krabbelt. Diese Sorgen sind sicherlich verständlich, aber irgendwann wird jedes gesunde Kind auf seinen eigenen zwei Beinen stehen und gehen. Alle Versuche, das Laufenlernen von Kindern zu beschleunigen, sind gescheitert. Laufgestelle und die geduldig zur Verfügung gestellten Zeigefinger der Väter, an denen sich die Nachkömmlinge festhalten können, haben alle zum Erfolg, aber zu keinem frühzeitigeren geführt.

Beim Sprechen gilt Ähnliches. Eine anregungsreiche Umwelt hilft, gezieltes konzentriertes Training führt eher zur Verunsicherung. Fahrrad fahren lernen Kinder schneller, wenn sie hierzu reichlich Gelegenheit erhalten, doch erst müssen sich ihr Gleichgewichtssinn, ihre innere Bodenhaftung und die Beherrschung des neuen Tempos entwickeln können, sonst landen sie unsanft auf dem Boden und verlieren ihren Mut. Manche Kinder lernen bereits als Babys das Schwimmen, andere tun sich in der Schule noch lange schwer damit. Auch hier ist es eine Frage der **regelmäßigen Gelegenheit**, der **emotionalen Sicherheit** und der **individuellen Entwicklung** – also der inneren Lebenslage von Kindern.

Bei allem **elementaren Lernen** ist dies so. Anlagen, Gelegenheiten und eine stabile persönliche Entwicklung sind die Faktoren, die über den Zeitpunkt, sowie Übung, Geduld, Zuversicht und Nachsicht bei Erfolg und Misserfolg über die Nachhaltigkeit des Erlernens entscheiden. Von was auch immer. Dieses gilt auch für die elementaren Kulturtechniken. Beim Lesen ist es ganz deutlich. Kinder wollen dies aus eigenem Antrieb und mit ihrer eigenen Methode erlernen. Sie haben dies in der Vergangenheit geschafft – trotz aller unterschiedlichen Methoden und didaktischen Bemühungen, die man ihnen je nach pädagogischer Mode zugemutet hat. Sie haben ganzheitlich, analytisch, synthetisch, lautierend und wie auch immer das Lesen erlernt. Genauso wie sie die Lateinische, die Sütterlin-, die Vereinfachte und die Schulausgangsschrift erlernen können. Und wer zu Hause, im Kindergarten oder in der Schule viele Brettspiele macht, beim Einkaufen mit dabei ist, Bonbons selbstständig aufteilen darf ... erlernt auch die Grundelemente des Rechnens quasi naturwüchsig.

Sicher: Manche Verfahren erleichtern das Lernen wirklich, andere machen es unnötig schwierig. Aber Kinder lernen das Laufen auch auf unebenem Boden und sind später dann vielleicht sicherer auf ihren Beinen.

Dies alles soll nun keine Absage an die Didaktik und Methodik des Unterrichtens darstellen. Es soll den **Stellenwert von unterrichtlichen Bemühungen** klären helfen. Und es soll uns auf etwas ganz besonders deutlich hinweisen: Nicht alle Kinder lernen das Lesen, das Schreiben, das Rechnen zum selben Zeitpunkt und mit derselben Methode. Aber (fast) alle wollen es lernen.

Wenn wir Kindern abverlangen am Montag das große „A" von der Tafel an ihren Arbeitsplatz zu holen, es dort nachzufühlen, abzumalen und fünfzehn Mal in ihr Buchstabenheft zu übertragen, und am Dienstag sollen sie dasselbe mit dem „M" tun, dann werden wir einigen von ihnen vielleicht damit gerecht. Der Anfangsunterricht für die Grundschule sieht dieses ja schließlich so vor. Aber was ist mit den Kindern, die vor Schuleintritt bereits von ihren älteren Geschwistern gelernt haben, ganze Bücher selber zu lesen? Oder was ist mit Kindern, die das „*T*" am Freitag zwar in ihrem Buchstabenheft dokumentiert haben, aber sich nach einer Viertelstunde beim besten Willen nicht mehr erinnern können, wie der Buchstabe „*klingt*". Was ist mit den **schnellen und den langsamen Lernern**? Was ist mit den **besonders Begabten**, die sich so grauenhaft unterfordert fühlen, dass sie zu unerklärlichen Verhaltensauffälligkeiten neigen, die sie uns oft so anstrengend erscheinen lassen? Was ist mit solchen Kindern, deren **Lebensprobleme** so eklatant und gravierend sind, dass sie alles Schulische vergessen, sich nicht konzentrieren können, einfach nicht mitkommen und uns unsere Hilflosigkeit vor Augen führen?

Die **Beschreibung der Lernwege** einiger Kinder sollen im Folgenden veranschaulichen, welche nachhaltige Rolle Zeit für die kindliche Entwicklung – also auch für die schulische – spielt, und in welchem Maße es davon abhängt, ob diesem Faktor in der Schule Rechnung getragen wird. Natürlich ist Zeit nicht alleine entscheidend für den erfolgreichen Schulbesuch. So einfach ist es nun auch wieder nicht. Fachliche Kenntnis, didaktisches Vermögen, eine günstige Lernumgebung und ein gutes pädagogisches Verständnis des Lehrers, kurz: ihr Blick auf das Kind, sind ebenso wichtige Voraussetzungen. Gerade Letzteres mag bei der Einschätzung helfen, welche Zeit welches Kind bei welcher Gelegenheit für welchen Zweck benötigt.

„*Den Genuss des Zeithabens, die heilsame Wirkung, ja die Macht, die davon ausgeht, dürfen unsere Schulkinder nur in der Geschichte von Momo erfahren. Die Schule verhält sich ohne Not wie ein rationalisierter Produktionsbetrieb. ... Kindern sollten wir eine andere Bewertung und Verwendung der Zeit vorleben und ermöglichen: im Umgang mit den Aufgaben intensiv, im Umgang mit Menschen großzügig.*"[38]

> *Die Aufgabe eines Lehrers ist nun gerade und besonders der Umgang mit Menschen.*

---

38 von HENTIG 1985, S. 108–109.

## Alexander ...

... hat die Laborschule von 1974 bis 1984 besucht. Seine **Lernentwicklung** ist von seiner Lehrerin ausführlich dokumentiert und beschrieben worden und soll hier in Kurzform vorgestellt werden [39]. Um das Ende vorwegzunehmen: *Alexander* ist jetzt Mitte 30 und erfolgreich als Jurist tätig. Als er an die Laborschule kam, war er ein besonders **auffälliger Junge**. Er trat aggressiv auf, war mit ausgesprochen geringem Selbstvertrauen ausgestattet. Er machte sich, seinen Mitschülern und seiner Lehrerin das Leben furchtbar schwer. Die ersten Lebensjahre eines mit sich und der Welt im Unmut lebenden Kindes müssen schwierig gewesen sein und die **Bedingungen für seine Entwicklung** zum Schulkind nicht gerade günstig. Erst nach zwei Jahren an der Laborschule gelang es ihm, sich im Ansatz zu beherrschen. In seiner schulischen Arbeit kämpft er gegen die Ungeschicklichkeit seiner Hand und die Unannehmlichkeit, für länger als fünf Minuten auf einem Stuhl sitzen bleiben zu müssen. Aber immerhin versuchte er es immer wieder erneut. Die Linien des Schreibheftes gaben ihm keine Orientierung. Einen Buchstaben auf Papier zu bringen, bereitete ihm auch nach mehreren Jahren solche Schwierigkeiten, dass er jahrelang nicht seinen Namen sauber schreiben konnte. Ständig musste er sich an anderen Kindern reiben. Am besten konnte er lernen, wenn er ganz alleine mit der Lehrerin war. Dem Curriculum für das Schreibenlernen in der Grundschule, der Beherrschung einer Schrift oder gar den orthografischen Kenntnissen wäre *Alexander* vollkommen entglitten. Da er offensichtlich über eine normale (vermutlich sogar über eine besondere) **Intelligenz** verfügt, wäre er der typische Fall für eine Schule für Erziehungshilfe gewesen. Auch wenn man keine Spekulationen anstellen soll: wie gut für ihn, dass er in der Laborschule so angenommen wurde, wie er war und dass **seine besonderen Begabungen** recht früh erkannt wurden. Lesen und Literatur gehörten dazu. Dieses durfte er entfalten. Wozu er nicht in der Lage war, wurde nicht von ihm gefordert. Viele seiner Probleme dauerten beinahe seine ganze Schulzeit lang, aber bei der Abschlussfeier am Ende seiner Laborschulzeit wird er den Mr. Birling in Priestles „An Inspector calls" spielen; er wird an einer Pro- und Contra-Podiumsdiskussion teilnehmen und die Rolle eines Befürworters der Raketenstationierung übernehmen; er wird seine (sehr gelungenen) Semesterarbeiten ausstellen; er wird den Newton in Dürrenmatts „*Die Physiker*" spielen [40]. Und wie wir heute wissen, wird er erfolgreich sein Jurastudium absolvieren. Wenn Lebensprobleme von Kindern übermächtig sind, können sie ihre Lernfähigkeiten und -möglichkeiten überlagern.

---

39 vgl. BAMBACH 1989a, S. 262–280 und 1989c, S. 17–57 und BAMBACH/THURN 1984.
40 vgl. BAMBACH/THURN 1984, S. 587.

Sie erscheinen uns dann häufig als Kinder mit Lernschwierigkeiten, dabei sind es junge Menschen mit massiven **Lebensproblemen**.

*„Die Lebensprobleme der heute heranwachsenden Kinder sind so viel größer als ihre Lernprobleme, sie schieben sich so gebieterisch vor diese oder fallen ihnen in den Rücken, dass die Schule, wenn sie überhaupt belehren will, es erst mit den Lebensproblemen aufnehmen muss: sie muss zu ihrem Teil Leben ermöglichen.“*[41]

*„Gelungene Schülerlaufbahnen zeugen nicht von Wundern, sondern von pädagogischer Hartnäckigkeit“*[42]. *Und die erfordert auch in hohem Maße, den Kindern ihre nötige Zeit für die für sie erforderlichen Entwicklungen zu bieten.*

**Sabrina ...**

... ist auch solch ein Kind. Ihre allein erziehende Mutter ist Alkoholikerin. *Sabrina* muss sie häufig versorgen, ihre Zustände und Launen überstehen, dann wieder ihre aufdringlichen und übertriebenen, von schlechtem Gewissen geleiteten Liebesbeweise aushalten. Sie erfährt lange **keine vernünftige Versorgung**, geschweige denn erhält sie das, was alle Kinder am meisten benötigen: **Liebe, Klarheit, Zuversicht**. In der Schule ist sie überwiegend verwirrt. Nie hat sie ihre Kleidung oder Schulsachen komplett beisammen. Überall lässt sie etwas liegen und ist mit der Suche danach beschäftigt. Ein verlorenes Kind. Das Lernen gibt ihr einerseits **Ablenkung** und **geistige Nahrung**. Sie möchte gerne vieles von der Welt erfahren und dazu braucht sie Lesen, Schreiben, Rechnen und all die anderen wichtigen Dinge des Weltwissens. Das weiß sie. Aber sie vergisst alles sofort wieder! Das gerade Erlernte rinnt ihr buchstäblich aus dem Gedächtnis. Zu voll ist sie mit ihren Sorgen und Nöten. Wir wissen über *Sabrina* Bescheid. Sie erfährt in der Schule das, was sie zu Hause fast nie erhält: **Geborgenheit, Wärme, Zuwendung**. Hier darf sie all das sein, was ihr sonst verwehrt ist. Hier muss sie für niemanden Verantwortung übernehmen. Hier kümmert man sich um sie. Die anderen Kinder akzeptieren *Sabrina* so wie sie ist. Auch später noch, im zweiten Schuljahr. Niemand hänselt sie. Das ist die Kraft der altersgemischten Gruppe. Sie wechselt von der Eingangsstufe ins 3. Schuljahr mit einem Lernstand, der kaum dem des ersten Schuljahres entspricht. Mehrere Fremdunterbringungen in Kinderheimen

---

41 *HENTIG 1984, S. 120 f.*
42 *BAMBACH/THURN 1984, S. 594.*

und bei Pflegefamilien liegen inzwischen hinter ihr. Unser Bemühen, ihr eine dauerhafte Pflegefamilie zu vermitteln (wir hatten bereits eine für sie gefunden, bei der sie sich ausgesprochen wohl und glücklich fühlte), wurden vom zuständigen Jugendamt zunächst nicht unterstützt. Erst als *Sabrinas* Mutter stationär versorgt und ihr das Sorgerecht für ihre Tochter entzogen wurde, als *Sabrina* dann doch in eine *„gute"* Pflegefamilie kam, als sie die Last der Verantwortung für ihre Mutter losgeworden war und sie sich in der Position eines Kindes wieder fand, erst dann fand *Sabrina* zu ihren Lernmöglichkeiten. Sie hat – jetzt im achten Schuljahr – einen **normalen Lernstand** erreicht. Sie kann dem Unterricht auch in der jahrgangsgleichen Gruppe folgen. Und vor allem: Sie lacht wieder!

*Hier konnte die Schule helfen, indem sie dem Lebensdruck nicht noch den Lerndruck hinzugefügt hat, indem sie Vertrauen und Zuversicht in das Kind gesetzt hat, indem sie dem Kind die Geduld, also auch die geduldete Zeit, geboten hat, die es brauchte, um seine Lebenssituation zu bewältigen – und indem sie die Schülerin immer an dem gemessen hat, was ihr in ihrer Lebenslage möglich war und nicht daran, was das Curriculum oder die Lernstandserhebung von ihr gefordert hätten.*

**Fabian ...**

... hat keine Lebensprobleme. Er wächst glücklich, ausgeglichen, gestärkt und gefördert auf. Seine Eltern **unterstützen** ihn, wo sie können. Sie machen sich viele Gedanken um seine Erziehung und – das ist ganz wichtig – sie haben auch die **Gelassenheit**, ihn nicht unter großen Erwartungsdruck zu setzen. Sie akzeptieren ihren Sohn so wie er ist. *Fabian* macht es ihnen leicht. Er erweist sich als sehr begabt. Er ist ein fröhliches und freundliches Kinder, hat viele Freunde und findet sich überall leicht zurecht. Er kann bereits fließend lesen, als er in das Vorschuljahr der Laborschule kommt. Schreiben lernt er ganz schnell und im zweiten Schuljahr rechnet er in einem mathematischen Bereich, der üblicherweise der Sekundarstufe vorbehalten ist. Das darf er hier. *Fabian* bekommt das *„Futter"*, das er benötigt, welches ihm für sein Gedeihen förderlich ist. Von seinem **Leistungsstand** her hätte Fabian gut ein oder auch zwei Schuljahre auslassen, also *„springen"* können. In Absprache mit seinen Eltern haben wir dieses für ihn nicht arrangiert. *Fabian* fühlt sich immer in seiner Gruppe wohl. Auch heute, mit 14 Jahren, ist er bestens aufgehoben in seiner **sozialen Klassenumgebung**, die auch seinen emotionalen und seelischen Entwicklungen entspricht. Er ist beim kognitiven Lernen immer noch *„einsame Spitze"*. Er bestimmt maßgeblich seine Lerninhalte selber. Die Schule ermöglicht ihm dies. Über das *„Springen"* in eine höhere Klasse wollte *Fabian* zudem nie diskutieren. Für ihn war es immer klar, wohin er gehörte. Gut, dass Eltern und Schule gemeinsam diese Gelassenheit bewahrt haben.

> *Zeit in der Schule ist nicht nur Zeit für das Lernen. Sie ist immer auch emotionale Zeit, Zeit für Kontakte und Kommunikation, Zeit für soziale Beziehungen und Zeit für emotionale und seelische Entwicklungen.*

## Judith ...

... war auch so ein **begabtes Kind**. Sie war ihren Klassenkameraden im Lernen immer weit voraus, obwohl sie bei ihrer Einschulung noch sehr jung war. Sie hat die Eingangsstufe nur zwei Jahre besucht, denn bereits im ersten Schuljahr hatte sie die üblichen Lerninhalte selbst einer 2. Klasse weit hinter sich gelassen. Sie wurde eine *„Springerin"*, wechselte also ein Jahr früher in das 3. Schuljahr. Im Nachhinein betrachtet war das keine gute Entscheidung. *Judith* war fortan immer die Jüngste. Zwei Lebensjahre unterschied sie von vielen anderen Kindern ihrer Jahrgangsklasse. Schon bald lagerten sich die **Spiel- und Lebensinteressen** weit auseinander. *Judiths* Lernen war und blieb fortgeschritten, ihre Belange waren aber noch kindliche, als die übrigen Schüler ihrer Klasse bereits längst jugendliche Fragen nach dem Erwachsenwerden stellten. Dies kompensierte *Judith* mit einem ihr bekannten Muster: Sie versuchte, sich an die Spitze der Klasse auch auf diesem Gebiet zu stellen. Sie wollte mit den anderen mithalten oder deutlicher noch: Sie wollte allen beweisen, dass auch sie groß und schon reif und bereits sehr erwachsen ist. *Judith* durchlebte eine sehr **krisenhafte Pubertät**. Die Folge waren jahrelange **Lebens-** und dann auch große **Lernprobleme**. Heute schätzen die Eltern und die Lehrerinnen es gemeinsam so ein, dass dieser Lebensstress auch aus der Entscheidung resultierte, sie vorzeitig in das dritte Schuljahr wechseln zu lassen, wo sie immer die Jüngste und lange die *„Kindlichste"* war.
Auch bei *Judith* können wir die Erfahrung gewinnen:

> *Zeit in der Schule ist Lebenszeit und nicht nur Lernzeit.*

## Ella

Ganz anders hat sich dieselbe Entscheidung für *Ellas* Entwicklung ausgewirkt. Auch sie hat die Eingangsstufe nur zwei Jahre lang besucht. Und das, obwohl sie **gar kein besonders lernstarkes Kind** gewesen ist, sondern eher eine völlig **normal begabte Schülerin**, die zudem noch durch eine leichte Sprachstörung einige Schwierigkeiten in der verbalen Kommunikation hatte. *Ella* war ein so genanntes *„spätes"* Vorschulkind. Sie gehörte als im Juli geborene sowieso schon zu den Älteren und war zudem von ihren Eltern ein Jahr von der Einschulung an der Laborschule zurück gestellt worden. Der Grund war deren Sorge, dass *Ella* mit ihrer anfangs noch deutlicher ausgeprägten **Sprachstörung** zu große Probleme beim schulischen Lernen haben könnte. Als sie dann endlich als Vorschülerin eingeschult wurde, war sie nicht nur in ihrem Alter, sondern auch in Hinsicht auf ihre körperliche Entwicklung und in vielen geistigen Bereichen deutlich weiter als die meisten anderen. Dieses führte dazu, dass sie sich auf der Suche nach Freundschaften sehr an altersgleichen oder an älteren Kindern orientierte, was dann rasch auch ihrer lernmäßigen Entwicklung entsprach. In der altersgemischten Eingangsstufengruppe wurde *Ella* schnell *„groß"* und verhielt und fühlte sich rascher als Schulkind, als dieses bei den mit ihr eingeschulten Vorschülern der Fall war. Als nach zwei Jahren der Übergang der Zweitklässler zur Debatte stand, war allen beteiligten Erwachsenen klar, dass *Ella* gemeinsam mit ihren Freundinnen in das dritte Schuljahr wechseln sollte. Sie hat das zweite Schuljahr somit *„übersprungen"*, was man ihr aber eigentlich gar nicht angemerkt hat. Sie gehörte einfach in jeder Hinsicht zu der Gruppe der *„Übergänger"* dazu, ohne dass sie mit einem besonders herausragenden Lernstand auf sich aufmerksam gemacht hätte. Das ist bis heute so geblieben. Sie hat inzwischen das Abitur gemacht, ist nie eine hervorragende Schülerin gewesen, aber sie hat ihren schulischen Lebensweg, wenn auch mit manchen Anstrengungen, gut gemeistert.

> *Die Entscheidung über Zeit in der Schule ist eine individuelle. Jedes Kind braucht die für sich erforderliche Zeit. Es gehört zur Feinfühligkeit der Erwachsenen, es hierbei klug zu beraten und zu unterstützen.*

**Kai ...**

... erhielt auch viel Zeit, weitaus mehr als die anderen Kinder. Und oft wünschte ich mir, ihm noch viel mehr davon geben zu können. Auch er war ein Jahr später eingeschult worden. Er hat zudem ein viertes Jahr in der Eingangsstufe verbracht. Und auch dann ist er immer noch der Kleinste, der Langsamste, der am wenigsten Aufmerksame gewesen. Jetzt ist er im fünften Schuljahr in einer Jahrgangsklasse. Immer noch ist er der Kleinste, wenngleich er bereits der Älteste ist, und hat manche sozialen, viele Lern- und noch mehr emotionale Probleme. *Kai* ist ein sehr stark **entwicklungsverzögertes Kind**. Das hängt damit zusammen, dass er ein extrem zu früh geborener Junge war, der als Baby mehrere lange Krankenhausaufenthalte mit schweren Operationen hinter sich bringen musste. Im Kindergarten war er als *„Kind mit besonderem Förderbedarf"* erkannt worden und leidet zudem unter einer diagnostizierten starken **Aufmerksamkeitsschwäche** (ADS). Seine Intelligenz ist normal. Er ist somit kein Kind für die Schule für Lernbehinderte, ebenso wenig für eine Körperbehindertenschule noch gar für die Schule für Erziehungshilfe. Kai benötigt seine ganz individuelle Hilfe, die uns Lehrer häufig an die Grenzen bringt. Auch wenn es an der Laborschule kein *„Sitzenbleiben"* gibt, denke ich mitunter, dass es für *Kai* besser wäre, in einer niedrigeren Klassenstufe eher sein Niveau finden zu lassen. Aber auch da wäre er der (dann noch deutlicher) Älteste und würde vielleicht bald von vielen Mitschülern überholt werden.

▸▸ Welche Zeit ist für *Kai* die richtige?

*Nicht immer lässt sich alles über Zeit regeln, denn Zeit heilt nicht alle Wunden. Genauso fragen wir uns: Welche Schule ist für ein Kind die richtige? Kommen wir bei manchen Kindern nicht an unsere Grenzen? Und müssen wir diese Grenzen nicht klar erkennen – im Interesse des einzelnen Kindes? Dafür fehlt uns häufig die Zeit.*

Die aufgeführten **Beispiele** machen deutlich, dass Zeit in der Schule immer **Zeit für Kinder** ist. Und wenn wir Kinder als Individuen betrachten und sie als einzelne Persönlichkeiten fördern und fordern wollen, dann müssen wir auch die Zeit in der Schule und die Zeit für das Lernen vom Einzelnen her bestimmen.

Die **integrierte Schuleingangsstufe**, wie sie z.B. unter anderem in Nordrhein-Westfalen eingeführt wird, sieht vor, dass die Entscheidung darüber, wie lange ein Kind diese Stufe besucht, von seiner **individuellen Entwicklung** her abhängig gemacht werden soll. Es ist möglich, dass Schüler die zweijährige Eingangsstufe in einem Jahr oder in drei Jahren durchlaufen. Diese Flexibilisierung ist sicher sinnvoll. Unsere Erfahrungen machen deutlich, wie wichtig es ist, sehr sensibel mit dem Faktor Zeit umzugehen. Der **Blick auf das Kind** ist entscheidend, nicht nur auf die Schülerin oder den Schüler. Es muss für die Gesamtperson des Kindes passen und stimmen, wie lange es in seiner Lernumgebung verbleibt. Und dieses erfordert die langfristige Sicht, weit über die Grundschulzeit hinaus.

Die knapp bemessene Zeit der zweijährigen Eingangsstufe, wie sie in vielen Bundesländern vorgesehen ist, macht der Umgang mit der Zeit nicht leichter. Die häufig großen Klassen (gleich ob altersgemischt oder jahrgangsgleich) erschweren einen vernünftigen, pädagogisch klug gestalteten Unterricht und ein entwicklungsförderliches Schulleben in beträchtlichem Maße.

Manche Schulen beschreiten daher andere Wege. Die Bielefelder Eichendorff-Schule hat sich für die **Altersmischung der Jahrgänge 1 bis 3** entschieden, um der zwangsläufig starken Fluktuation in der zweijährigen Schuleingangsstufe zu entgehen.[43]

43 DOCKHORN u.a. 2004, S. 60

Eine Grundschule in Petershagen geht einen ähnlichen Weg. Die Peter-Petersen-Schule *„Am Rosenmahr"* in Köln[44] praktiziert mit großem Erfolg seit vielen Jahren die **Altersmischung der Jahrgänge 1 bis 4**, und dies mit gewollten Klassenfrequenzen von ca. 28 Kindern, um die Bildung von Freundschafts- und Bezugsgruppen für die einzelnen Kinder zu erleichtern. Gleichzeitig sind alle Klassen **Integrationsklassen** mit Schülern mit unterschiedlichen Behinderungen und Förderbedarf. Hierdurch erreicht die Schule beinahe für den gesamten Unterricht eine pädagogische Doppelbetreuung. Man sieht, unterschiedliche und vielfältige Wege sind denk- und vorstellbar – auch in der zeitlichen Gestaltung der Schuleingangsstufe und der altersgemischten Klassen.

■ *Ulrich Bosse*

---

44 *www.pps.kbs-koeln.de/paedagogik.php*

# Es ist gerecht, Unterschiede zu machen

## Leistungsbewertung in der Primarstufe der Bielefelder Laborschule

Zu einer Schule, die auf individuelle Entwicklungen baut und individuelle Belastungen berücksichtigt, gehören Formen der **Leistungsbewertung**, die sich an der Entwicklung des einzelnen Kindes orientieren und seine Eigenheiten berücksichtigen – also **Lernentwicklungsberichte** anstelle von Zensuren.

Lernentwicklungsberichte sind pädagogische Instrumente – sie sollen dem Lernen dienen, nicht der Selektion. Ein solches Zeugnis misst das Kind an sich selbst – seinen Bemühungen, seinen Fortschritten und seinen Möglichkeiten; es ist die Aufzeichnung seiner Eigenheiten, seiner Entwicklung und seiner Leistungen innerhalb der Gemeinschaft, zu der es gehört. An der Aufzeichnung ist ablesbar, welche Entwicklungen die Lehrerin bestärken, fördern, verändern oder gegebenenfalls verhindern möchte, welchen Lerngegenständen sie besonderes Gewicht beimisst. Anders gesagt: Die **pädagogischen und unterrichtlichen Vorstellungen und Ziele** sind aus dem Text erkennbar. Eine Aussage über den *„Leistungsstand"* des Kindes auf einer Skala von *„sehr gut"* bis *„ungenügend"* wird man in diesen Zeugnissen vergeblich suchen – Lernentwicklungsberichte lassen sich nicht in Noten übersetzen, weil sie am einzelnen Kind orientiert sind und nicht an Durchschnittsleistungen oder Jahrgangsnormen.

*„Wie können die Eltern dann wissen, wie gut oder wie schlecht ihr Kind wirklich steht?"*, lautet eine häufig geäußerte Kritik an zensurenfreien Zeugnissen. *„Gar nicht"*, heißt meine Antwort, denn ich will nicht, dass Eltern ihr Kind als *„gut"* oder *„schlecht"* im Vergleich zu anderen Kindern des Jahrgangs sehen. Und schon gar nicht *„stehen"* sehen! Kinder im Grundschulalter stehen so gut wie nie – auch nicht in ihren Leistungen. Was gestern war, kann heute schon überwunden sein, was heute ist, kann schon morgen verloren gehen. Wir alle kennen die scheinbar unerklärlichen *„Einbrüche"* mancher Kinder und die *„Wunder"* bei anderen; beides hat fast immer auch mit den Erwachsenen drum herum zu tun, den Lehrern und den Eltern. Nicht der momentane Rangplatz eines Kindes ist wichtig, sondern ob es sich um **Leistungen bemüht** hat oder nicht, in welchen Bereichen es **vorangekommen** ist und in welchen nicht und woran dies vermutlich liegt.

Eltern sollen wissen, was schwierig für ihr Kind gewesen ist und was ihm gut gelingt, bei welchen Dingen es Hilfe und Geduld braucht und wofür Herausforderung und Ansporn oder Kontrolle. Ein Zeugnis soll Eltern zeigen, dass die Lehrerin sich darum bemüht, dem Kind nachzugehen und es zu verstehen; es soll sie anstiften, dies ebenfalls immer wieder neu zu versuchen. Und das Kind soll aus dem Zeugnis erkennen können, dass seine Lehrerin es mag und ihm helfen will voranzukommen.

**Lernentwicklungsberichte** sind der Versuch, ein Bild von dem Kind zu zeichnen, in dem es sich wiedererkennt und mit dem es etwas anfangen kann. Anfangen im Sinne des Wortes – vorwärts auf die nächsten Schritte hin gerichtet. Und damit das Kind aufhorcht, sich erkannt und verstanden fühlt, aber auf keinen Fall preisgegeben oder verraten, sind die meisten Lehrer an der Laborschule im Laufe der Jahre dazu übergegangen, das Kind selbst in der **Form eines Briefes** anzureden und die für die Eltern notwendigen Informationen *„zwischen die Zeilen"* zu packen. Besonders bedacht sein muss diese doppelte Adressatenschaft im Hinblick auf Kinder, die deutlich langsamer als ihre Altersgefährten lernen oder die besonders schlecht mit sich und ihrer Umgebung zurechtkommen. Ein solches Kind muss sich mitsamt seinen Schwierigkeiten wiedererkennen und darf dennoch angesichts seiner Situation nicht entmutigt werden. Auch dann nicht, wenn seiner Lehrerin bang sein mag beim Gedanken an all die Anforderungen, die noch auf es zukommen werden.

Texte, in denen **Schwächen** zwar mitgeteilt, zugleich aber in **Ermutigungen** gekleidet werden sollen, geraten notwendigerweise ausführlich, weil sie die bereits überwundenen Klippen nennen müssen, um Wege aus den Schwierigkeiten zeigen zu können. Meist kann das Kind seinen Zeugnis-Brief nicht selber lesen. Er ist dafür gedacht, dass die Eltern ihn ihrem Kind vorlesen und sich von ihm erzählen lassen, wovon genau die Rede ist. Damit die Kinder eingestimmt sind auf diese Gespräche zu Hause, lese ich in der Schule jedem seinen Bericht vor und lasse gemeinsam mit dem Kind das vergangene Schuljahr Revue passieren. Und damit die Kinder auch voneinander wissen, wie ich jedes von ihnen sehe, lese ich am Ausgabetag vor der Gruppe diejenigen Pointen aus dem Bericht vor, die mir im Hinblick auf das Verständnis der Kinder untereinander wichtig sind, natürlich nur von Kindern, die dem zugestimmt haben. Aber da sie ihren Bericht kennen, stimmen so gut wie alle zu, auch diejenigen, deren Zeugnis Kritisches enthält. Zu den Zeugnis-Briefen an die Kinder gehören die **Beratungs-Gespräche** mit den Eltern. Durch diese Gespräche ist sichergestellt, dass die Eltern wissen und verstehen, was in den Zeugnis-Briefen an ihre Kinder *„zwischen den Zeilen"* vermerkt ist.

# ➠ Über pädagogische Vorabklärungen, die Auswahl der Inhalte und die Wirkungen von Sprache

Wer gegen Ende eines Schuljahres mit dem Schreiben von Lernentwicklungsberichten beginnt, sollte vorab das Schuljahr noch einmal gedanklich durchgehen, sich seine Erziehungs- und Unterrichtsziele klar machen und notieren, zu welchen **Lernbereichen, Lernvorhaben und Lernsituationen** er bei möglichst jedem Kind eine Aussage machen möchte.

In der Bielefelder Laborschule werden die Eltern nicht nur über die Lernentwicklung ihres Kindes schriftlich informiert, sondern auch – in den so genannten **Unterrichtsbeschreibungen** – über die Lerninhalte und den Ablauf des Schultages sowie – im **Gruppenbericht** – über die Entwicklung der Betreuungsgruppe, zu der das Kind gehört.

Für den Bericht, der die Lernentwicklung des einzelnen Kindes aufzeichnet, sollte man sich – geleitet und gestützt von den eigenen Aufzeichnungen – durchsehen, was das Kind im vorausgegangenen Jahr gearbeitet hat, sich seine Entwicklung während dieser Zeit vergegenwärtigen und sich dann fragen:

➠ Wonach wird das Kind in seinem Zeugnis suchen?
In welchen Eigenheiten möchte ich es bestärken und bestätigen?

➠ Wobei hat es sich besondere Mühe gegeben? Welches sind die Fortschritte?

➠ Gibt es Bereiche, in denen das Kind hinter dem, was ich von ihm erwartet habe, zurückgeblieben ist? Hat es dies selbst zu verantworten?
Welcher Formulierung bedarf es, damit die Kritik wirksam werden kann?

➠ Gibt es Bereiche, in denen das Kind über sich selbst hinausgewachsen ist, also sich unverhofft gut entwickelt hat? In welcher Weise lässt sich diese Erfahrung des Kindes für sein weiteres Lernen nutzen?

➠ In welchen Bereichen muss ich dem Kind Mut machen und ihm zeigen, dass es auf meine Hilfe bauen kann?

➠ Welches sind die nächsten Schritte, die ich von dem Kind erwarten kann?

➠ In welcher Weise ist das, was das Kind leistet oder tut, abhängig von den Menschen um es herum, seinem Zuhause, seinen Freunden, seiner Klassengemeinschaft, seiner Lehrerin?

➠ In welcher Weise ist dieses Kind wichtig für die anderen, also die Gemeinschaft, in der es in der Schule lebt?

▶▶ In welcher Weise erfährt das Kind Stärkung und Hilfe aus der Gemeinschaft, in der es lebt?

Was von alledem nachher in einem Zeugnis Erwähnung findet, hängt davon ab, was ich als Lehrerin für dieses Kind will und von ihm will. Will ich eine Eigenheit oder Leistung besonders bestätigen und bestärken in der Hoffnung, dass es sie ausbaut? Will ich es über ein Misslingen trösten und ihm zeigen, was ihm dennoch bereits gelungen ist? Will ich es auf Versäumtes hinweisen, ihm die Folgen vor Augen halten und ihm deutlich sagen, was ich als Nächstes von ihm erwarten oder verlangen werde?

Solche Klärungen entscheiden darüber, was angesprochen wird und vor allem wie es angesprochen wird. Hierzu ein **Beispiel**. Es stammt vom Ende des 3. Schuljahres, könnte aber auch aus dem 2. Schuljahr sein, denn in einer Regelgrundschule hätte das betreffende Kind die 2. Klasse wiederholen müssen.

> *[...] Wie gut für uns beide, dass du jetzt gern rechnest. Den Test in der letzten Woche hast du mitschreiben wollen. Du hast mehr als die Hälfte der Aufgaben (18 von 32) geschafft! Bitte nimm dir immer dann, wenn dir eine Rechnung schwer fällt, die Rechenstäbe oder Perlen oder Geld zur Hilfe. Je besser du dir die Rechenwege vorstellen kannst, umso eher findest du die Lösung und umso sicherer bleibt sie in deinem Kopf. Damit du möglichst bald die wichtigsten Grundaufgaben (plus und minus über den Zehner, kleines Einmaleins und Einsdurcheins) sicher und schnell rechnen kannst, rate ich dir, den Little Professor mitzunehmen und mit ihm täglich zehn Minuten zu üben. Es würde dir das nächste Schuljahr sehr erleichtern. [...]*

Wenn in diesem Zeugnis steht, das Kind habe den Rechentest am Ende des dritten Schuljahres mitschreiben wollen und mehr als die Hälfte der Aufgaben (nämlich 18 von 32) geschafft, dann ging es in dieser Aussage vor allem darum, **Leistungswillen, Leistungsfreude und Leistungszuversicht** eines Kindes zu stärken, bei dem dies alles beschädigt war. Im Sinne dieser Bewertungsabsicht wäre es kontraproduktiv gewesen zu erwähnen, dass *„nur die leichten Aufgaben richtig gelöst sind"*, oder *„es dem Einmaleins noch an Sicherheit und Schnelligkeit mangelt"* – kurzum, dass 18 von 32 Aufgaben – gemessen an der Jahrgangsnorm – eine sehr schwache Leistung sind, in der Sprache der Noten vielleicht ein *„mangelhaft"*.

Die großen Schwierigkeiten, die dieses Kind mit dem Rechnen hat, sind jedoch nicht verdeckt, sondern aus den sich anschließenden Arbeitsaufträgen (Veranschaulichung beim Zehnerübergang, Training von Sicherheit und Schnelligkeit beim Einmaleins) zu erkennen. Und auch hierbei tut die Sprache ihre Wirkung: Bei einem Kind, das sein Bestes gegeben hat, kann selbst eine auf den ersten Blick bewertungsfreie Äußerung wie *„für das Einmaleins brauchst du noch die Rechenstäbe"* zu einer **Kränkung** werden und **Widerwillen** gegenüber der (notwendigen) Lernstütze bewirken. Denn in der Formulierung *„du brauchst noch"* schwingt für ein empfindliches Kind der Tadel mit, dass *„die anderen"* solcherart Lernkrücken längst hinter sich lassen konnten. Deshalb habe ich bei diesem Kind den Hinweis, dass es Veranschaulichungen beim Rechnen nötig braucht, in den Rat gekleidet, sich ihrer *„häufiger als bisher"* zu bedienen; dieser Satz enthält auch die Kritik, dass es dies bisher zu wenig getan hat.

Will man hingegen einem Kind mitteilen, dass **Fortschritte**, die man ihm zugetraut hatte, ausgeblieben sind und man zum Beispiel die Vermutung hat, dass dies am übermäßigen Fernsehkonsum lag, dann hätte es bei demselben Testergebnis (18 von 32) pädagogisch nützlich sein können, dem Kind kundzutun, dass es *„nur zwei Aufgaben mehr als die Hälfte"* geschafft hat oder *„fast die Hälfte der Aufgaben falsch"* sind und woran dies – nach Ansicht seiner Lehrerin – liegen könnte und was zu tun ist, damit ihm in Zukunft wieder bessere Leistungen gelingen. Es gibt ja in der Tat Kinder, die mit ihren Lernergebnissen hinter ihrer Leistungsfähigkeit zurückbleiben, weil sie mit anderem mehr und lieber beschäftigt sind als der Erledigung ihrer Schulaufgaben. Allerdings kenne ich keine Kinder, die dauerhaft ohne Not hinter ihren Möglichkeiten zurückbleiben, und auch keine, die ohne Not dauerhaft langsamer lernen als ihre Altersgefährten. Denn dauerhaft zu *„versagen"* ist unökonomisch für den Seelenhaushalt. Darum hat es auch keinen erzieherischen Sinn, Kinder mit Aufgaben zu konfrontieren, die sie selbst bei größter Bemühung nur mangelhaft oder gar nicht schaffen können.

## ➤ Anstöße: Zum Beispiel Lena und Hanno

Die Befürworter von Noten behaupten, **Zensuren** seien das einzig gerechte Instrument für die Beurteilung von Leistungen. Tatsächlich jedoch ist ein Zeugnis, das sich nicht an den Bemühungen des einzelnen Kindes orientiert, zwangsläufig ungerecht. Denn manch eines, dessen Leistung mit einer Zwei honoriert wird, hat diese gleichsam im Vorbeigehen abliefern können, und bei manch anderem, dessen Leistung mit Fünf oder Sechs quittiert wurde, waren Bemühungen und Fortschritte so groß, dass sie das Prädikat *„gut"* wahrlich verdient hätten.

Im Notensystem ist solcherart **Gerechtigkeit** nicht vorgesehen. Nicht die Bemühungen und Fortschritte werden berücksichtigt, sondern der jeweilige Leistungsstand im Vergleich zu anderen Kindern wird festgestellt, orientiert am **fiktiven Leistungsdurchschnitt** des entsprechenden Jahrgangs; *„ungenügend"* für den, der sich mit dem Rechnen schwer tut, *„sehr gut"* für den, dem das Zahlenverständnis ein Leichtes ist.

Die **Gesamtnote** auf dem Zeugnis am Ende des Schuljahres schließlich unterschlägt die Entwicklungen und versagt deshalb vielen Kindern die Anerkennung ihrer Fortschritte. Wer zu Beginn des Halbjahres noch sehr schwach im Einmaleins war (also mehrmals mit Fünf benotet wurde), es aber am Ende des Halbjahres – dank gutem Unterricht und eifrigen Übens – so gut kann, dass ihm im Abschlusstest die Note Zwei gelingt, der findet auf seinem Zeugnis allenfalls eine Vier und fühlt sich zu Recht enttäuscht. *„Aber ich kann doch jetzt genauso gut rechnen wie Jacob"*, wird sich dann ein argloser Drittklässler wundern. Wie soll man ihm erklären, dass seine Einmaleinskünste weniger wert sind als die von *Jacob*? Weil *Jacob* die seinen schon länger besitzt?

### Lena ...

... war sehr klein, sehr zart, bis ins dritte Schuljahr hinein sehr häufig krank und ziemlich verzagt angesichts ihrer durchsetzungswilligen und durchsetzungskräftigen und – vergleichsweise – leistungsstarken Schwester. Kraft suchte *Lena* in der Beziehung zu ihrer Freundin *Simone*, die ihrerseits in der Freundschaft mit *Lena* ein Zuhause suchte. Am Ende ihrer Eingangsstufenzeit ist *Lena* achteinhalb Jahre alt – im Hinblick auf ihr Entwicklungsalter ist sie um etliche Jahre jünger. Bis weit ins dritte Schuljahr hinein redet sie vor der Gruppe so leise und vernuschelt, als wolle sie jedes ihrer Worte sogleich wieder ungeschehen machen. Sie hat besonderen Förderbedarf im Rechnen und Lesen und Schreiben. Aus dem Zeugnis für das dritte Schuljahr – es könnte ebenso das Zeugnis für ein wiederholtes 2. Schuljahr sein – ist für Erwachsene *Lenas* Schulleistungsschwäche in allen Lernbereichen abzulesen. Für *Lena* selbst ist der Förderunterricht als Selbstverständlichkeit erwähnt, als etwas, das ihr gut getan und sie entscheidend vorangebracht hat – nicht als etwas, das ihre Leistungen als schwach aufzeigt. Inzwischen ist *Lena* im 7. Schuljahr. Ihre Lese-, Schreib- und Rechenleistungen reichen inzwischen gut für die Mitarbeit im Unterricht, *„ihre Sache"* ist das Theaterspielen. Das hat sie im 4. Schuljahr für sich entdeckt, als sie in einer großen Rolle ein großes Publikum bezauberte.

Liebe Lena,

es freut mich sehr zu sehen, wie kräftig und tüchtig und munter du seit einigen Monaten bist. Deine Erzählungen in der Morgen-Runde sind jetzt so klar, dass wir dir alle sehr gern zuhören. Und es kommt nicht mehr vor, dass du im Schulzoo die Zeit vergisst oder dich auf dem Weg verklüngelst und zu spät zum Unterricht erscheinst.

Deine schöne Freundschaft mit Simone hat gehalten und jede von euch hat noch andere Beziehungen hinzugewonnen. Das tut euch beiden gut, denn in den ersten Monaten vom Jahrgang 3 wart ihr so sehr ineinander verwuschelt, dass ihr nicht richtig zum Arbeiten gekommen seid. Es war nötig und wichtig, dass wir euch daran gehindert haben, zusammen in einem Nebenraum oder an einem Tisch zu sein. Ohne Ablenkung hat jede von euch ins Arbeiten hineingefunden und nun klappt es so gut, dass wir euch – von Zeit zu Zeit – das gemeinsame Arbeiten wieder erlauben können.

Für das Buch zu Weihnachten und die Autorenlesung hast du zu guter Letzt bewundernswert geschuftet. Die Anfänge dazu fielen noch in die Zeit, in der du mit Simone wie ein siamesischer Zwilling warst und keine von euch etwas Rechtes zustande gebracht hat. Aber kurz vor Weihnachten – eigentlich schon nach Abgabeschluss für die Bücher – habt ihr euch besonnen und jeder ist schließlich dann doch noch ein Text gelungen und schöne Illustrationen dazu.

Deine Aquarelle haben einen so eigenen Zauber, dass man sie unter ganz vielen anderen immer als deine erkennen kann. Für die Autorenlesung hast du das Lesen deiner Geschichte vom Eichhörnchen Baff mit dem Rekorder so gut geübt, dass es trotz der Aufregung vor dem Publikum bestens geklappt hat. Seither bist du mit dem Lesen gut vorangekommen. Die „Leselust-Zeit" in der kleinen Gruppe hat dir gut getan. Du kannst jetzt auch die ungeübten Seiten der Indianergeschichte flüssig vorlesen. Die große Schrift hilft dabei. Such dir zum Schmökern für die Ferien in der Bibliothek Bücher mit großer Schrift! Du gehörst zu den Kindern, denen ich Selbst-Diktate für zu Hause mitgegeben habe. Du warst beim Vergleichen und Verbessern ganz gründlich und bist dadurch mit dem richtigen Schreiben gut vorangekommen. In den Schreibproben vom Mai und vom Juni konntest du fast alle Wörter so schreiben wie sie klingen [...]. Für das richtige Schreiben ist auch wichtig, dass du ganz und gar aufmerksam zuhörst, wenn die Rechtschreib-Regeln im Unterricht dran sind. Genauso wichtig ist, dass du kräftig mitdenkst, wenn wir nach Beispielwörtern zu den Regeln suchen.

*Deine Fortschritte mit dem richtigen Schreiben kann man auch daran sehen,
wie du deine erfundenen Geschichten aufschreibst. Früher haben bei den
Wörtern wichtige Teile oder Buchstaben gefehlt und deshalb konntest du
nach dem Schreiben manchmal nicht mehr durch deine Geschichten hin-
durchfinden. Jetzt ist fast immer zu erkennen, was du schreiben wolltest –
du selbst kannst es lesen und ich auch. [...]*

*Mit der Nacherzählung der Geschichte vom Spinnchen und dem Hirsch hast
du dir große Mühe gegeben. Und du hast wohl auch viel Lust dazu gehabt.
Es ist ein langer Text geworden und der erste Teil ist sehr schön erzählt. Als
ich deine Geschichte der Gruppe vorgelesen habe, konnten die anderen in
der zweiten Hälfte deiner Geschichte an manchen Stellen nicht verstehen,
wie das eine mit dem anderen zusammenhängt. Sie haben es wissen wollen
und dich gefragt. Aber du mochtest nicht antworten, sondern warst traurig
und hast dich ganz „zu" gemacht, weil du gedacht hast, dass sie deine Geschichte nicht mögen.*

*[...] Bitte lies dir in Zukunft deine Geschichten immer noch einmal durch
und überlege dabei, ob du auch wirklich alles Wichtige aufs Papier gebracht hast von dem vielen, was dir im Kopf ist. Und versuch dir genau
vorzustellen, was deine Leser oder Zuhörer wissen müssen, um deine Geschichten und Erzählungen verstehen zu können.*

*Wie gut du seit einigen Monaten in das Arbeiten hineingefunden hast,
kann man auch an deinem dicken Themenheft über Eichhörnchen, Hasen
und Meerschweinchen sehen. Mir gefällt, dass du zu den Bildern eigene
Bilderklärungen, Bilderzählungen, Sprech- und Gedankenblasen geschrieben
hast. Es gibt reizvolle Seiten, auf denen du geklebte Fotos mit Zeichnungen zu einem großen Bild erweitert hast. Die vielen Krickel-Girlanden
allerdings würde ich an deiner Stelle demnächst weglassen. Ohne sie kann
man sich besser an deinen Zeichnungen erfreuen. Bei Bildunterschriften
kannst du demnächst die Abschreib-Fehler vermeiden. Wie das geht, hast
du mit den Selbst-Diktaten geübt.*

*Das Rechnen in der kleinen Gruppe hat dich im Zahlenraum bis 1000 Stück
für Stück vorangebracht. Das Anschauungsmaterial hat dir dabei geholfen.
Brunhild sagt, dass es ihr Freude gemacht hat, mit dir zu arbeiten, weil du
gerne gekommen bist und mit den Gedanken gut an den Aufgaben geblieben
bist. Du kannst jetzt Vorgänger und Nachfolger finden – auf der Tausender-
tafel und im Kopf; du kannst Rechenketten mit Übergängen über Zehner
und Hunderter schaffen. Die Hausaufgaben, die Brunhild dir gegeben hat,*

sollten dich darin fit und fix machen. Brunhild sagt, dass du sie leider nicht zuverlässig erledigt hast. Lag das daran, dass du lieber das Schreiben geübt hast?

Das Einmaleins werden wir – du und ich – uns gleich nach den Sommerferien noch einmal kräftig genug vornehmen. [...] Im Kopfjogging 2 bist du auf Seite 25. Ab Seite 31 fängt dort das Einmaleins an. Wenn du das Rechen-Jogging demnächst genauso zuverlässig machst wie die Rechtschreib-Übungen – jeden Tag mindestens eine Seite in der Schule und eine zu Hause – dann kannst du den Einmaleinstest vielleicht schon beim nächsten Mal schaffen. Bei den Geometrieaufgaben konnte man manchmal staunen, wie viel du geschafft hast, zum Beispiel beim Spiegeln mit den Spiegelbüchern. Du hast alle Aufgaben aus dem blauen Spiegelbuch gelöst, sogar einige aus dem schwierigen gelben Buch.

Liebe Lena – auf der Gruppenfahrt zusammen mit den Großen aus dem Jahrgang 5 ist es dir besonders gut gegangen. Mona hat dich wie eine kleine Schwester adoptiert – manche aus deiner Gruppe haben dich um deine große Freundin beneidet. Mona kann übrigens sehr gut rechnen, vielleicht magst du sie fragen, ob sie mit dir das Einmaleins übt.

Ich freue mich auf das nächste Schuljahr mit dir und wünsche dir gemütlich-ruhige Ferien.

**Hanno ...**

... ist ein besonders kluges, besonders nachdenkliches, besonders eigenwilliges, besonders kreatives, besonders sprachmächtiges Kind, das außerhalb der Schule fast ausschließlich mit Erwachsenen kommuniziert. In allem was er tut, strebt er nach Außergewöhnlichem; noch kann er seine anspruchsvollen Vorhaben nicht durchhalten, weil er Anstrengungen scheut. Vermutlich ist er durch sein Leben außerhalb der Schule überanstrengt. Schulischen Dingen versucht er auszuweichen oder Widerstand entgegenzusetzen. Auch Hannos Zeugnis-Brief ist aus dem 3. Schuljahr, könnte aber ebenso aus dem 2. Schuljahr sein, denn von seinem Lebensalter her gesehen hätte Hanno damals eher in ein 2. Schuljahr gepasst.

*Lieber Hanno,*

*es ist schön, Kinder in der Gruppe zu haben, die so viel über die Welt wissen und nachdenken wie du. Das Erzählen und Erklären kannst du sehr gut. Und seit du damit auch abwarten kannst, bis du dran bist, seit du auch andere zu Wort kommen lassen magst, hören dir alle in deiner Gruppe gern zu. Dein Kopf ist voller Interessen und Vorhaben und das finde ich natürlich sehr gut. Nicht gut ist, dass bisher sehr vieles davon in Anfängen stecken geblieben ist. Deine Geschichte vom Stein der Herrschaft zum Beispiel fängt hochinteressant an. Alle sind gespannt, wie es weitergeht, nur leider geht es seit vielen Wochen nicht weiter. Bitte schau dir noch einmal dein Mongolei-Heft an – da hast du geschafft, was dir in Zukunft hoffentlich noch oft gelingen wird: Du hast einen außergewöhnlich kunstvollen Text nicht nur angefangen, sondern auch zu einem Ende gebracht – im Stil und Erzählton von Fritz Mühlenwegs Buch „Großer Tiger und Christian" – du hast sachkundige Illustrationen dazu gemacht und du hast deinen Text in so gut passendem Ton vorgelesen, dass wir alle über dein Können gestaunt haben. Wir freuen uns auf deine Dokumentation über Technik-Erfindungen. In der Morgenrunde hast du uns schon Manches erklären können, das wir vorher nicht wussten. Die komplizierten Konstruktionszeichnungen auf den ersten beiden Seiten deines Heftes sind viel versprechend.*

*Manchmal überraschst du uns mit schönen und besonderen Dingen, wie zum Beispiel den selbst gemachten Wichteln oder dem Gedicht über den Vampir oder der Zeichnung, die zeigt, wie du dir Danny und seinen Vater Hand in Hand auf dem Weg in die aufgehende Sonne vorstellst. Dein Bild zeigt auf eine sehr schöne Weise, was das Buch erzählt. Und du hattest Recht – die Illustration im Buch passt nicht zum Text.*

*Aber – trotz all der schönen Hanno-Einfälle und Hanno-Vorhaben musst du dir in Zukunft unbedingt regelmäßige Zeiten reservieren, in denen du deine Übungspflichten erledigst. Du hast Glück, dass Rechnen und Rechtschreibung nicht besonders schwer für dich sind. Du brauchst also nicht zusätzlich viel zu üben, um in beidem fit zu werden. Aber mit so wenigem und vor allem so widerwilligem und unbeständigem Üben, wie du es betreibst, kannst du keinen Erfolg haben. Im Rechen-Test hast du als Einmaleins-Ergebnisse Zahlen geschrieben, die es im Einmaleins gar nicht gibt; andere Ergebnisse waren „voll daneben". Das ist ein Beweis dafür, dass es dir an Übung fehlt.*

Manche schwere Aufgaben im großen Einmaleins hast du schnell und richtig gerechnet. Das zeigt, was du kannst. Dann wieder hast du sehr viel zu lange gebraucht, um zum Beispiel zu wissen, ob 42 eine Sechser-Zahl ist. So etwas ist ein deutliches Zeichen für einen Mangel an Sicherheit; es ist ein Mangel an Übung.

Die Denkaufgaben, die ich extra für euch Nachdenk-Meister besorgt hatte, haben dir Spaß gemacht – allerdings nur so weit, wie du sie mit Leichtigkeit konntest. Einige davon sind nicht mit Leichtigkeit zu lösen, sondern brauchen kräftiges und gründliches Nachdenken. Dem bist du ausgewichen und so kam es, dass du zunächst das Lösungswort nicht gefunden hast. Erst als ich dich in einer Schwimmzeit dazu verdonnert habe, so lange dran zu bleiben, bis du es hast, hast du dich überwunden. „Wenn man es einmal kapiert hat, ist es voll leicht", hast du danach erleichtert gesagt. Ich bin sicher, schwieriger als das „Kapieren" war für dich das Anstrengen und Durchhalten. Du hast zum Beispiel lieber Zeit damit verschwendet, nach „Tricks" zu suchen, als all deine Kräfte für die Lösung zusammenzunehmen. Bei Aufgaben, die Anstrengung verlangen, war es für uns Lehrer oft mehr als schwierig, dir beim Finden von richtigen Lösungen zu helfen. Denn in solchen Situationen hast du lieber wütend, ungeduldig und bockig uns die Schuld gegeben, dass die Aufgabe schwer ist, als ganz einfach deinen Kopf aufzuschließen und wenigstens diesen einen Augenblick lang genau das zu tun, was wir dir sagen.

In Geometrie hast du gut gearbeitet. Du hast immer sorgfältig mit Lineal und spitzem Bleistift gezeichnet. Besonders gut konntest du mit Maßdreiecken und Maßquadraten die Größe von Flächen ausrechnen. Aber auch in Geometrie gab es Aufgaben, bei denen du nach einem kurzen Anfang beschlossen hast, dass sie dir zu schwierig sind. So schwierig, wie sie für dich auf den ersten Blick ausgesehen haben, waren sie nicht – wenn du dich demnächst durch solche Aufgaben durchbeißt, dann kannst du sie lösen. Schön war, wie gut du in Geo zusammen mit Lisa an den Tangram-Büchern gearbeitet hast. Vielleicht habt ihr es auch darum so besonders gut gekonnt, weil ihr es so gerne zusammen gemacht habt. Ihr seid ein gutes Team! Mit dem Schreiben bist du jetzt auf gutem Weg. Das letzte Diktat im dritten Schuljahr hast du in gut lesbarer Schreibschrift geschafft; beim zweiten Durchgang waren (fast) alle Groß/Kleinschreibungsfehler verschwunden und die Buchstabenformen alle richtig. Bei den letzten Sätzen hat auch das Schreibtempo ausgereicht; insgesamt muss es noch etwas flüssiger werden. Spitzenmäßig ist dir die Nacherzählung der Geschichte von der fetten

*Katze gelungen. Dabei hattest du dich bei dieser Aufgabe zunächst so an-
gestellt, als verlange ich etwas ganz und gar Unmögliches von dir. Aber ich
habe gewusst, dass du das kannst und nicht locker gelassen. Schließlich ist
dir eine reizvolle Zusammenfassung gelungen, bei der in Kürzestform alle
wichtigen Gedanken der Geschichte vorkommen. Bei der Überarbeitung des
Entwurfs hast du fast alle Rechtschreibfehler selbst gefunden und den Text
fehlerfrei hinbekommen.*

*Die Vorlese-Versammlung gehört, glaube ich, zu deinen liebsten Zeiten.
Du genießt das Zuhören beim Vorlesen, es bewegt deine Gedanken und Vorstellungen, du entdeckst beim Hören auch die kleinsten Wichtigkeiten und
du bist ein Meister im Nacherzählen oder Zusammenfassen. Auch außerhalb
der Schule liebst du die Bücher. Sie machen dich reich an Vorstellungen
und Gedanken.*

*Lieber Hanno, ich denke, dass du es im nächsten Schuljahr schaffen kannst,
deine Zeit zwischen Pflicht und Kür vernünftig aufzuteilen und die begon-
nenen Vorhaben durchzuhalten. Ich wünsche dir gute Ferien.*

*PS: Du warst der erste Junge der Gruppe, der sich getraut hat, vor allen
anderen zu tanzen. Damit hast du den anderen Jungen Mut gemacht,
und so ist es auch dein Verdienst, dass inzwischen fast alle tanzen.*

Mit einem Noten-Zeugnis wäre es nicht möglich gewesen, *Lena* für ihr weiteres
Lernen zuversichtlich zu stimmen, und auch ein Kind wie *Hanno* hätte durch ein
Noten-Zeugnis wohl zwangsläufig ein falsches Bild von sich und seinen Möglichkeiten bekommen. **Lernentwicklungsberichte** hingegen **– in der Form von
Zeugnis-Briefen –** bieten zumindest die Chance, dem Kind seine Leistungen in
einer Weise zu spiegeln, die dem weiteren Lernen dienlich sein kann. Allerdings –
auch Lernentwicklungsberichte können nicht mehr sein als ein Abglanz dessen,
was sich in Wirklichkeit entwickelt hat: bei dem Kind und mit ihm und den anderen und auch bei seiner Lehrerin. Dem Kind können die Berichte beim Erinnern
helfen und ihm Mut für die nächsten Schritte machen, den Eltern können sie Anleitung zum Sehen ihres Kindes sein und Grundlage für das Gespräch mit der Lehrerin. Für die Lehrerin sind sie Anlass, gründlich und einfühlend über das Kind
nachzudenken – rückblickend und vorwärts schauend.

■ *Heide Bambach*

# Kapitel 11

# Übergang ins 3. Schuljahr

 **Altersgemischt weiter,
auch nach der Eingangsstufe**

Jahrgangsmischung der Klassen 3, 4, und 5

 **Die Vorbereitung auf den Übergang**

Es ist ein großer Schritt für die Kinder, wenn sie zu Beginn ihres 3. Schuljahres ihre **Stammgruppe** in der altersgemischten Eingangsstufe verlassen, um von nun an ihren Schulalltag in einer **neuen Gruppe** zu verbringen. *„Es handelt sich um einen gravierenden Einschnitt, der mit dem regulären Übergang von Grundschule in die Sekundarstufe 1 vergleichbar ist."*[45] Nur findet dieser Übergang mitten in ihrer Grundschulzeit statt. Die Kinder wechseln nicht nur in eine andere Gruppe mit anderen Kindern, Lehrern und neuen Fächern, sondern auch in einen anderen Gebäudeteil.

*In der Laborschule wechseln die Kinder nach dem 2. Schuljahr entweder in eine Jahrgangsklasse des 3. Schuljahres (vgl. S. 244) oder sie lernen fortan in einer ebenfalls jahrgangsübergreifenden Gruppe, die die Jahrgänge 3, 4 und 5 zusammenfasst. Seit 1998 besteht dieser Schulversuch. Es wird demnächst zu entscheiden sein, ob diese Struktur die Regel in der Laborschule wird.*

*Die Einführung der jahrgangsübergreifenden Gruppen für die dritten, vierten und fünften Schuljahre war motiviert durch manche Probleme und Schwierigkeiten, die in den vorangegangenen Jahren beim Übergang von der altersgemischten Eingangsstufe in die dann folgenden Jahrgangsklassen des 3. Schuljahres gesehen wurden. Sehr viel Zeit und Energie wurde für die Bildung der komplett neuen Gruppe benötigt. Alle 20 Kinder und ein Lehrer mussten neu zueinander finden, sich mit der neuen Raumumgebung vertraut machen und die andere Zeit- und Schulstruktur kennen lernen. Dieses war und ist einerseits immer ein wichtiger pädagogischer Prozess, den es konstruktiv zu nutzen gilt. Die integrierte Schuleingangsstufe mit jahrgangsübergreifenden Klassen an den Regelschulen wird diesen Übergang in das 3. Schuljahr auch nach sich ziehen und gestalten müssen. Das soziale Lernen steht zu Beginn des 3. Schuljahres deutlich im Vordergrund.*

---

45 *DEMMER-DIEKMANN 2001, S. 21.*

*Andererseits haben die positiven Erfahrungen mit der Altersmischung in der Eingangsstufe uns zu dem Schulversuch „Jahrgangsmischung 3/4/5" bewogen. Die soziale Integration der Kinder aus dem dritten Schuljahr in eine bestehende Gruppe soll – so die Annahme – erleichtert werden. Die Rollenzuweisung eines Kindes in der Gruppe wird nicht von seinem Jahrgang und dem Lernstand, sondern von der individuellen Entwicklung her bestimmt. Die Möglichkeit zum Wechsel der Rolle ist ständig gegeben. Nach der bisher vorliegenden Auswertung hat sich die Fortführung der Altersmischung der Jahrgänge 3/4/5 auch nach der Eingangsstufe bewährt.*

Die Lehrer versuchen die Kinder bereits vor den Sommerferien mit der in Zukunft **veränderten Situation** vertraut zu machen. Sobald entschieden ist, welche Kinder in welche Gruppe kommen werden, besuchen die zukünftigen Betreuungslehrer die Kinder im Haus 1, um sich gegenseitig kennen zu lernen. Darüber hinaus werden die Kinder für ein oder zwei Stunden in ihre neue Gruppe eingeladen, die ja bereits besteht und deren Schüler aus dem 5. Schuljahr die Gruppe verlassen werden, um den Neuen Platz zu machen. Besonders geeignet sind dafür die Stunden, in denen die Kinder des Jahrgangs 5 nicht in ihrer Stammgruppe – sie haben gesonderten Fachunterricht – sind, denn so treffen die *„neuen Dreier"* nur auf ihre zukünftigen **Klassenkameraden** und nicht auf die gesamte noch bestehende Gruppe. Diese **ersten Begegnungen** sind für alle Beteiligten besonders spannend und überaus wichtig. Einige Kinder kennen sich untereinander schon aus ihrer gemeinsamen Haus-1-Zeit und freuen sich besonders aufeinander. Es werden aber auch schnell neue Kontakte geknüpft und die Kinder bekommen einen ersten Eindruck voneinander. Damit dieser Eindruck für alle möglichst positiv ausfällt, müssen die ersten Treffen gut überlegt und vorbereitet werden. Wir haben die Erfahrung gemacht, dass diese ganz besonders gelingen, wenn sie von der Betreuungslehrerin und den Kindern gemeinsam geplant werden. Sie selbst wissen, wie man sich als *„Neuer"* in einer Gruppe fühlt und wie wichtig es ist, gut aufgenommen zu werden. Die Kinder haben viel Freude daran, diese ersten gemeinsamen Stunden mit den *„Neuen"* zu planen, schlagen Kennenlernspiele, Hausführungen oder Vorlesegeschichten vor. Gemeinsam besprechen wir den Ablauf und die Organisation. Die **Vorbereitung** in die Hände der Kinder zu geben, macht es zu ihrem eigenen Anliegen. Sie freuen sich in der Regel sehr auf die neuen Kinder und üben ihre Aufgaben als die *„Großen"* mit Ernst und Verantwortungsbewusstsein aus.

Neben den vorbereiteten Aktivitäten der Kinder gibt es in diesen *„Kennenlern-stunden"* auch eine gemeinsame **Arbeitszeit/Lernzeit**. Die Kinder aus dem Haus 1 bringen ihre Arbeitssachen mit und arbeiten an ihren vertrauten Lern-materialien in einer neuen Umgebung weiter. Das Interesse an der Arbeit der anderen ist immer sehr groß, schnell zeigen sich die Kinder ihre Arbeiten unter-einander und beginnen sich gegenseitig zu unterstützen, so wie sie es bereits aus ihren ersten Schuljahren gewohnt sind.

Häufig werden zu diesem Zeitpunkt schon Patenschaften für das kommende Schuljahr geschlossen. Die Kinder aus den zukünftigen Jahrgängen 4 und 5 wer-den Paten für ein neues Kind. **Patenschaft** bedeutet hierbei, das Kind beim Ein-stieg zu begleiten und zu unterstützen: es an die Hand zu nehmen, wenn man Fachräume aufsuchen muss, ihm die Pausenangebote zu zeigen und mit ihm zu spielen, es zu unterstützen unsere Regeln und Rituale kennen zu lernen und ihm in der Anfangszeit ein zuverlässiger Arbeitspartner zu sein.

# ⏩ Der Übergang der „Dreier"

Nach den Sommerferien gehen die Kinder, die jetzt im 3. Schuljahr sind, zunächst noch zwei Tage in ihre alte Gruppe ins Haus 1, um nach den langen Sommerferien erst einmal in einer vertrauten Umgebung anzukommen.

Am dritten Schultag findet dann eine große **Übergangsfeier** statt, an der alle Kinder der Eingangsstufe und natürlich die Eltern der Kinder aus dem Jahrgang 3 teilnehmen. In einem feierlichen Akt mit Musik und Gesang werden die neuen Drittklässler ihren neuen Betreuungslehrern übergeben. Gemeinsam ziehen sie nun aus dem Haus 1 aus und werden mit englischen Liedern von ihren neuen Klassenkameraden auf dem Schulhof begrüßt. Im Anschluss ziehen die Kinder mit ihren neuen Lehrern von Musik begleitet in einer langen Polonäse durch das ganze Haus 2 und werden von allen Schülern der Laborschule mit Applaus herzlich willkommen geheißen. Der Umzug endet jeweils auf der neuen Gruppenfläche, wo sie ein gemeinsames **Frühstück** erwartet. Den gedeckten und verzierten Tisch haben die anderen Kinder für die Neuen liebevoll vorbereitet. Die **festliche Stimmung** vermittelt den neuen Gruppenmitgliedern, dass sie herzlich willkommen sind und ihnen der Start so angenehm wie möglich gemacht wird. Gemeinsam wird gegessen, erzählt und gespielt und schnell ist dieser aufregende Schulvormittag auch schon vorbei.

Die darauf folgenden Tage und Wochen sind sehr bedeutungsvoll, da sich alle in verschiedener Hinsicht neu orientieren müssen. Die **Eingliederung** der neuen Kinder in eine jahrgangsgemischte Gruppe hat sich als sehr entspannt erwiesen. Zwei Drittel der Kinder sind bereits vertraut miteinander, kennen gemeinsame **Regeln und Rituale** und leben den neuen Kindern ihren Schulalltag vor, so dass diese vieles ganz selbstverständlich übernehmen. Darüber hinaus erklären Kinder aus den Jahrgängen 4 oder 5 einem neuen Kind in der entsprechenden Situation, welche Regeln wir haben und warum das wichtig ist. Der Lehrer kann sich an vielen Stellen zurücknehmen, denn die Kinder lernen von Anfang an von- und miteinander.

Die Tatsache, dass sich jedes Jahr die Gruppenkonstellation um ein Drittel verändert, ist zwar einerseits auch mit Abschiedsschmerz verbunden, bietet andererseits aber hervorragende Chancen für einzelne Kinder, sich neu zu orientieren und ihren Platz in der Gruppe zu finden. Durch die Dynamik der Gruppe und die damit verbundenen Rollenwechsel wächst das Kind, wird schließlich „Vierer" und dann „Fünfer" und entwickelt sich zusammen mit Gleichaltrigen, Jüngeren und Älteren weiter. Diese **Entwicklung** merkt man den Kindern deutlich an.

**Unterricht in den jahrgangsgemischten Gruppen 3/4/5**

Die **innere Differenzierung** ist ein Hauptmerkmal der Unterrichtsgestaltung. Die Kinder werden in Bezug auf ihre Lernvoraussetzungen nicht als Schüler eines Jahrgangs, sondern in ihren ganz individuellen und unterschiedlichen Fertigkeiten und Leistungsfähigkeiten gesehen. Diese Verschiedenartigkeit ist für uns richtungweisend: Sie wird angestrebt und genutzt, um durch Vielfalt das miteinander Lernen und Leben zu bereichern.

Die **Arbeit in Projekten** bietet sich hierzu besonders an, sie bietet den Kindern eine hohe Bandbreite an Tätigkeiten und Lernmöglichkeiten. Kleinere projekt-orientierte Arbeitsformen nennen wir **Vorhaben**. Sie gestalten sich weniger aufwendig und erstrecken sich häufig über einen kürzeren Zeitraum[46]. Auch die freie Arbeit an **Werkstätten** bietet sich in jahrgangsgemischten Gruppen durch das hohe Maß an Individualisierung an.

Ein Großteil des Schuljahres wird auf die **Projekte und Vorhaben** verwendet. Es gibt in einem Schuljahr vier bis sechs Vorhaben, die die einzelnen Erfahrungs-bereiche der Schule abdecken[47]. Diese Projekte und Vorhaben können für mehrere Gruppen parallel organisiert sein oder auch nur in einer einzelnen Gruppe statt-finden. Häufig wählen wir eine Mischform, das heißt, Teile eines Unterrichts-projekts finden im Klassenverband statt, andere Teile in gruppenübergreifenden Lerngruppen. Unsere **Wochenschluss-versammlung** mit allen drei jahrgangs-gemischten Gruppen, die so genannte **Große Versammlung** führt häufig die Arbeit der einzelnen Gruppen zusammen.

46 vgl. BOSSE 2001, S. 18.
47 vgl. BOSSE 2001, S. 25–36.

Im Schulalltag gibt es zudem die so genannten **Lern- oder Arbeitszeiten**, in denen die Kinder sich mit ihren individuellen Aufgaben beschäftigen: das können zu erledigende Pflicht- oder Wochenplanaufgaben sein, die Arbeit in Lehrgängen und Kursen, aber auch selbstständig gewählte Aufgaben, wie z.B. eine Geschichte schreiben oder zu einem selbst gewählten Thema im *„Themenheft"* arbeiten.

Eine der drei **Sportstunden** in der Woche liegt in allen drei Gruppen parallel, wird also in der Großgruppe unterrichtet. *„In der großen Gruppe finden sich mehr Kinder, die ähnliche Probleme, Vorlieben oder Ideen haben und es können neue interessensgleiche Partnerschaften entstehen."*[48] Zudem können drei Lehrkräfte gleichzeitig mehrere Angebote machen und so verschiedene Interessen und Fähigkeiten der Kinder abdecken.

Ein weiteres **gemeinsames Element** im Stundenplan aller drei Gruppen ist die oben erwähnte **Große Versammlung**. Inhalte sind gemeinsam gesungene Lieder, das Vorlesen selbst geschriebener Geschichten, Vorstellung der Produkte von Unterrichtseinheiten, Projekten etc.

Zu allen erwähnten Aktivitäten ist eine kontinuierliche **Teamarbeit** der in der Jahrgangsmischung tätigen Erwachsenen notwendig. Regelmäßige Teambesprechungen erleichtern die Planung und Reflexion von Unterrichtsvorhaben.

## ▶▶ „Wir entdecken Länder der Erde" – Ein Projekt mit gruppenübergreifenden und gruppeninternen Elementen

Da dieses Projekt bereits einige Wochen nach Schuljahresbeginn eingeleitet wurde, war es wichtig, jeweils in der Stammgruppe zu beginnen, um die Gemeinschaft der Lerngruppe zu fördern.

Sich intensiv mit Nordrhein-Westfalen und mit Deutschland zu befassen, war der erste **Schwerpunkt dieses Projekts**. Neben dem regen Austausch von Erfahrungen, was die Kinder über ihr Land wissen und wo sie bereits gewesen sind, und gemeinsamer Betrachtung verschiedener Bereiche auf der Landkarte einschließlich der Nachbarländer Deutschlands, haben die Kinder intensiv an der *„NRW- und Deutschland-Werkstatt"* gearbeitet. Es ging dabei darum, ihr Wissen zu erweitern, die Orientierung auf der Landkarte zu schulen, die Arbeit mit dem Atlas einzuführen

---

48 BOSSE 2001, S. 49.

oder zu vertiefen und sich eigene Arbeitsschwerpunkte zu setzen. Deshalb wurden in der Werkstatt Aufgaben zu ganz verschiedenen Bereichen angeboten: Die Kinder haben sich ausführlich mit den Bundesländern, ihren Städten, ihrer räumlichen Lage zueinander, ihrer Größe, ihren Wappen und Flaggen und ihren Besonderheiten befasst. Sie haben den Verlauf der Flüsse durch Deutschland verfolgt, die Lage der Gebirge herausgefunden und diese benannt. Fußballinteressierte konnten die Vereine den Städten zuordnen und Autobegeisterte die verschiedenen Autokennzeichen benennen. Auch Aufgaben aus dem Mathematikbereich wurden ergänzt: Einwohnerzahlen und Größe der Bundesländer wurden miteinander verglichen, Entfernungen berechnet und verschiedene Sachaufgaben gelöst. Die Kinder konnten sich hierbei immer wieder neu entscheiden, ob sie eine Aufgabe alleine oder mit einem Partner bearbeiten wollten. Zwischenreflexionen, in denen die Kinder sich über ihre Arbeitsschwerpunkte und ihre Ergebnisse ausgetauscht haben, waren besonders wichtig.[49]

Der zweite Schwerpunkt war die **Gestaltung eines Plakats** über Länder unserer Erde in einer kleinen Gruppe. Die Kriterien für die Zusammenstellung der Gruppen war das gemeinsame Interesse an einem Land und nach Möglichkeit die Mischung der Jahrgänge, damit sich die Kinder gut unterstützen konnten. Die Kleingruppen haben sich Informationsmaterial über ihr Land besorgt, sich gemeinsam überlegt, was ihr Plakat beinhalten und wie es aufgebaut werden soll, arbeitsteilig Texte geschrieben, Abbildungen herausgesucht, Zeichnungen angefertigt und typische Dinge aus diesem Land für unsere Ausstellung mitgebracht. Manche Gruppen haben auch für die Präsentation ihrer Arbeit kleine Referate vorbereitet.

Die Kinder haben außerdem eigene Fantasiegeschichten geschrieben, wie sie sich ihr Traumland vorstellen und einander vorgelesen.

In der großen Versammlung haben die Kinder sich gegenseitig ihre Arbeiten vorgestellt, miteinander darüber gesprochen und Fragen beantwortet. Dabei fiel auf, dass das Interesse der Kinder an den Arbeiten der anderen sehr groß war.

Während der fünftägigen **Gruppenfahrt**, die in dieser Zeit lag, gab es gruppenübergreifende Angebote, die auf unser Projekt aufbauten: *„Asiatischer Tanz"* war eines der Angebote. Diese Gruppe hat sich Videoaufnahmen und Fotos von verschiedenen asiatischen Tänzen angesehen, deren tänzerische Merkmale und Besonderheiten von Kostümen und Make-up herausgearbeitet sowie typische Bewegungen

---

49 *Literatur-Tipps: Die Deutschland-Werkstatt, Verlag an der Ruhr 2003.*
*Nordrhein-Westfalen – Eine Werkstatt, Verlag an der Ruhr 2000.*

selbst ausprobiert. Gemeinsam haben wir dann mit über dreißig Tänzerinnen und Tänzern einen Tanz einstudiert und sowohl am Abschlussabend der Gruppenfahrt als auch am später im Text beschriebenen Präsentationsnachmittag vorgeführt.

In einem weiteren Angebot *„Karten lesen und erstellen"* haben die Kinder gelernt Landkarten zu lesen, um in einem nächsten Schritt eigene Karten zu zeichnen und Legenden zu erstellen, die sie den anderen Kindern vorgestellt haben.

Die zahlreich gesammelten Arbeitsergebnisse wurden zum Abschluss dieses Projektes an einem Präsentationsnachmittag für Eltern und interessierte Schüler anderer Gruppen vorgeführt. Die Kinder schmückten die Schulmensa mit ihren Länderplakaten, viele Kleingruppen präsentierten zudem einen Ausstellungstisch mit landestypischen Dingen, einige bereiteten sogar landestypische Speisen und Getränke zu. In einer Bühnenpräsentation zeigten die Kinder den erlernten asiatischen Tanz, lasen geschriebene Geschichten oder Gedichte vor und sangen verschiedene Lieder.

Besonders in der jahrgangsgemischten Gruppe ist die **Bandbreite der Fähigkeiten** der Kinder groß. Es gibt erfahrenere Kinder, die den anderen besonders gut helfen können und die Rolle eines Tutors übernehmen, zugleich lernen die Kinder, Hilfe von anderen anzunehmen.

■ *Bianca Bahle, Nicole Damnitz*

# Weiter im 3. Schuljahr
## Der Übergang von der altersgemischten Eingangsstufe in die Jahrgangsklasse

21 neue Schüler erwarte ich als Betreuungslehrer in diesem Schuljahr. Gemeinsam wollen wir das dritte und vierte – und wie an der Laborschule üblich – auch das fünfte Schuljahr bestehen. Für alle ist das ein aufregender Zeitabschnitt. Kinder aus fünf Gruppen der Eingangsstufe bilden eine neue Klasse, die *„3 karmin"*. Es werden zwölf Jungen und neun Mädchen sein. Für die Kinder ist es ein großer Schritt. Ein **neuer Abschnitt in ihrer Schullaufbahn** beginnt bald. Sie haben die drei Jahre der Eingangsstufe dann hinter sich gebracht, sind in ihrer alters-gemischten Gruppe anfangs die Kleinen und später die Großen gewesen. Das ist mit vielfältigen Erfahrungen verbunden gewesen. Und bald beginnt für sie das Schulleben in der Stufe II im *„Großen Haus"*.

Dieser Schritt, ja man kann sagen **Einschnitt im Schulleben** ist konzeptionell geplant und vorgesehen. Bildungswege verlaufen nie gradlinig. Kinder lernen in Sprüngen und Schüben, es gibt Durststrecken genauso wie Rennstrecken. Aber die stetig ansteigende, gleichmäßig zu begehende Lernrampe auf dem Weg ans Bildungsziel existiert nicht. Aus diesem Grunde teilt die Laborschule die 11-jährige Schulzeit in vier Schulstufen. Und nach der Stufe I, der Eingangsstufe, folgt logischerweise die Stufe II, die die Jahrgänge drei und vier – und in unserem Schulversuch der jahrgangsgemischten Stufe II auch den Jahrgang fünf – umfasst.

Für die Kinder bringt dieser Schritt auf die neue Stufe eine Vielzahl an **Verände-rungen** mit sich: Es bildet sich eine neue Klasse im 3. Schuljahr. Man verlässt seine gewohnte Umgebung in der Eingangsstufe und besucht fortan das *„Große Haus"*, das andere Gebäude der Laborschule. Hier halten sich die Schülerinnen und Schü-ler vom 3. bis zum 10. Schuljahr auf und es herrscht eine andere Atmosphäre, ein neues Klima, das von den Größeren und damit vom Größerwerden deutlich geprägt ist. Der Stufenschritt ist mit einem **Lehrerwechsel** verbunden, an den man sich erst einmal gewöhnen muss. Der **Tagesablauf** wird sich ändern. Jetzt findet Un-terricht teilweise auch am Nachmittag statt. Es gibt neue Unterrichtsfächer und andere Inhalte: Englisch wird ab dem dritten Schuljahr (an der Laborschule bereits seit 30 Jahren) ebenso unterrichtet wie Technik. Da hat man es mit den ersten Fachlehrern zu tun. Es wird neue Freiheiten geben: Man hat ein anderes

Terrain zu seiner Verfügung; es gibt Pausensport und eine Reihe neuer **Lernorte** (Bauspielplatz, Zoo, Kreativwerkstatt, Clubs) stehen den Schülern zur Verfügung und und und ... Das alles will bewältigt werden. Dabei hilft eine gute Vorbereitung.

Die neuen Klassen des dritten Schuljahres werden von den Lehrerinnen der Eingangsstufe gemeinsam mit den Kolleginnen der dritten Schuljahre **sorgfältig zusammengestellt**. Klasse 2a wird nicht automatisch zur 3a. So geht das bei uns schon deshalb nicht, weil wir zwei 3. jahrgangsgleiche Schulklassen und 3 altersgemischte Gruppen 3/4/5 aus 13 Gruppen der Eingangsstufe bilden. In der Regel bleiben die Kinder einer Eingangsstufengruppe beieinander. Aber das gilt nur, wenn wir annehmen können, dass alle dabei auf ihre Kosten kommen. Manchmal tut es Kindern auch gut, aus für sie schwierigen Konstellationen herauszudürfen. Natürlich zieht es Freunde oder Freundinnen zueinander. Das kann ermöglicht werden. Es wird darauf geachtet, dass möglichst keine schwierigen Klassen entstehen. Kinder mit sozialen oder lernmäßigen Stärken und Schwächen sollen gleichmäßig verteilt werden. Die Zahl der Jungen und Mädchen muss natürlich auch ausgewogen sein. Es sind pädagogische Überlegungen und Entscheidungen, die zur Bildung der neuen Klassen führen, sozusagen handverlesen – mit Blick auf die Gruppen und auf die einzelnen Kinder.

Noch im alten Schuljahr besuche ich in meinen Freistunden meine zukünftigen Schüler in ihren alten Gruppen in der Eingangsstufe. Für jede der fünf Gruppen nehme ich mir nach Absprache mit den Kolleginnen aus dem Haus 1 eine Stunde Zeit. Dies ist für die Kinder ebenso wie für mich eine aufregende Angelegenheit. Der neue Lehrer kommt extra für sie; ich lerne oft zum ersten Mal meine zukünftigen Kinder kennen. Stolz, manchmal auch ein wenig ängstlich, nähern sich mir die Kinder. Ihre Gruppenlehrerin schlägt vor, dass wir uns doch gemeinsam an einen Tisch setzen und die Arbeitszeit miteinander verbringen. So kann ich den **ersten Kontakt** aufnehmen. Wir unterhalten uns erst einmal über Persönliches. Ich erzähle von mir. Die Kinder berichten von ihrem Leben, ihren Vorlieben und Interessen, was sie gerne zu essen mögen, über ihre Hobbys, die Geschwister und was sonst noch so alles. Das alles notiere ich mir in einem Buch, das schon einen Namen hat: *„Ulis Buch der 3 karmin"*. Das nimmt die Äußerungen der Kinder ernst. *„Der will es wirklich wissen und sich merken!"* sollen sie denken, denn so ist es ja auch. Dann arbeiten wir noch ein wenig gemeinsam. Ich lerne den Lernstand der einzelnen Kinder kennen (Hierzu mache ich mir vor ihren Augen keine Notizen!) und kann mir bereits Gedanken machen über Materialien, die ich für die Kinder besorgen könnte. Wenn die Zeit reicht, lasse ich mir von den Kindern vorlesen. Das schafft **Vertrauen**. Noch nie habe ich erlebt, dass ein Kind sich das nicht traute. Oft malen mir die Kinder Bilder. Die werden dann in das Buch sorgfältig eingeklebt. – Sicher, diese Besuche kosten Zeit. Bei fünf zu besuchenden Gruppen mindestens fünf Stunden. Aber sie sind es wert. Es ist Zeit, die sich auszahlt. Die Besuche schaffen Bekanntschaft, Annäherung und erste Vertrautheit –wichtige Voraussetzungen für das so unerlässliche Vertrauen zwischen Schülern und Lehrern. Der Anfang im kommenden Schuljahr wird durch diese Kontakte spürbar leichter, kostet alle weniger Energie, weil sie Unsicherheiten und Ängste abbauen. Bildung von kleinen Kindern ist immer auch Vertrauensbildung.

Auch mit der gesamten neuen Klasse treffen wir uns bereits vor Schuljahresbeginn. Alle Schüler rufe ich für eine oder zwei Schulstunden in ihren zukünftigen Raum zusammen. Mit den dort noch unterrichtenden Kollegen lässt sich das leicht verabreden. Sie alle kennen diesen Wunsch und überlassen den neuen „Dreiern" gerne einmal ihre Unterrichtsfläche für diese Zeit. Dieses **Treffen** wird sorgfältig vorbereitet. Wenn sich Kinder vom Sehen her meist schon kennen, steht das gegenseitige **Kennenlernen** im Mittelpunkt. Nicht auf das Erlernen aller Namen kommt es hierbei an, sondern auf das gegenseitige Beschnuppern und Abtasten:

*„Ach so, die ist auch hier. Toll, dass ich mit Heino zusammenkomme. Ob ich mich mit Anja gut verstehen werde? Schön, dass Hilde dabei ist, die möchte ich gerne zur Freundin."*

Wir spielen miteinander, schauen uns die Räumlichkeiten genau an. Ich erzähle den Kindern von den neuen Möglichkeiten: Ja, in der Bibliothek dürft ihr jetzt nicht nur ein Buch wie bisher ausleihen, sondern so viele Bücher wie ihr benötigt. Und in der Großen Pause gibt es Pausensport. Daran dürft ihr dann auch teilnehmen. Englisch macht Spaß! Habt keine Angst davor, das lernt man leicht! *„My name is Uli. What is your name?"* – *„Anna!"*, kommt in der Regel die Antwort. – Voller Stolz, mit fröhlichem Gesicht und mit dem sicheren Gefühl *„Bald gehöre auch ich zu den Großen im Großen Haus"* kehren die Kinder zurück in ihre Gruppen der Eingangsstufe. Wenn ich ihnen zukünftig wieder begegne, grüßen sie fröhlich – und vor ihren jüngeren Gruppenkolleginnen betont laut: *„Hallo Uli, bald kommen wir zu dir!"* Dann ist der **Übergang** schon fast geschafft, bevor er tatsächlich stattgefunden hat.

Wenn immer es geht, findet gegen Ende des alten Schuljahres auch bereits ein erster **Elternabend** für die neue Klasse statt. Auch die Eltern möchten sich untereinander kennen lernen, haben viele Fragen an den neuen Lehrer und zu der neuen Unterrichtssituation. Wie bewältigen die Kinder nun den Schulweg, wenn für sie der Schulbus nicht mehr zur Verfügung steht? Wird mein Kind den Anforderungen des dritten Schuljahres wohl gerecht? Welche neuen Regeln gelten denn im Großen Haus? Was müssen die Kinder alles mitbringen? Usw. usw. usw. – Auch hier stehen Kennenlernen und Vertrauensbildung im Vordergrund. Der Gedanke, der mich zu diesem Elternabend veranlasst, lautet: *„Je mehr Sicherheit und Kenntnisse die Eltern im Vorfeld des Übergangs haben, umso weniger ängstlich werden die Kinder diesen Schritt vollziehen können."*

Nach den Sommerferien sitze ich mit meiner Klasse, der 3 karmin, das erste Mal in der Runde an einem schön gedeckten **Frühstückstisch**. Unsere Unterrichtsfläche ist hergerichtet. Die Wände sind noch leer, damit die Kinder auch Gestaltungsraum für ihren Lernbereich haben. Auf den Tischen stehen Blumen. Dieses ist eine schöne Situation für den **gemeinsamen Einstieg** in einen mehrjährigen gemeinsamen Weg. Beim Frühstücken kann man sich zwanglos unterhalten, muss aber noch keine unangenehmen Fragen vor der ganzen Gruppe beantworten. Man nähert sich einander an. Jedes Kind wird einzeln angesprochen, bekommt eine kleine Aufmerksamkeit.

Jedes Kind hat ein **eigenes Fach** für seine Lernmaterialien mit Namensschild, ein **Eigentumsfach** für persönliche Dinge und ein abschließbares **Garderobenfach**. Es herrscht eine überschaubare, aber lebendige Ordnung. Hier findet sich jeder rasch zurecht, ohne sich eingeengt zu fühlen. In der ersten Versammlungsrunde ist die Stimmung bereits gelöst – jedenfalls bei den meisten. Manche trauen sich noch nicht zu Wort. Andere benötigen noch Zeit zum Sich-Umsehen und Staunen und können noch nicht aufmerksam zuhören. Wieder andere möchten allen von Anfang an klar zeigen, dass sie die Wortführer sind. Durch **Gruppenspiele** und – mit Hilfe der **Paten aus dem 4. Schuljahr** – durch eine **Erkundung** des großen Schulgebäudes werden Annäherung und Orientierung ermöglicht. Es werden möglichst Aktivitäten geplant, bei denen der Lehrer nicht ständig im Mittelpunkt stehen muss, sondern die Kinder miteinander viel in Kontakt treten. Am Ende der Schul-Rallye tragen wir zusammen, was alles an Neuem entdeckt, an Bekanntem wieder erkannt und an Vermuteten bestätigt (oder auch nicht) wurde. Nun fühlen sich die Kinder durch das große Gebäude schon viel weniger verunsichert. Viele von ihnen möchten sich gleich auf den Weg machen, ohne Patenbegleitung und selbstständig in die Bibliothek zu gehen. *„Aber leise und nicht rennen!"*, gebe ich ihnen noch mit auf den Weg.

Der **erste Schultag** ist rasch vorüber. Der Stundenplan für die kommenden Wochen und Monate ist so gestaltet, dass die Kinder die meisten Stunden beim Betreuungslehrer verbringen. Der Tag ist – wann immer es sich einrichten lässt – in drei Abschnitte eingeteilt: Die Zeit vor der Frühstückspause mit zwei Zeitstunden, die Zeit bis zur Mittagspause mit ebenfalls zwei Zeitstunden und der Nachmittag bis 15 Uhr. Das ist für viele eine lange Strecke. Die Kinder sind oft recht müde. Man merkt ihnen an, dass der Rhythmus der Eingangsstufe noch in ihnen steckt. Aber mit der Zeit bewältigen sie die **neue Tagesstruktur leicht.**
So neu ist sie nicht, wenngleich es neue Elemente darin gibt, wie dreimal Englisch in der Woche und eine Stunde Technik. Das ist für alle so interessant, dass es niemanden aus der Bahn bringt.

Die **Lern- und Arbeitszeiten** sind so organisiert, wie die Kinder es aus der Eingangsstufe her gewöhnt sind. Die Kinder arbeiten je nach ihrem individuellen Lernstand gemeinsam in kleinen Gruppen, mit Partnern oder auch alleine. Sie dürfen sich weitgehend selber einteilen, wann sie Lerninhalte zum Rechnen, Schreiben oder Lesen absolvieren.

Ich nutze die ersten Wochen zur genauen Beobachtung und lerne die Kinder so immer besser kennen. Bald entdecke ich, welche Kinder gut, welche weniger gut miteinander zurecht kommen. Ich wähle Materialien aus, um Einzelne entsprechend ihres Lernstandes weiter zu fördern. Zunehmend kommen auch Unterrichtsphasen hinzu, an denen die gesamte Klasse sich einem Lerninhalt nähert, z.B. dem schriftlichen Addieren.

Bald sind die Kinder „aufgetaut", sie haben die anfänglichen Unsicherheiten verloren, trauen sich mehr und begeben sich auf die Suche nach neuen Grenzen. Nun beginnt die Zeit der Besprechungen über Möglichkeiten und Regeln, der Verhandlungen über Machbares und Verbotenes und die Festlegung von Revieren. Wer darf wann, mit wem und mit oder ohne vorherige Abmeldung wohin? Solche Fragen stellen sich jetzt immer häufiger. Das ist normal so. Kinder wachsen durch das Überwinden vorhandener Grenzen. Der Rahmen der Eingangsstufe wurde verlassen, der neue Bereich muss erkundet und ausgelotet werden.

Die **soziale Integration der Gruppe** steht parallel im Mittelpunkt. Neue Freundschaften und Arbeitsgemeinschaften bilden sich. Das ist auch mit Enttäuschungen verbunden. Wie stellen wir sicher, dass es jedem in der Gruppe gut geht? Auch so eine zentrale Frage.

Nicht selten fordern **Gruppengespräche** hierüber und Erörterungen in kleineren Runden viel Zeit. Oft überlagern diese Themen Lern- und Unterrichtssituationen. Wenige Wochen nach dem Übergang steht die Gruppendynamik im Mittelpunkt. Diese Phase ist von besonderer Wichtigkeit. Hier wird über die langfristige Verfassung einer Gruppe entschieden. Jetzt werden Weichen für viele Jahre gestellt – sowohl für die Gruppe als Ganzes als auch für die Position und Rolle der Einzelnen. Das hängt mit der nun neu zusammengefügten Jahrgangsgruppe zusammen. Bis zum 10. Schuljahr bleibt diese Klassengemeinschaft beieinander.

Mindestens die **Zeit bis zu den Herbstferien** ist von dieser Dynamik geprägt. Oft dauert es auch länger. Das hängt von der Konstellation der Kinder, aber auch von den schulischen Vorhaben ab, die in dieser Zeit genutzt werden. Viele Kolleginnen und Kollegen haben sich dafür entschieden, wenige Wochen nach Schuljahresbeginn ein größeres Projekt zu veranstalten. Dieses soll das Zusammenfinden der Gruppe durch das gemeinsame Tun und die gemeinsame Beschäftigung mit einem Thema und Vorhaben erleichtern. Das Zirkus-Projekt stellt hierfür geeignete Anlässe und Situationen[50]. Andere Kolleginnen legen eine erste kürzere **Gruppenfahrt** in den Herbst. Wieder andere regeln und organisieren den Schultag bewusst und gezielt auf das Zusammenfinden der Kinder zu einer Gruppe hin. Alle Möglichkeiten lassen sich sinnvoll kombinieren. Das Ziel ist immer dasselbe:

*„Eine Stammgruppe muss fähig sein, weitgehend ohne unmittelbare Lehrerhilfe zu arbeiten und den Schultag vergnügt, friedlich und nützlich zu verbringen. Individuelle Zufriedenheit der Kinder hilft dabei, sie ist Impuls für Freundschaftlichkeit, Rücksicht, Umsicht und Hilfsbereitschaft. Darüber hinaus hilft ein Repertoire an Verhaltensweisen und Vereinbarungen, aufgrund derer sich viele Angelegenheiten des üblichen Schultages wie von selber regeln."*[51]

Um diese Übergangsphase weiter zu erleichtern, sowohl den Kindern als auch den Lehrern, und um die positiven Impulse und Wirkungen der **altersgemischten Gruppen**, wie die Kinder sie drei Jahre lang in der Eingangsstufe kennen gelernt haben, zu nutzen, hat sich die Laborschule vor einigen Jahren dazu entschlossen, einen **internen Schulversuch** durchzuführen. Ein Zug der Klassen 3, 4 und 5 ist jahrgangsübergreifend zusammengesetzt. Für eine begrenzte Zeit können wir Erfahrungen mit unterschiedlichen Strukturen machen und sie untereinander vergleichen (siehe Beitrag „Altersgemischt weiter auch nach der Eingangsstufe", S. 236). Im Jahre 2005/2006 wird Bilanz gezogen und die Schule hat zu entscheiden, welchen Weg sie weiter beschreiten möchte: entweder die Jahrgangsklasse ab dem 3. Schuljahr oder die jahrgangsgemischten Gruppen 3/4/5. Und eine weitere Diskussion wird sich daran anschließen oder parallel zu führen sein: Soll bzw. muss es dann ab Jahrgang 6 in Jahrgangsklassen weitergehen? Bereits seit vielen Jahren finden die Wahlgrundkurse in der Stufe III sowie die Wahl- und die Leistungskurse der Stufe IV in jahrgangsgemischten Konstellationen statt.

■ *Ulrich Bosse*

---

50 vgl. LENZEN 1990.
51 BAMBACH 1989c, S. 128.

# Kapitel 12

# Ein Rückblick

## Seit 30 Jahren Lehrerin in der altersgemischten Eingangsstufe

### Ein Gespräch mit Barbara Rathert

**Ulrich Bosse:** Barbara, du hast als Einzige heute noch dort tätige Lehrerin der Eingangsstufe die Laborschule von Anfang an miterlebt und besitzt damit die längsten Erfahrungen. Vor dreißig Jahren war die altersgemischte Eingangsstufe etwas äußerst Ungewöhnliches. Was hat dich damals zur Mitarbeit an diesem Schulprojekt bewogen?

**Barbara Rathert:** Das hing mit den Verhältnissen an den damaligen Schulen zusammen. Ich war sieben Jahre lang Lehrerin an einer Regelschule mit etwa dreißig Kindern pro Klasse und hatte immer das Gefühl, ich werde, so sorgfältig ich auch meine Stundenentwürfe vorbereite, diesen Kindern überhaupt nicht gerecht. Da saßen 30 ganz unterschiedliche Kinder vor mir, denen ich abverlangte, in genau 45 Minuten mit dem gleichen Lernzuwachs das gleiche Lernziel zu erreichen. Das funktionierte nicht. Also versuchte ich meinen Impuls – den so genannten Motivationskick – zu Beginn fast jeder Stunde zu verstärken, die 45 Minuten in noch mehr Phasen gemeinsamer und Stillarbeit zu unterteilen.
Ich glaube, es war Soraya Meier, ein kleines blondes, schielendes Mädchen, verhuscht und verwahrlost, das mir die Augen öffnete. Wo eigentlich fanden sich bei meinen Unterrichtsvorbereitungen, die auf das Durchschnittskind X zielten, Soraya Meier und die 29 anderen Kinder wieder? Es gab kein Kind X, sondern 30 sehr unterschiedliche Kinder. Und jedes einzelne Kind zu sehen, darauf kommt es an. Als ich dann von dem Projekt an der Laborschule hörte, dachte ich, das wäre vielleicht die Möglichkeit, etwas anders und besser zu machen

**Ulrich Bosse:** Wie war es für eine Lehrerin, die ja zunächst ihre eigenen Erfahrungen in der traditionellen Jahrgangsklasse gewonnen hat? Hat es lange gedauert, bis du dich selber in der altersgemischten Gruppe zurechtgefunden hast?

**Barbara Rathert:** Ja, das hat lange gedauert. Es kam zweierlei zusammen: Ich als Lehrerin wollte alles über Bord werfen, was ich aus der Regelschule gekannt hatte, wollte alles anders machen. Gleichzeitig mussten wir in einem Team, das erst miteinander vertraut werden musste, mit Menschen aus ganz unterschiedlichen Zusammenhängen, gänzlich neue Strukturen entwickeln und Erfahrungen sammeln. Wir hatten alle begeistert Ute Andresen[52] gelesen und waren ein bisschen beseelt von der Hoffnung. mit Hilfe der Altersmischung noch ein Stück weit mehr zu schaffen. Es brauchte Mut und manchmal verließ der uns, weil nicht alles so einfach funktionierte, wie wir es gedacht hatten. Wir hatten ja schließlich noch keine eigenen Erfahrungen mit der Altersmischung. Wir haben damals mit Vorschülern begonnen; später kamen die Schulkinder hinzu. Das war auch für uns Neuland und wir haben uns vieles vorgestellt, wie wir das mit den verschiedenen Altersgruppen so machen würden. Manches mussten wir dann rasch über Bord werfen, weil es einfach nicht ging. Also mussten wir Strukturen erfinden. Das war, glaube ich, das Wichtigste.

 **Ulrich Bosse:** Wie sahen dann solche Strukturen aus, die ihr damals entwickelt habt?

**Barbara Rathert:** Im Grunde sind es die Strukturen, die heute noch tragfähig sind, die wir natürlich über einen langen Zeitraum entwickelt haben: Der Tageslauf ersetzt den Stundenplan. Das war die eine Sache. Die Individualisierung war das Zweite. Das Kind da abzuholen, wo es steht. Das war unser Standardsatz. Wir haben von Anfang an sehr individualisierend gearbeitet und mussten einfach ausprobieren, wie was machbar war. Die größte Schwierigkeit zu Beginn war wohl, die ganze Gruppe im Auge zu haben, die sich still verkriechende Anja, den lernbegierigen Uwe, den mit Holzklötzen um sich schmeißenden Alexander und neun andere. Das war im Grunde das Neue.

**Ulrich Bosse:** Was ändert sich denn für eine Lehrerin hinsichtlich ihrer Einstellung und des Unterrichtsstils durch die Arbeit in einer altersgemischten Gruppe?

**Barbara Rathert:** Ja, vieles war auf den Kopf gestellt, wir wollten es auf die Füße stellen. Der damals an der Regelschule vorherrschende Frontalunterricht wurde bei uns fast gänzlich aufgelöst. Und dann ging es uns darum, die sozialen und emotionalen Aspekte, das Leben in der Gruppe, vermehrt in den Blick zu nehmen. Mit den Kindern wurde und wird viel gemeinsam geredet und besprochen. Weit mehr, als es sonst an Schulen üblich war. Auch wenn es um den Bereich der Kulturtechniken ging, war das eine große Umstellung. Man musste im Grunde lernen, sich auf jedes einzelne Kind zu beziehen. Oft fragen mich heute immer noch Besucher: *„Ja, wissen Sie denn, wo die einzelnen Kinder in ihrer Lern-*

---

52 *MÖLLER-ANDRESEN 1973.*

entwicklung stehen?" Dann sage ich: „*Genau das habe ich in diesen dreißig Jahren gelernt. Ich weiß mittlerweile, was jedes Einzelne an diesem Tag gemacht und gelernt hat.*" Das ist die Voraussetzung. Es ist also auch eine ganz andere Art der Arbeitstätigkeit als Lehrerin. Du musst in deinem Kopf was verdrehen, dann siehst du, es geht nicht nur besser, sondern auch einfacher.

 **Ulrich Bosse:** Kann man sagen, das Verhältnis zu den Kindern ändert sich bei dieser Art zu arbeiten?

**Barbara Rathert:** Auf jeden Fall. Jetzt hat man endlich mal ein Verhältnis zu den Kindern. Das ist ja das, was mir vorher gefehlt hat und weshalb ich den Laden hinschmeißen wollte. Du siehst, wenn Max morgens die Treppe raufkommt und daran, was er erzählt, wie es ihm geht. Und du siehst, heute hat Lara wieder die Schlafanzughose unter dem Rock. Du siehst das Kind an jedem Tag. Dann weißt du auch ungefähr, wozu es heute in der Lage sein wird, ob es überhaupt lernen kann, oder ob es so besetzt ist von seinen Sorgen, so dass man besonders vorsichtig mit ihm sein muss.
Dieses war für mich im Grunde genommen genau das, was ich wollte. Jetzt konnte ich das einzelne Kind sehen, ich konnte seinen individuellen Möglichkeiten nachgehen und musste es auch nicht überfordern. Man sieht das Kind als Persönlichkeit. Da steht nicht jeden Morgen dieser Durchschnittsschüler vor dir.

 **Ulrich Bosse:** Mit Blick zurück auf dreißig Jahre Erfahrung in der altersgemischten Eingangsstufe: Was hat sich denn nach deiner Meinung besonders bewährt, was müsste verändert werden?

**Barbara Rathert:** Jetzt kannst du mich ja für unkritisch halten: Ich denke, es müsste nicht viel geändert werden. In meinen Augen jedenfalls hat sich diese Art der Arbeit bewährt. Ich sehe das daran, wie gerne die Kinder meistens arbeiten und lernen.
Es ist einfach so: Diese Form der Schule kommt den Kindern am nächsten; diese Art der Arbeit ist genau das, was sie brauchen. Bewährt haben sich die Rhythmisierung des Tages, die Individualisierung, das Kind als Ganzes zu sehen. Ich finde nicht, dass strukturelle Dinge verändert werden müssen. Vielmehr muss man gucken, wie man neue Ideen und Erfordernisse innerhalb des bewährten Gerüsts umsetzen kann.

 **Ulrich Bosse:** Die Laborschule hat ja von Anfang an besondere Bedingungen gehabt, auch was die Gruppengröße, was die Ausstattung angeht. Bestehen immer noch dieselben Bedingungen wie am Anfang?

**Barbara Rathert:** Nein, am Anfang hatten wir 12 Kinder, weil es familien-ähnliche Gruppen sein sollten. Jetzt haben wir 15 Kinder pro Gruppe, können jedoch nicht sicher sein, dass es dabei bleiben wird. Deshalb würde ich gerne einmal ausprobieren, ob es möglich ist, mit 20 Kindern in der gewohnten Weise zu arbeiten, oder ob eine erhöhte Gruppengröße grundsätzliche Veränderungen erforderlich macht.

**Ulrich Bosse:** Viele Lehrerinnen an Regelschulen sagen: Wir müssen das, was ihr mit 15 macht, in Zukunft mit 25, 28 Kindern machen. Siehst du denn auch Grenzen für die Altersmischung mit solch großen Gruppen?

**Barbara Rathert:** Ja, ich gehe davon aus, dass es eine Obergrenze gibt. 22, 23 Kinder. Die Überschreitung dieser Grenze stellt zwar nicht die Machbarkeit in Frage, führt aber zu einer erheblichen Qualitätsminderung. Dennoch: Auch mit 25 oder mehr Kindern in einer altersgemischten Gruppe ist das Leben und Lernen bestimmt für alle einfacher und ergiebiger als mit 25 I-Dötzen auf einmal.

**Ulrich Bosse:** Jetzt könnte man ja auch sagen, diese Grenze, die du gerade genannt hast, ist nicht nur eine Grenze für die Altersmischung, sondern es ist eine generelle pädagogische Grenze. Auch in Jahrgangsklassen.

**Barbara Rathert:** Natürlich. Das ist nicht das Problem nur der Altersmischung, sondern zu große Klassen sind generell pädagogisch nicht gut. Bei den kleinen Kindern muss man die Gruppen klein halten. Oberprimaner können vielleicht größere Klassen verkraften, die Kleinen ganz sicher nicht.

**Ulrich Bosse:** Nun soll die jahrgangsübergreifende Eingangsstufe auch in den Regelschulen eingeführt wurden. Erfüllt das eine Laborschullehrerin aus der Gründungszeit mit Stolz?

**Barbara Rathert:** Na endlich! – würde ich sagen. Wir haben seit 1974 ausgesprochen gute Erfahrungen mit dem Leben und Lernen in jahrgangsgemischten Gruppen gemacht. Viele Kollegien haben uns in den vergangenen Jahren besucht und sicherlich auch Anregungen mit in ihre Schulen genommen. Manche Schulen haben sich auf den Weg gemacht und altersgemischte Gruppen eingeführt. Jetzt hat die Bildungspolitik reagiert. Natürlich freue ich mich darüber.

**Ulrich Bosse:** Viele Lehrerinnen an Regelschulen und Lehrer können sich gar nicht vorstellen, wie man altersgemischt arbeitet. Müsste da nicht auch im Vorfeld Lehrerfortbildung stattfinden, macht die Laborschule da was?

**Barbara Rathert:** Ja, da macht die Laborschule eine ganze Menge. Von Anfang an sind immer sehr viele Besuchergruppen zu uns gekommen. Man muss fortgebildet werden, man muss das sehen, wie es geht. Das sagen uns die Besucher immer wieder: Sie konnten sich vorher nicht vorstellen, wie das in der Laborschule *„geht"*. Und wenn sie dann einen ganzen Morgen am Unterricht der Eingangsstufe teilgenommen haben, haben sie vieles begriffen und sind ganz voll von Eindrücken, und sie haben zumindest einen Einblick gekriegt, dass es geht. Ein Satz, der ganz oft kommt von Besuchern: *„Wir sind jetzt nicht mehr so deprimiert und wir haben ganz viele Ideen bekommen. Da müssen wir mal gucken, ob wir das nicht auch hinkriegen."* Außerdem bieten Kolleginnen der Eingangsstufe jetzt auch Moderationen, Unterstützungen für Schulen an, die sich auf den Weg in den jahrgangsübergreifenden Unterricht machen wollen.

**Ulrich Bosse:** Was würdest du denn Lehrerinnen und Lehrern, die die jahrgangsgemischte Eingangsstufe bei sich einführen möchten, am dringlichsten raten?

**Barbara Rathert:** Am dringlichsten würde ich zur Ruhe raten, Geduld zu haben mit sich selber und den Kindern. Diese Erfahrung habe ich in diesen dreißig Jahren gewonnen: Wenn ich morgens die kleine Versammlung hektisch und voller eigener Unruhe mache, klappt der ganze Tag nicht. Also, ich muss den Kindern Ruhe geben, muss selber ruhig bleiben und nicht denken: *„Oh Gott, wieder fünf Minuten weniger fürs Rechnen, Schreiben, Lesen."* Die Kinder müssen ganz ruhig in den Tag gleiten, nicht hineinstolpern. Sie müssen erst mal alles loswerden, um dann bereit zu sein, sich auf das, was von ihnen da gefordert wird, einzulassen. Je mehr Ruhe, je mehr Gelassenheit man an den Tag legt, umso einfacher verläuft der Tag. Gelassenheit ist wirklich etwas, was Kinder brauchen, gerade in dieser hektischen Welt.

# Anhang

# Über die Laborschule Bielefeld

Die Bielefelder Laborschule ist **staatliche Versuchsschule** des Landes Nordrhein-Westfalen. Sie wurde, zusammen mit dem benachbarten Oberstufen-Kolleg, 1974 nach den Vorstellungen und unter der Leitung des Pädagogen Hartmut von Hentig gegründet. Sie hat den Auftrag, **neue Formen des Lehrens und Lernens** und des **Zusammenlebens** in der Schule zu entwickeln und diese Ergebnisse der Öffentlichkeit zur Verfügung zu stellen. Ihre Arbeit ist also sowohl praktischer als auch theoretischer Natur. Ihre Organisationsstruktur entspricht diesem doppelten Auftrag: Sie besteht aus zwei Einrichtungen unter einem Dach.

Die Versuchsschule Laborschule hat ein besonderes pädagogisches Profil sowie einen bleibenden pädagogischen Entwicklungsauftrag. Die Wissenschaftliche Einrichtung Laborschule begleitet und unterstützt diesen Prozess und wertet ihn aus. Beide Einrichtungen werden durch eine gemeinsame Leitung gesteuert. Die Ergebnisse der praktischen und theoretischen **pädagogischen Entwicklungsarbeit** sind in zahlreichen Publikationen dokumentiert.

##  Die äußeren Daten

Die Laborschule ist staatliche Versuchsschule des Landes Nordrhein-Westfalen und zugleich **Wissenschaftliche Einrichtung** der Fakultät für Pädagogik an der **Universität Bielefeld**. Sie umfasst die Jahrgänge 0 (Vorschuljahr) bis 10 und hat insgesamt 660 Schüler (60 je Jahrgang).

Sie ist in vier Stufen gegliedert:
Stufe I (Jahrgang 0–2),
Stufe II (Jahrgang 3–4),
Stufe III (Jahrgang 5–7),
Stufe IV (Jahrgang 8–10).

Die Laborschule ist eine **Angebotsschule**. Sie nimmt Kinder aus ganz Bielefeld mit fünf Jahren nach einem Aufnahmeschlüssel auf. Dieser gewährleistet eine Schülerpopulation, die der gesellschaftlichen Schichtung entspricht. Weitere Aufnahmekriterien sind: Ausgewogenheit der Geschlechter, Entfernung zwischen Wohnung und Schule, soziale Härtefälle.

Die Laborschule ist als Gesamtschule besonderer Prägung konzipiert, als eine Schule für alle Kinder ohne jegliche Selektion nach Leistungen. Sie ist eine **Ganztagsschule**. Für die Kinder der Jahrgänge 0–2 (Stufe I) dauert der Schulvormittag bis 12.30 Uhr. Bis 16 Uhr wird Nachmittagsbetreuung durch Erzieher angeboten. Für die Schüler der Jahrgänge 3–10 beginnt der Unterricht um 8.30 Uhr und dauert an zwei bis vier Nachmittagen (nach oben zunehmend) bis 15 oder 16 Uhr. Der Dienstagnachmittag ist für Konferenzen vorgesehen. Das **Unterrichtsangebot der Sekundarstufe** umfasst neben dem Pflichtbereich auch einen nach oben hin zunehmenden Wahlbereich (bis zu einem Drittel der Unterrichtszeit), der die Voraussetzung für individuelle Lern- und Abschlussprofile bietet. Ihnen entspricht ein individualisierendes Beurteilungssystem, die *„Berichte zum Lernvorgang"*. Erst ab Ende des 9. Schuljahrs erhalten die Schüler außerdem ein Notenzeugnis. Nach dem 10. (in Ausnahmefällen nach dem 9. Schuljahr) vergibt die Schule die für Gesamtschulen üblichen Abschlüsse: Hauptschulabschluss oder Fachoberschulreife, letztere bei entsprechenden Leistungen mit dem Qualifikationsvermerk, der zum Besuch der gymnasialen Oberstufe berechtigt.

**Träger** der Versuchsschule ist das **Land Nordrhein-Westfalen**. Sie untersteht dem Ministerium für Schule, Weiterbildung, Wissenschaft und Forschung. Die Laborschule arbeitet in enger Kooperation mit der Wissenschaftlichen Einrichtung der Fakultät für Pädagogik daran, neue Formen des Lehrens und Lernens zu entwickeln. Diese Arbeit wird von einem **Wissenschaftlichen Beirat** begleitet. Eine gemeinsame Leitung koordiniert und steuert beide Einrichtungen. Die Schule wird von einem aus fünf Personen bestehenden **Schulleitungsteam** unter Führung der Schulleiterin, die Wissenschaftliche Einrichtung vom Wissenschaftlichen Leiter nach außen vertreten und geleitet.

## ▷▷ Die pädagogischen Leitlinien

**Schule als Lebens- und Erfahrungsraum**: Die Laborschule möchte ein Ort sein, wo Kinder und Jugendliche gern leben und lernen. Sie möchte ihnen wichtige Grunderfahrungen ermöglichen, die viele von ihnen sonst nicht machen könnten. Leben und Lernen sollen, soweit dies möglich und sinnvoll ist, eng aufeinander bezogen sein. Der Unterricht folgt dem Prinzip, Lernen an und aus der Erfahrung (und nicht primär aus Belehrung) zu ermöglichen. Die Schule ist mit Lerngelegenheiten ausgestattet, die solches Erfahrungslernen begünstigen. Darüber hinaus versteht die Schule sich als In-die-Stadt-hinein-Schule, die die nähere und weitere Umgebung, die Natur, die Kommune, die Region als Lernmöglichkeiten in ihre Arbeit einbezieht.

**Mit Unterschieden leben**: Die Schule will die Unterschiede zwischen den Kindern bewusst bejahen und als Bereicherung verstehen. Daraus ergibt sich eine weitgehende Individualisierung des Unterrichts, die Rücksicht auf das unterschiedliche Lerntempo der Kinder und ihre individuell verschiedenen Bedürfnisse und Fähigkeiten nimmt. Laborschüler leben und lernen gemeinsam in leistungs-, teilweise auch altersheterogenen Gruppen. Die Schule will niemanden aussondern, es gibt auch kein *„Sitzenbleiben"* und keine äußere Leistungsdifferenzierung, an deren Stelle die Differenzierung der Angebote tritt.

**Schule als Gesellschaft im Kleinen**: Die Schule versteht sich zugleich als Gemeinschaft aller in ihr tätigen Personen, die einander in ihrer Unterschiedlichkeit akzeptieren und achten. Die Verhaltensweisen, die von erwachsenen Bürgern unserer Gesellschaft erwartet werden, sollen hier im Alltag gelernt werden: das friedliche und vernünftige Regeln gemeinsamer Angelegenheiten. Solches Lernen geschieht durch Verantwortung und Beteiligung. In dieser *„Gesellschaft im Kleinen"* lernen die Einzelnen, für übernommene Aufgaben und zunehmend auch für den eigenen Lernweg verantwortlich einzustehen.

**Stufung**: Die Schule ist eine Brücke zwischen dem Leben des kleinen Kindes in der Familie und dem Leben des Erwachsenen in der Gesellschaft. Sie ist selbst in sich gestuft. Dieser Stufung entspricht auch die Gliederung des Lernfeldes. Die kleinen Kinder lernen ganzheitlich-ungefächert *„am Tag entlang"*. Mit zunehmender Differenzierung des Lernens und der verschiedenen Zugänge zu seinen Gegenständen ergeben sich Erfahrungsbereiche, aus denen sich nach und nach – gemäß der zunehmenden Spezialisierung der Lerntätigkeiten und -formen – auch einzelne Unterrichtsfächer herausbilden.

**Kontaktinformation**:
Laborschule Bielefeld
Postfach 10 01 31
33501 Bielefeld
E-Mail: leitung.laborschule@uni-bielefeld.de

# Die Autoren dieses Buches

▸▸ *Althoff, Paula G.*  geb. 1953, Lehrerin für Grund- und Hauptschulen, seit 1991 tätig in der Eingangsstufe der Laborschule

▸▸ *Bahle, Bianca*  geb. 1973, Lehrerin, seit 2001 an der Laborschule

▸▸ *Bambach, Heide*  geb. 1940, Mitglied der Aufbaukommission der Laborschule, seit 1974 dort Betreuungslehrerin, von 1985 bis 2003 Primarstufenleiterin, derzeit tätig als Beraterin von Grundschulen

▸▸ *Blömeke, Ines*  geb. 1952, Lehrerin für Grund- und Hauptschulen, seit 1980 an der Laborschule und seit vielen Jahren in der Eingangsstufe tätig

▸▸ *Bosse, Kerstin*  geb. 1963, Diplom-Sozialpädagogin, Anerkennungsjahr an der Laborschule, Leiterin einer Kindertagesstätte

▸▸ *Bosse, Ulrich*  geb. 1952, Diplom-Pädagoge und Lehrer für Grund- und Hauptschulen, seit 1982 an der Laborschule, Leiter der Primarstufe

▸▸ *Damnitz, Nicole*  geb. 1975, Primarstufenlehrerin, seit 2002 an der Laborschule

▸▸ *Deterding, Rita*  geb. 1954, Lehrerin für Grund- und Hauptschulen, seit 1982 in der Eingangsstufe der Laborschule tätig

▸▸ *Fuentes, Antonia*  geb. 1956, Grundschullehrerin und Sozialpädagogin, seit 1994 tätig in der Eingangsstufe der Laborschule

▸▸ *Gieselmann-Petrow, Olga*  seit 1976 Lehrerin in der Eingangsstufe der Laborschule

▸▸ *Glasenapp, Gisela*  geb. 1941, Erzieherin, von 1975 bis 2003 tätig in der Eingangsstufe der Laborschule

▶▶ *Goetze-Emer, Brigitte*    geb. 1952, Lehrerin für Grund- und Hauptschulen,
seit 1980 Lehrerin in der Eingangsstufe der Laborschule

▶▶ *Görlich, Uta*    geb. 1947, Lehrerin für Grund-, Haupt- und Realschulen,
seit 1975 in der Eingangsstufe der Laborschule tätig

▶▶ *Groeben, Annemarie von der, Dr.*    geb. 1940, Didaktische Leiterin der Laborschule,
Laborschullehrerin seit 1976

▶▶ *Hemfler, Irene*    geb. 1948, Ärztin, Mutter von zwei Laborschulkindern

▶▶ *Husemann, Gudrun*    geb. 1950, Lehrerin für Primarstufe, seit 1990 in der
Eingangsstufe der Laborschule tätig

▶▶ *Klaus, Eva*    geb. 1953, Lehrerin für die Primarstufe, seit 1992
in der Eingangsstufe der Laborschule

▶▶ *Ortkemper, Andrea*    geb. 1965, Diplom-Sozialpädagogin, seit 1992 tätig
in der Eingangsstufe der Laborschule

▶▶ *Riepe, Gerlinde*    geb. 1958, tätig als Diplom-Sozialarbeiterin an der
Laborschule, von 1998 bis 2001 in der Eingangsstufe

▶▶ *Rathert, Barbara*    geb. 1943, Volksschullehrerin, seit 1973 in der
Eingangsstufe der Laborschule

▶▶ *Seidensticker, Wolfgang*    geb. 1950, Lehrer für die Sekundarstufe I u. II,
seit 1979 an der Laborschule

▶▶ *Thurn, Susanne, Prof. Dr. phil.*    geb. 1947, Leiterin der Laborschule,
Laborschullehrerin seit 1978

▶▶ *Walluks, Dagmar*    geb. 1954, Lehrerin und Diplompädagogin, seit 1985
in der Eingangsstufe der Laborschule

▶▶ *Wölker, Annette*    geb. 1953, Studium der Literatur und Linguistik,
Mutter von zwei Laborschulkindern

▶▶ *Ziebell-Schrank, Christiane*    geb. 1952, Lehrerin für die Primarstufe,
seit 1992 in der Eingangsstufe der Laborschule

# Bildergalerie

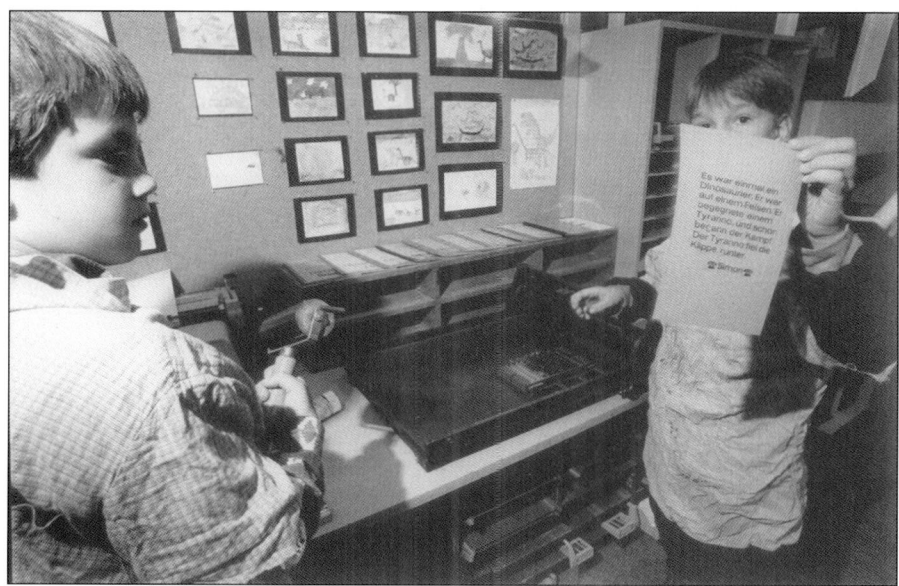

So funktioniert die
Offene Schuleingangsstufe

⌊So funktioniert die⌋
⌈Offene Schuleingangsstufe⌈

## LITERATUR ZUM THEMA:

▸▸ *ALTHOFF, Gudrun P./HUSEMANN, G./THURN, S.:*
„Wir werden immer größer ..." – Altersmischung von Anfang an.
In: THURN, S./TILLMANN, K.-J. 2005, S. 112–128.

▸▸ *BAMBACH, H.:*
Erfundene Geschichte erzählen es richtig – Lesen und Leben in der Schule.
Libelle Verlag 1989a, Neuauflage 1993. ISBN 3-909081-65-7

▸▸ *BAMBACH, H.:*
Ermutigungen. Nicht Zensuren. Libelle Verlag 1989b, Neuauflage 1994.
ISBN 3-909081-68-1

▸▸ *BAMBACH, H.:*
Tageslauf statt Stundenplan. Fünfzehn Jahre Erfahrungen mit individualisie-
rendem Unterricht in der Primarstufe der Bielefelder Laborschule.
Impuls Band 13 (Publikationsreihe der Laborschule), Bielefeld 1989c.

▸▸ *BAMBACH, H./RATHERT, B.:*
Zeit zum Ankommen. Ein gleitender Schulbeginn tut allen gut.
In: Die Grundschulzeitschrift, Heft 99, 1996, S. 16–19.

▸▸ *BAMBACH, H./THURN, S.:*
Alexander – Zweimal fünf Jahre Laborschule. In: Neue Sammlung.
Zeitschrift für Erziehung und Gesellschaft. 24. Jg., Heft 6, 1984, S. 572–597.

▸▸ *BAMBACH, H./von der GROEBEN, A.:*
Zeit zum Aufwachsen – Rhythmisierung des Schultags.
In: THURN, S./TILLMANN, K.-J. 2005, S. 179–191.

▸▸ *BARTNITZKY, H./SPECK-HAMDAM, A. (Hrsg.):*
Leistungen der Kinder wahrnehmen – würdigen – fördern.
Beiträge zur Reform der Grundschule Band 118. Arbeitskreis Grundschule –
Der Grundschulverband – e.V. 2004.

▸▸ *BECKER, Gerold u.a.:*
Heterogenität. Unterschiede nutzen – Gemeinsamkeiten stärken.
Friedrich Jahresheft 2004.

▸▸ *BLÖMEKE, I./BOSSE, U./GÖRLICH, U.:*
Offene Werkstattangebote. Erlernen und Entdecken handwerklicher und
künstlerischer Fertigkeiten und Fähigkeiten für Grundschulkinder im
Eingangsunterricht. Kallmeyer Verlag 1999. ISBN 3-7800-2024-6

▸▸ **BOSSE, U. u.a.:**
Gemischt oder Gleich? Wie Schulen die Arbeit in jahrgangsgemischten Gruppen gestalten. Werkstattheft Nr. 18 (Publikationsreihe der Laborschule). Bielefeld 1999.

▸▸ **BOSSE, U. u.a.:**
Lernen in jahrgangsgemischten Gruppen (Jg. 3,4,5): Ein Schulversuch an der Laborschule. Konzeptentwicklung und erste Erfahrungen. Werkstattheft Nr. 23 (Publikationsreihe der Laborschule). Bielefeld 2001.

▸▸ **BRINKMANN, E.:**
Rechtschreibunterricht. Eine Balance finden zwischen eigenaktivem Lernen, Instruktion und Übung. In: BÜCHNER, I. (Hrsg.): Lust und Last und Leistung. DGLS und PLUS 1999, S. 99ff.

▸▸ **BRÜGELMANN, H.:**
Moden und Mythen in der Pädagogik. Ein erziehungswissenschaftliches Arbeitsbuch. Libelle Verlag 2005.

▸▸ **BURK, K. (Hrsg.):**
Jahrgangsübergreifendes Lernen in der Grundschule.
Mehr gestalten als verwalten Teil 12. Beiträge zur Reform der Grundschule S57. Arbeitskreis Grundschule – Der Grundschulverband – e.V. 1996.

▸▸ **CHRISTIANI, R. (Hrsg.):**
Jahrgangsübergreifend unterrichten. Ziele, Erfahrungen, Organisieren, Informieren, Differenzieren, Beurteilen. Cornelsen Verlag Scriptor 2005. ISBN 3-589-05098-5

▸▸ **DEMMER-DIECKMANN, I.:**
Differenz als Gewinn. In: Sonderpädagogischer Kongress 2001, Band 1: Entwicklung fördern – Impulse für Strukturen und Organisation, S. 15–29.

▸▸ **DEMMER-DIECKMANN, I.:**
Wie reformiert sich eine Reformschule? Eine Studie zur Schulentwicklung an der Laborschule Bielefeld. Klinkhardt Verlag 2005. ISBN 3-7815-1365-3

▸▸ **DETERDING, R.:**
Die Fächergrenzen überwinden: Projektunterricht im Schulalltag.
In: THURN, S./TILLMANN, K.-J. 2005, S. 159–175.

▸▸ **DOCKHORN, D./EIKMANNS-ROTE, K./GODEJOHANN, S./LENZEN, K.-D.:**
Altersmischung. Lernen in jahrgangsheterogenen Gruppen.
In: BECKER, Gerold u.a. 2004, S. 58–61.

▸▸ **DÖPP, W.:**
Die Ameise im Feuer. Schulgeschichten. Mit einer Einleitung von Hartmut von Hentig. Neue Deutsche Schule Verlagsgesellschaft 1988.

▸▸ **DÖPP, W./von der GROEBEN, A./THURN, S.:**
Lernberichte statt Zensuren. Erfahrungen von Schülern, Lehrern und Eltern. Klinkhardt Verlag 2002. ISBN 3-7815-1198-7

▸▸ **EASLEY, S. D./MITCHELL, K.:**
Arbeiten mit Portfolios. Schüler fordern, fördern und fair beurteilen. Verlag an der Ruhr 2004. ISBN 3-85072-869-5

▸▸ **ELSCHENBROICH, D.:**
Weltwissen der Siebenjährigen. Wie Kinder die Welt entdecken können. Kunstmann Verlag 2001. ISBN 3-442-15175-9

▸▸ **FAUST-SIEHL, G./GARLICHS, A./RAMSEGER, J./SCHWARZ, H./WARM, U.:**
Die Zukunft beginnt in der Grundschule. Empfehlungen zur Neugestaltung der Primarstufe. Rowohlt Verlag 1996. ISBN 3-499-60156-7

▸▸ **GALLIN, P./RUF, U.:**
Ich mache das so! Wie machst du es? Das machen wir ab. Sprache und Mathematik, 1.–3. Schuljahr. Lehrmittelverlag des Kantons Zürich 1995. ISBN 3-906718-02-6

▸▸ **GOETZE-EMER, B./KLAUS, E./WALLUKS, D./ZIEBELL-SCHRANK, C.:**
Projektunterricht in altersgemischten Lern-Gruppen. Schneider Verlag 2000. ISBN 3-89676-276-1

▸▸ **GRACE, C./SHORES, E. F.:**
Das Portfolio-Buch für Kindergarten und Grundschule. Verlag an der Ruhr 2005. ISBN 3-86072-943-8

▸▸ **GRIEBEL, W./NIESEL, R./REIDELHUBER, A./MINSEL, B.:**
Erweiterte Altersmischung in Kita und Schule. Grundlagen und Praxishilfen für Erzieherinnen, Lehrkräfte und Eltern. Don Bosco Verlag 2004. ISBN 3-7698-1489-4

▸▸ **von der GROEBEN, A.:**
Ein Zipfel der besseren Welt? Leben und Lernen in der Bielefelder Laborschule. Jahrgang 5–7. Neue Deutsche Schule Verlagsgesellschaft 1991.

▸▸ **von der GROEBEN, A./von HENTIG, H./KÜBLER, H./WACHENDORFF, A.:**
Strukturplan der Bielefelder Laborschule. Impuls Band 15 (Publikationsreihe der Laborschule) Bielefeld 1997.

**» HARDER, J.:**
Erfahrungsbericht über das erste Schuljahr. Bielefeld 1975, vervielfältigtes
Manuskript. In: BAMBACH, H.: Tageslauf statt Stundenplan. Fünfzehn Jahre
Erfahrungen mit individualisierendem Unterricht in der Primarstufe der
Bielefelder Laborschule. Impuls Band 13 (Publikationsreihe der Laborschule)
Bielefeld 1989, S. 9.

**» HARDER, J.:**
Rahmenüberlegungen und Rahmenbedingungen.
In: HARDER, J./CALLIES, E.: 1973, S. 16–42.

**» HARDER, J./CALLIES, E.:**
Beiträge zur Planung der Eingangsstufe an der Laborschule (Block I).
In: Schulprojekte der Universität Bielefeld, Heft 4. Klett Verlag 1973, S. 16–85.

**» HEINE, E.:**
Die Waschmaschine – Schicksal einer Elternspende. In: Neue Sammlung –
Zeitschrift für Erziehung und Gesellschaft. 24. Jg., Heft 6, 1984, S. 655–666.

**» von HENTIG, H.:**
Die Menschen stärken, die Sachen klären. Reclam Verlag 1985.
ISBN 3-15-008072-X

**» von HENTIG, H.:**
Die Schule neu denken. Beltz Verlag 2003. ISBN 3-407-22119-3

**» von HENTIG, H.:**
Lernen in anderen Räumen – die Gebäude der Laborschule.
In: THURN, S./TILLMANN, K. J. 2005, S. 93–110.

**» von HENTIG, H.:**
Was ist eine humane Schule? Druckergilde Gutenberg 1984.

**» HOENISCH, N./NIGGERMEYER, E./ZIMMER, J.:**
Vorschulkinder. Klett Verlag 1969.

**» HORSTKEMPER, M.:**
Wie im wirklichen Leben. Voneinander lernen in altersgemischten Gruppen.
In: Schüler 2004. Aufwachsen. Die Entwicklung von Kindern und Jugendlichen.
Klett Verlag 2004, S. 98–100.

**» LABORSCHULE BIELEFELD (Hrsg.):**
Eine Vorstellung. Impuls-Band (Publikationsreihe der Laborschule) 2002.

▸▸ *LAGING, R. (Hrsg.):*
Altersgemischtes Lernen in der Schule. Grundlagen, Schulmodelle, Unterrichts-
praxis. Schneider Verlag 2003. ISBN 3-89676-747-X

▸▸ *LENZEN, K.-D.:*
Theater macht Schule. Schule macht Theater. Werkstattberichte, Theorie
und praktische Hinweise. (Beiträge zur Reform der Grundschule Bd. 81).
Arbeitskreis Grundschule – Der Grundschulverband – e.V. 1990.

▸▸ *MINISTERIUM FÜR SCHULE, JUGEND UND KINDER DES LANDES NRW:*
Erfolgreich starten! Schulfähigkeitsprofil als Brücke zwischen Kindergarten und
Grundschule. Eine Handreichung. Ritterbach Verlag 2003.
ISBN 3-89314-418-8

▸▸ *MINISTERIUM FÜR SCHULE, JUGEND UND KINDER DES LANDES NRW:*
Konzept zur Schuleingangsphase. Bildungspolitische, pädagogische und
organisatorische Eckpunkte. Stand: 27.05.2004.

▸▸ *MÖLLER-ANDRESEN, U.:*
Das erste Schuljahr. Unterrichtsmodelle. Klett Verlag 1973.

▸▸ *PICA, R.:*
Vom Morgenkreis zum Abschiedslied. Themen und Methodenübergänge
ohne Chaos. Verlag an der Ruhr 2005. ISBN 3-86072-968-3

▸▸ *SCHMITT, R. (Hrsg.):*
Grundschule. Schule der Vielfalt und Gemeinsamkeit.
BundesGrundschulKongress 1999 ... und das Jahr danach. Beiträge zur Reform
der Grundschule Band 110. Grundschulverband – Arbeitskreis Grundschule – e.V.

▸▸ *THURN, S.:*
Lernen, Leistung, Zeugnisse: Eine Schule (fast) ohne Noten.
In: THURN, S./TILLMANN, K.-J.: 2005, S. 49 – 61.

▸▸ *THURN, S./TILLMANN, K.-J. (Hrsg.):*
Laborschule – Modell für die Schule der Zukunft. Klinkhardt Verlag 2005.
ISBN 3-7815-1377-7

### FILME ZUM THEMA:

▸▸ *von HENTIG, H./KÄTSCH, S./KOSIEK, W. (Hrsg.):*
Die Laborschule an der Universität Bielefeld. Teil 6: Einblicke in eine
Reformwerkstatt. Universität Bielefeld, Audiovisuelles Zentrum 1988 (VHS).

▸▸ *MINISTERIUM FÜR SCHULE, JUGEND UND KINDER DES LANDES NRW (Hrsg.):*
Von Schnecken und Kängurus. Individuelles Lernen und Unterrichten in der
jahrgangsübergreifenden Schuleingangsphase. Landschaftsverband Rheinland,
Düsseldorf 2004 (DVD).

### WEITERE LITERATURHINWEISE ZUM LERNEN IN JAHRGANGSÜBERGREIFENDEN GRUPPEN FINDET MAN IM INTERNET UNTER:

▸▸ www. learn-line.nrw.de/angebote/schuleingang/literatur.htm

▸▸ www.learn-line.nrw.de/angebote/schuleingang/pdf/jahrgangsueb-lfs.pdf

▸▸ www.bildungsportal.nrw.de/BP/Schule/Politik/Schuleingangsphase/
index.html

▸▸ www.uni-bielefeld.de/LS/litera.html
Hier finden Sie alle Veröffentlichungen (Bücher und Filme) der Laborschule
Bielefeld auf einen Blick.

▸▸ www.grundschulverband.de/standards_grundlagen-html
Hier finden Sie alles zum Thema Bildungsansprüche
von Grundschulkindern zum Download.

▸▸ www.bosse-bielefeld.de/schuleingang/
schuleingang.htm
Weitere Infos zur Eingangsstufe der
Laborschule Bielefeld.

---

**www.verlagruhr.de**

Da sich Internetadressen schnell verändern können, finden Sie auf unserer
Homepage unter dem Titel „So funktioniert die Offene Schuleingangsstufe.
Das Beispiel der Laborschule Bielefeld" eine stets aktualisierte Linkliste
aller Internetadressen aus diesem Buch.

---

# *Verlag an der Ruhr*

www.verlagruhr.de

## Das Portfolio-Buch für Kindergarten und Grundschule

Cathy Grace, Elizabeth F. Shores
4–10 J., 137 S., A4, Pb.
ISBN 3-86072-943-8
**Best.-Nr. 2943**
**19,50 € (D)**/20,– € (A)/34,20 CHF

## Orientierung ohne Worte

*Bildkarten für Stundenplan und Tagesablauf*

Jens Kirschner, Sabine Treu
Kl. 1–4, 46 Karten, vierfarbig +
Begleitheft, A5, banderoliert
ISBN 3-86072-956-X
**Best.-Nr. 2956**
**16,50 € (D)**/17,– € (A)/28,90 CHF

# Lernen im Anfangsunterricht

## Vom Morgenkreis zum Abschiedslied

*Themen- und Methodenübergänge ohne Chaos*
Rae Pica
5–10 J., 117 S., 16 × 23 cm, Pb.
ISBN 3-86072-968-3
**Best.-Nr. 2968**
**13,50 € (D)**/13,90 € (A)/23,60 CHF

## Schwungübungen mit Punkt-Mandalas

Susanne Schaadt
6–8 J., 40 S., A4, Heft
ISBN 3-86072-960-8
**Best.-Nr. 2960**
**13,– € (D)**/13,40 € (A)/22,80 CHF

## *Verlag an der Ruhr*

Postfach 102251 • D–45422 Mülheim an der Ruhr
Tel.: 0208/4950 40 • Fax: 0208/4950495
E-Mail: info@verlagruhr.de

## Bücher für die pädagogische Praxis

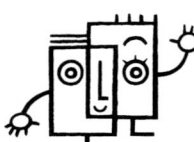

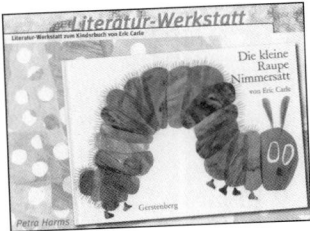